Para Além do Bem e do Mal

Prelúdio a uma Filosofia do Futuro

Friedrich Nietzsche

TEXTO INTEGRAL

Tradução: Alex Marins

Os Objetivos, a Filosofia e a Missão da Editora Martin Claret

O principal Objetivo da MARTIN CLARET é continuar a desenvolver uma grande e poderosa empresa editorial brasileira, para melhor servir a seus leitores.

A Filosofia de trabalho da MARTIN CLARET consiste em criar, inovar, produzir e distribuir, sinergicamente, livros da melhor qualidade editorial e gráfica, para o maior número de leitores e por um preço economicamente acessível.

A Missão da MARTIN CLARET é conscientizar e motivar as pessoas a desenvolver e utilizar o seu pleno potencial espiritual, mental, emocional e social.

A MARTIN CLARET está empenhada em contribuir para a difusão da educação e da cultura, por meio da democratização do livro, usando todos os canais ortodoxos e heterodoxos de comercialização.

A MARTIN CLARET, em sua missão empresarial, acredita na verdadeira função do livro: o livro muda as pessoas.

A MARTIN CLARET, em sua vocação educacional, deseja, por meio do livro, claretizar, otimizar e iluminar a vida das pessoas.

Revolucione-se: leia mais para ser mais!

MARTIN CLARET

COLEÇÃO A OBRA-PRIMA DE CADA AUTOR

Para Além do Bem e do Mal

Prelúdio a uma Filosofia do Futuro

Friedrich Nietzsche

TEXTO INTEGRAL

MARTIN CLARET

CRÉDITOS

Título original: *Jenseits von Gut Böse*
Vorspiel Einer Philosophie der Zukunft

IDEALIZAÇÃO E COORDENAÇÃO
Martin Claret

CAPA
Ilustração
Cláudio Gianfardoni

MIOLO
Revisão
Ruy Cintra Paiva
Maria de Lourdes de Almeida

Tradução
Alex Marins

Projeto Gráfico
José Duarte T. de Castro

Direção de Arte
José Duarte T. de Castro

Digitação
Conceição A. Gatti Leonardo

Editoração Eletrônica
Editora Martin Claret

Fotolitos da Capa
ERJ Informática

Papel
Off-Set, 70g/m²

Impressão e Acabamento
Paulus Gráfica

Editora Martin Claret - Rua Alegrete, 62 – Bairro Sumaré
CEP 01254-010 – São Paulo - SP
Tel.: (11) 3672-8144 – Fax: (011) 3673-7146
www.martinclaret.com.br

Agradecemos a todos os nossos amigos e colaboradores — pessoas físicas e jurídicas — que deram as condições para que fosse possível a publicação deste livro.

Este livro foi impresso na primavera de 2004.

A história do livro e a coleção "A Obra-Prima de Cada Autor"

MARTIN CLARET

Que é o livro? Para fins estatísticos, na década de 60, a UNESCO considerou o livro "uma publicação impressa, não periódica, que consta de no mínimo 49 páginas, sem contar as capas".

O livro é um produto industrial.

Mas também é mais do que um simples produto. O primeiro conceito que deveríamos reter é o de que o livro como objeto é o veículo, o suporte de uma informação. O livro é uma das mais revolucionárias invenções do homem.

A *Enciclopédia Abril* (1972), publicada pelo editor e empresário Victor Civita, no verbete "livro" traz concisas e importantes informações sobre a história do livro. A seguir, transcrevemos alguns tópicos desse estudo didático sobre o livro.

O livro na Antiguidade

Antes mesmo que o homem pensasse em utilizar determinados materiais para escrever (como, por exemplo, fibras vegetais e tecidos), as bibliotecas da Antiguidade estavam repletas de textos gravados em tabuinhas de barro cozido. Eram os primeiros "livros", depois progressivamente modificados até chegar a ser feitos — em grandes tiragens — em papel impresso mecanicamente, proporcionando facilidade de leitura e transporte. Com eles, tornou-se possível, em todas as épocas, transmitir fatos, acontecimentos históricos, descobertas, tratados, códigos ou apenas entretenimento.

Como sua fabricação, a função do livro sofreu enormes modificações dentro das mais diversas sociedades, a ponto de constituir uma mercadoria especial, com técnica, intenção e utilização determinadas. No moderno movimento editorial das chamadas sociedades de consumo, o livro pode ser considerado uma mercadoria cultural, com maior ou menor significado no contexto socioeconômico em que é publicado. Como mercadoria, pode ser comprado, vendido ou trocado. Isso não ocorre, porém, com sua função intrínseca, insubstituível: pode-se dizer que o livro é essencialmente um instrumento cultural de difusão de idéias, transmissão de conceitos, documentação (inclusive fotográfica e iconográfica), entretenimento ou ainda de condensação e acumulação do conhecimento. A palavra escrita venceu o tempo, e o livro conquistou o espaço. Teoricamente, toda a humanidade pode ser atingida por textos que difundem idéias que vão de Sócrates e Horácio a Sartre e McLuhan, de Adolf Hitler a Karl Marx.

Espelho da sociedade

A história do livro confunde-se, em muitos aspectos, com a história da humanidade. Sempre que escolhem frases e temas, e transmitem idéias e conceitos, os escritores estão elegendo o que consideram significativo no momento histórico e cultural que vivem. E assim, fornecem dados para a análise de sua sociedade. O conteúdo de um livro — aceito, discutido ou refutado socialmente — integra a estrutura intelectual dos grupos sociais.

Nos primeiros tempos, o escritor geralmente vivia em contato direto com seu público, que era formado por uns poucos letrados, já cientes das opiniões, idéias, imaginação e teses do autor, pela própria convivência que tinha com ele. Muitas vezes, mesmo antes de ser redigido o texto, as idéias nele contidas já haviam sido intensamente discutidas pelo escritor e parte de seus leitores. Nessa época, como em várias outras, não se pensava no enorme percentual de analfabetos. Até o século XV, o livro servia exclusivamente a uma pequena minoria de sábios e estudiosos que constituíam os círculos intelectuais (confinados aos mosteiros no início da Idade Média) e que tinham acesso às bibliotecas, cheias de manuscritos ricamente ilustrados.

Com o reflorescimento comercial europeu em fins do século XIV, burgueses e comerciantes passaram a integrar o mercado livreiro da época. A erudição laicizou-se, e o número de escritores aumentou, surgindo também as primeiras obras escritas em línguas que não o latim e o grego (reservadas aos textos clássicos e aos assuntos considerados dignos de atenção).

Nos séculos XVI e XVII surgiram diversas literaturas nacionais, demonstrando, além do florescimento intelectual da época, que a população letrada dos países europeus estava mais capacitada a adquirir obras escritas.

Cultura e comércio

Com o desenvolvimento do sistema de impressão de Gutenberg, a Europa conseguiu dinamizar a fabricação de livros, imprimindo, em cinqüenta anos, cerca de vinte milhões de exemplares para uma população de quase cem milhões de habitantes, a maioria analfabeta. Para a época, isso significou enorme revolução, demonstrando que a imprensa só se tornou uma realidade diante da necessidade social de ler mais.

Impressos em papel, feitos em cadernos costurados e posteriormente encapados, os livros tornaram-se empreendimento cultural e comercial: os editores passaram logo a se preocupar com melhor apresentação e redução de preços. Tudo isso levou à comercialização do livro. E os livreiros baseavam-se no gosto do público para imprimir, sobretudo, obras religiosas, novelas, coleções de anedotas, manuais técnicos e receitas.

Mas o percentual de leitores não cresceu na mesma proporção que a expansão demográfica mundial. Somente com as modificações socioculturais e econômicas do século XIX — quando o livro começou a ser utilizado também como meio de divulgação dessas modificações, e o conhecimento passou a significar uma conquista para o homem, que, segundo se acreditava, poderia ascender socialmente se lesse — houve um relativo aumento no número de leitores, sobretudo na França e na Inglaterra, onde alguns editores passaram a produzir, a preços baixos, obras completas de autores famosos. O livro era então interpretado como símbolo de liberdade, conseguida por conquistas culturais. Entretanto, na maioria dos países, não houve nenhuma grande modificação nos índices percentuais até o fim da Primeira Guerra Mundial (1914/18), quando surgiram as primeiras grandes tiragens de livros, principalmente romances, novelas e textos didáticos. O número elevado de cópias, além de baratear o preço da unidade, difundiu ainda mais a literatura. Mesmo assim, a maior parte da população de muitos países continuou distanciada, em parte porque o livro, em si, tinha sido durante muitos séculos considerado objeto raro, passível de ser adquirido somente por um pequeno número de eruditos. A grande massa da população mostrou maior receptividade aos jornais, periódicos e folhetins, mais dinâmicos e atualizados, além de acessíveis ao poder aquisitivo da grande maioria.

Mas isso não chegou a ameaçar o livro como símbolo cultural de difusão de idéias, como fariam, mais tarde, o rádio, o cinema e a televisão.

O advento das técnicas eletrônicas, o aperfeiçoamento dos métodos fotográficos e a pesquisa de materiais praticamente imperecíveis fazem alguns teóricos da comunicação de massa pensar em um futuro sem os livros tradicionais, com seu formato quadrado ou retangular, composto de folhas de papel, unidas umas às outras por um dos lados.

Seu conteúdo e suas mensagens, racionais ou emocionais, seriam transmitidos por outros meios, como, por exemplo, microfilmes e fitas gravadas.

A televisão transformaria o mundo inteiro em uma grande "aldeia" (como afirmou Marshall McLuhan), no momento em que todas as sociedades decretassem sua prioridade em relação aos textos escritos.

Mas a palavra escrita dificilmente deixaria de ser considerada uma das mais importantes heranças culturais, para todos os povos.

E no decurso de toda a sua evolução, o livro sempre pôde ser visto como objeto cultural (manuseável, com forma entendida e interpretada em função de valores plásticos) e símbolo cultural (dotado de conteúdo, entendido e interpretado em função de valores semânticos). As duas maneiras podem fundir-se no pensamento coletivo, como um conjunto orgânico (onde texto e arte se completam, como, por exemplo, em um livro de arte) ou apenas como um conjunto textual (onde a mensagem escrita vem em primeiro lugar — em um livro de matemática, por exemplo).

A mensagem (racional, prática ou emocional) de um livro é sempre intelectual e pode ser revivida a cada momento.

O conteúdo, estático em si, dinamiza-se em função da assimilação das palavras pelo leitor, que pode discuti-las, reafirmá-las, negá-las ou transformá-las. Por isso, o livro pode ser considerado um instrumento cultural capaz de liberar informação, sons, imagens, sentimentos e idéias através do tempo e do espaço.

A quantidade e a qualidade das idéias colocadas em um texto podem ser aceitas por uma sociedade, ou por ela negadas, quando entram em choque com conceitos ou normas culturalmente admitidas.

Nas sociedades modernas, em que a classe média tende a considerar o livro como sinal de *status* e cultura (erudição), os compradores utilizam-no como símbolo mesmo, desvirtuando suas funções ao transformá-lo em livro-objeto.

Mas o livro é antes de tudo funcional — seu conteúdo é que lhe confere valor (como os livros das ciências, de filosofia, religião, artes, história e geografia, que representam cerca de 75% dos títulos publicados anualmente em todo o mundo).

O mundo lê mais

No século XX, o consumo e a produção de livros aumentaram progressivamente. Lançado logo após a Segunda Guerra Mundial (1939/45), quando uma das características principais da edição de um livro eram as capas entreteladas ou cartonadas, o livro de bolso constituiu um grande êxito comercial. As obras — sobretudo *best-sellers* publicados algum tempo antes em edições de luxo — passaram a ser impressas em rotativas, como as revistas, e distribuídas às bancas de jornal. Como as tiragens elevadas permitiam preços muito baixos, essas edições de bolso popularizaram-se e ganharam importância em todo o mundo.

Até 1950, existiam somente livros de bolso destinados a pessoas de baixo poder aquisitivo; a partir de 1955, desenvolveu-se a categoria do livro de bolso "de luxo". As características principais destes últimos eram a abundância de coleções — em 1964 havia mais de duzentas nos Estados Unidos — e a variedade de títulos, endereçados a um público intelectualmente mais refinado.

A essa diversificação das categorias adiciona-se a dos pontos-de-venda, que passaram a abranger, além das bancas de jornal, farmácias, lojas, livrarias, etc. Assim, nos Estados Unidos, o número de títulos publicados em edições de bolso chegou a 35 mil em 1969, representando quase 35% do total dos títulos editados.

Proposta da coleção
"A Obra-Prima de Cada Autor"

A palavra "coleção" é uma palavra há muito tempo dicionarizada, e define o conjunto ou reunião de objetos da mesma natureza ou que têm qualquer relação entre si. Em um sentido editorial, significa o conjunto não-limitado de obras de autores diversos, publicado por uma mesma editora, sob um título geral indicativo de assunto ou área, para atendimento de segmentos definidos do mercado.

A coleção "A Obra-Prima de Cada Autor" corresponde plenamente à definição acima mencionada. Nosso principal objetivo é oferecer, em formato de bolso, a obra mais importante de cada autor, satisfazendo o leitor que procura qualidade.*

Desde os tempos mais remotos existiram coleções de livros. Em Nínive, em Pérgamo e na Anatólia existiam coleções de obras literárias de grande importância cultural. Mas nenhuma delas superou a célebre biblioteca de Alexandria, incendiada em 48 a.C. pelas legiões de Júlio César, quando estes arrasaram a cidade.

A coleção "A Obra-Prima de Cada Autor" é uma série de livros a ser composta de mais de 400 volumes, formato de bolso, com preço altamente competitivo, e pode ser encontrada em centenas de pontos-de-venda. O critério de seleção dos títulos foi o já estabelecido pela tradição e pela crítica especializada. Em sua maioria são obras de ficção e filosofia, embora possa haver textos sobre religião, poesia, política, psicologia e obras de auto-ajuda. Inauguram a coleção quatro textos clássicos: *Dom Casmurro*, de Machado de Assis; *O Príncipe*, de Maquiavel; *Mensagem*, de Fernando Pessoa, e *O Lobo do Mar*, de Jack London.

Nossa proposta é fazer uma coleção quantitativamente aberta. A periodicidade é mensal. Editorialmente, sentimo-nos orgulhosos de poder oferecer a coleção "A Obra-Prima de Cada Autor" aos leitores brasileiros. Nós acreditamos na função do livro.

---

* Atendendo a sugestões de leitores, livreiros e professores, a partir de certo número da coleção, começamos a publicar, de alguns autores, outras obras além da sua obra-prima.

Introdução

MAURO ARAUJO DE SOUSA *

"*Quem alcança seu ideal, vai além dele*" [1].

Através de seus escritos, Nietzsche continua despertando o interesse de muitos leitores e isso, certamente, deve ocorrer porque ele ainda é ousado, perspicaz e, acima de tudo, alguém que coloca em questão valores caros aos fundamentos não somente da sociedade do Ocidente, mas também para com toda a existência humana. Muitas vezes, suas críticas tornam-se ácidas e todo um comportamento moral é posto em xeque. Não é por acaso que o mesmo se intitulou como "dinamite" [2]. O filósofo que cunhou a expressão "O Evangelho morreu na cruz" [3] e que denunciou Paulo como fundador do cristianismo, depondo contra esse apóstolo na sua obra principal contra essa doutrina religiosa, *O Anticristo*; fez a acusação de que a crença metafísica, valorizando a vida no além em detrimento da vitalidade do existir terreno, corroeu a humanidade com o ressentimento, com o sentimento de culpa e propôs à mesma o ascetismo como via de purificação da "má-consciência".

---

* Doutorando em Filosofia, Mestre em Ciências da Religião e Especialista em História pela PUC-SP. Também é autor de mais de 20 artigos sobre Filosofia, História e Religião, publicados em revistas acadêmicas. Entre suas experiências, houve um estreito contato com a cultura japonesa, pois morou em Shizuoka-Ken, no Japão. É ex-frade fransciscano, tendo desenvolvido inúmeros tranbalhos em diferentes pastorais na região do Grande ABCDM-SP. Atua como professor de Filosofia e de História, desde 1985.

[1] BM, # 73.

[2] Cf. EH. Por que sou um destino, # 1.

[3] AC, # 39.

Nietzsche abalara a fé cristã de muitos. Não foram poucos os seus inimigos. E não somente por sua atitude contra o cristianismo, pois ele fez reflexões a respeito de tantas outras coisas, entre elas a democracia, palavra hoje tão mal utilizada, pois ele desmascarou a "moral de rebanho" que aí vige politicamente e, como em todo rebanho há manipulação, o "poder do povo" não existe. O que há são relações das forças em que ou se domina ou se é dominado. Sobre o socialismo não faltarão análises desse tipo, pois é outro sistema movido pelo "espírito de rebanho". No que diz respeito a tais incursões, os leitores com elas estarão se deparando ao longo de algumas páginas de *Para Além do Bem e do Mal*.

Para se compreender o filósofo, bom mesmo é ler todas as suas obras e conhecer o estilo aforismático de muitas delas, o qual ele acabou adotando. Em especial, para entendê-lo, melhor é lê-lo por ele mesmo em sua autobiografia, *Ecce homo*. Se Nietzsche duvida de todos os sistemas, seu pensamento não poderia formar um. Porém, não há como negar que existem temas norteadores que acompanham quase todos os seus escritos. Há recorrências de determinados assuntos, mas pelo ângulo do "perspectivismo", que é olhar algo de diversas perspectivas. Assim, não há dogmatismo, porque essa é a conotação de todo sistema. O filósofo expõe um desafio, porque não quer simplesmente leitores e muito menos seguidores, quer outrossim que cada qual faça experiências consigo mesmo, que cada um experimente o próprio pensamento. Fica evidenciado o motivo pelo qual é desfavorável aos "rebanhos".

Afora esse viés, é possível notar a que tipo de egoísmo sua filosofia pode levar as pessoas. Não é àquele tradicional sentimento; é, de outra monta, ao enfrentamento consigo mesmo. O bom egoísta, no sentido originário e não no âmbito dualista de "bem e mal", quer simplesmente "afundar" o seu ego. O egoísta nietzscheano não pretende que tudo gire ao seu redor, antes dirige-se ao seu ultrapassar. Ficar a sós consigo mesmo, para crescer na solidão do autoconflito. Ele enfrenta abismos até superar-se, pois: "Existem alturas da alma, de onde mesmo a tragédia deixa de ser trágica" e "... O que serve de alimento ou de bálsamo para o tipo superior de homem, deve ser quase veneno para um tipo bem diverso e menor" [4]. Por-

[4] BM, # 30.

[5] BM, # 19.

tanto, para outros tipos de egoístas, aconteceria aí a própria dilaceração, o que eles estão longe de querer. Desse modo, o filósofo leva ao entendimento do significado de ser egoísta, inclusive, para até propor que o ego mesmo é apenas uma convenção, pois em cada um há "muitas almas"[5].

O eu é essa ilusão do sujeito impregnada nas pessoas, as quais a ela se apegam. Há muito, o antropocentrismo tem cometido o seu erro, porque não existe natureza humana, existe o homem como natureza. Em suma, o que existe é a própria natureza, não absoluta em sua existência, pois não é uma mônada. A cosmologia nietzscheana indica que há forças finitas, plurais é claro, em um incessante movimento que faz suas perspectivas serem infinitas. "Supondo, finalmente, que se conseguisse explicar toda a nossa vida instintiva como a elaboração e ramificação de uma forma básica da vontade — a vontade de poder, como é minha tese —; supondo que se pudesse reconduzir todas as funções orgânicas a essa vontade de poder, e nela se encontrasse também a solução para o problema da geração e nutrição — é um só problema —, então se obteria o direito de definir toda força atuante, inequivocamente, como vontade de poder. O mundo visto de dentro, o mundo definido e designado conforme o seu 'caráter inteligível' — seria justamente 'vontade de poder', e nada mais"[6].

E vontade de poder é uma relação das forças que é o cosmo, das forças que formam "centros" das vontades de potência (*Wille zur Macht*) que se constituem e se desconstituem constantemente, sendo, dessa forma, tudo o que existe, vontades de potência, como ele afirma. É compreensível que as pessoas só tenham acesso aos efeitos, os quais denominam como realidade ou verdade, quando tudo é aparência, interpretação das forças em relação, porque toda criação é interpretação e não há sujeito interpretante, mas relações de "pathos", esses impulsos-forças. Somente o ser humano, em sua "pequena razão"[7], se engana a julgar-se mais importante e sujeito, sendo que não percebe o seu próprio pensar como efeito das relações aqui postas. E, com essa ilusão, caminha e vive e até porque se engana, vive com um sentido que construiu, sendo que, a partir

---

[5] BM, # 19.

[6] BM, # 36.

[7] ZA. Parte I. Dos que menosprezam o corpo.

dele, construiu todos os outros, inclusive a religião como sentido para a própria existência.

A que veio *Para Além do Bem e do Mal*? Se o "Deus metafísico" é uma invenção contra tudo o que é terreno, se a vida no além avilta a vida aqui e agora, já era hora de por abaixo mais de dois mil anos de dominação cristã e, mais do que cristã, platônica. Afinal, "o cristianismo é um platonismo para o povo" [8] e o dualismo platônico se faz presente, com todo o reforço paulino. Platão criou o outro mundo, o das idéias, contra este mundo e o cristianismo elaborou o "Reino dos Céus" como o outro mundo. Em *Para Além do Bem e do Mal*, Nietzsche expõe, como ele mesmo escreveu, a sua tese da vontade de potência, das relações das forças, a qual afasta toda idéia de transcendência, de outro mundo, da metafísica. Não há vida eterna no além, porque a vida já é eterna aqui em sua incessante apresentação dentro da vontade de potência. Por isso tudo, vida e valor para o filósofo têm forte aproximação, porque aquela, enquanto vontade de potência, deve ser o referencial para todo e qualquer valor, o que equivale a dizer que toda avaliação precisa passar pelo crivo da vida, sendo esta o valor dos valores. Embute-se aí o projeto de uma "transvaloração dos valores", como pretendia Nietzsche.

Fica claro que toda negação da vida como ela é, sem subterfúgios no além, é rechaçada pelo filósofo. O que importa é a vida como impulso, assim mau seria tudo o que é fraco e não consegue ser um afirmador da vida e o bom é o nobre, o guerreiro, que ama a vida enquanto relações de forças. Em sua *Genealogia da Moral*, o autor trabalha essa questão da origem, mais propriamente "surgimento" como criação dos conceitos valorativos de bem e mal sobre a deturpação do que era bom (nobre) e do que era mau (escravo). O escravo é aquele que é fraco perante a existência e a nega. O seu antípoda é o nobre. Em tal viés, pode-se fazer uma leitura especial da significação da palavra "aristocrático" em Nietzsche. Na crítica aos valores, o procedimento genealógico é imprescindível para questionar os valores no seu surgimento (*Entstehung*) ou proveniência (*Herkunft*), para melhor se entender o assunto.

Em *Para Além do Bem e do Mal*, o filósofo elabora uma crítica cultural utilizando o seu perspectivismo para abordagem, em vários aspectos, da formação do espírito no Ocidente, sempre tendo em

[8] BM. Prólogo.

vista reverter o quadro valorativo estabelecido pelo platonismo e sua metafísica. Também, o que é destaque na obra, é a questão dos "filósofos do futuro", estabelecedores de novas condições culturais. Denomina esses filósofos como aqueles que são capazes de tentativas, de experimentos consigo mesmos e que, por não serem dogmáticos e nem se prenderem a nada, conseguem a liberdade do espírito. Esses filósofos do futuro seriam eles próprios os seus criadores, estando, por isso, além do bem e do mal, esse vício dualístico da "moralina cristã". Teriam eles sua própria perspectiva, sabendo, porém, que ela não é absoluta e nem é relativa. O infinito é a medida deles, porque infinitas são as perspectivas. Seriam, então, experimentadores, perspectivistas, sem medo de novas avaliações, novos valores. Sua perspectiva: a leveza e a abertura do espírito. Experimentar, pois, não significa relativizar a sua perspectiva.

O sentido de estar além do bem e do mal é nada temer, porque "(...) o temor é o pai da moral" [9]. É importante a pergunta pela perspectiva, segundo a qual certos valores ganharam existência. Pelas profundezas do espírito, se atinge uma altitude da alma, sempre compreendendo que não há nada de puramente espiritual. "Independência é algo para bem poucos: — é prerrogativa dos fortes" [10]. *Para Além do Bem e do Mal* cultiva também espíritos fortes. Esta obra de Nietzsche, para os que aceitam a divisão, já clássica, de seus escritos em três períodos, se contextualiza como a parte em que ele elabora sua própria perspectiva e fundamenta a sua filosofia no terceiro período que vai de 1882 a 1888. Não se preocupa em ser tachado de bom ou ruim, porque é bom pelo seu próprio julgamento baseado na vida terrena como referencial; a afirmação da mesma com tudo o que possui. É a fase da "transvaloração".

Para Nietzsche, essa sua obra além de criticar a modernidade que se assenta sobre o racionalismo, exacerbando o apolíneo no humano em contraposição ao dionisíaco, também revela-se uma "escola do homem nobre" [11]. O próprio "espírito científico" é problematizado quanto à objetivação dos fatos, visto que aquilo que existe são as interpretações. E a própria razão não foi entendida

---

[9] BM, # 201.

[10] BM, # 29.

[11] Cf. EH. *Para Além do Bem e do Mal.*

fora do seu "em si". O subjetivismo é o outro lado constrastante e tão falho quanto o objetivismo. O filósofo está distante de qualquer relação fenomenológica. Primeiro porque ele se afasta de toda dialética, de todo contato sujeito-objeto e, depois, longe está de uma racionalização do intencional, a qual sobrepõe a razão aos instintos. Novamente a "pequena razão" é questionada. Se a fenomenologia tenta superar a dicotomia realismo-idealismo, não se dá conta do perspectivismo e faz uma hermenêutica reducionista, levantando suspeitas de sua relação dual que se pretende una. Como ver no objeto mesmo aquilo que ele é, sendo que tudo está amparado na razão e não se foi longe o suficiente numa experiência com o pensar? A própria contribuição ao método científico deixa a desejar.

É certo que Apolo e Dionísio não formam uma síntese no ser humano, antes, por essa aparente dicotomia, há uma pluralidade de efetivações de forças em relação na qual o homem pode sentir-se natureza enquanto vontades de potência, aqui no plural porque são variados os "centros" de forças em relação na percepção cosmológica de Nietzsche.

Harmonia — Apolo — e embriaguez — Dionísio — são perspectivas e quando o filósofo chama mais a atenção para o lado dionisíaco, é porque este foi esquecido, o devir trágico foi deixado de lado em toda criação e destruição da existência e procurou-se privilegiar o "Belo", absolutizando-o. Se o apolíneo se fecha em sua perspectiva, o dionisíaco abre-se a outras, daí estar mais próximo do perspectivismo, essa teoria do conhecimento de Nietzsche que busca significados profundos pela multiplicidade de olhares sobre uma mesma coisa. Por isso, quando parece que o filósofo cai em contradição ao tratar de Apolo e Dionísio, pois dá a impressão de estar sendo dicotômico, está mesmo é acentuando o devir das forças, expulsando para longe toda fixidez, rigidez, tanto ontológica quanto metafísica.

Para Além do Bem e do Mal é um livro que revela ao leitor atento como o perspectivismo e o conhecimento estão intimamente intrincados e nisso nada há de um posicionamento de posse da "verdade", pois é de perspectiva que se trata. É necessário que o valor da verdade seja colocado em questão alguma vez, pela via experimental [12], não esquecendo que o experimentalismo é a filosofia

12 Cf. GM III, # 24.

de Nietzsche, que faz experiências com o pensar, que experimenta a si mesmo, que se arrisca e não teme os abismos porque não vê obstáculos nisso e sim estímulos.

Com tantas críticas à modernidade, o próprio Nietzsche atribui à sua obra a qualidade de terrível[13] porque traz seu projeto de transvaloração de todos os valores e a afirmativa da vontade de potência como constitutiva de tudo e, principalmente, da vida enquanto vontade de poder. O autor, como narra em algumas de suas cartas, enfrenta dificuldades em publicá-la. São muitos os "nãos" que recebe dos editores. Dando vazão às vontades de potência, o filósofo não raramente diz quão tal obra lhe escapa do controle de sua própria alma. Conforme seu biógrafo de grande expressão, Janz, a ele dá-lhe a impressão de agarrar um touro pelos chifres ao ler seus próprios manuscritos desse livro. Não conseguir anuência dos editores, deixa-o numa situação muito difícil, inclusive financeiramente. Quantas são as vezes em que tem de recorrer ao seu ex-professor e amigo Overbeck, para poder continuar seu trabalho e insistir em publicá-los. Ele, não é por menos, sentia-se um extemporâneo. Acaso, se fosse hoje, seria diferente? É Nietzsche compreendido o suficiente nos dias atuais, mesmo após o centenário de sua morte? Há quem diga que não, como a Professora Scarlett Marton [14]. A realidade, é que ele, mesmo que ainda extemporâneo, é um provocador. O pensamento de Nietzsche é dinâmico, apesar de muitas tentativas hermenêuticas de domesticação do seu pensar.

Quanto à obra *Para Além do Bem e do Mal*, é preciso ainda apreender dela o reforço a algo de suma importância: o que é viver? É querer ir sempre além, num vir-a-ser eterno, portanto sem pensar em preservar-se. Viver é superar-se constantemente. Porém, que a nossa perspectiva nunca seja imprópria a nós mesmos. Por que, agora, tratar de nós? Em particular, para lembrar que ao cotejar a filosofia em pauta, não é de boa índole eximir-se de se experimentar. Esse livro do filósofo põe a atual pergunta: quais são nossos critérios para valorar algo? Quais são nossos valores hoje? Uma filosofia

---

[13] Janz, Curt Paul. *Friedrich Nietzsche*. Madrid: Alianza Editorial, 1994 (vol. 3), p. 353.

[14] Quando do lançamento da 2a ed. do seu livro *Nietzsche: das forças cósmicas aos valores humanos*, em 14/02/2000, na Livraria Cultura, Conjunto Nacional, São Paulo.

que não pretende servir à massificação, que não se presta à banalização... essa é a filosofia de Nietzsche e o desafio expresso, em recorte especial aqui, nessa sua obra fundamental. A sociedade, que é uma tentativa e não um contrato, a título de uma leitura nietzscheana, banaliza a vida, o referencial do autor de *Para Além do Bem e do Mal* para todo e qualquer valor. É nesse contexto que toda moral é criticada, porque o peso da tradição quer esmagar aqueles que são experimentadores.

Nietzsche apresenta a todos uma grande provação, que é decidir-se pela solidão ou a um "seja bem-vindo" pelos "animais de rebanho". Criar os próprios valores não é para "ovelhas", é para os "espíritos livres". O livro aponta bem isso, em prol da afirmação da vida como relações das forças, como "pathos".

Até o momento, muitas coisas foram colocadas no rol das reflexões: a crítica contundente aos valores morais, à moral do ressentimento, à metafísica, além da subversão da linguagem, até porque a gramática contida nela supõe um dualismo e o filósofo entra por dentro dela para implodir as dicotomias. O caráter experimental de sua filosofia é contra as convicções, essa "vontade de verdade", é contra os preconceitos. Nietzsche, com seu perspectivismo, é criativo, faz denúncias, além de propor uma nova cultura. Não é em vão que escreve sobre os "filósofos do futuro", sobre o experimentalismo via tentativas. Ele é dinâmico. É o filósofo do devir e não do ser. Ele não se importa com o não-ser e nem com o ser, essa velha dicotomia que, muitas vezes, volta aos pensamentos dos próprios filósofos.

Nietzsche resolve-se com o vir-a-ser, sem o qual sua noção de cosmo não se sustenta. Há muito, ele se maravilhara com a concepção de Schopenhauer de que não há um Deus dirigindo o universo. E, se outras análises schopenhaurianas não lhe diziam respeito, até porque discordava da existência de uma vontade cega e absoluta como esteio do cosmo, mesmo assim faz sentido a condição que isso despertou no filósofo de "Zaratustra" — esse anunciador do "além-do-homem" (*Übermensch*), o transvalorado, o criador de novos valores, o afirmador da vida enquanto vontade de potência — muitas experiências com o seu pensar para a concepção de sua cosmologia, a qual é a base de todas as suas explicações filosóficas. No mundo sem Deus de Nietzsche, há forças que dançam e que mostram o impulso vital dionisíaco do qual o filósofo tanto trata. Assim, é de se entender quando ele proclama firmente: "Eu só poderia crer num Deus que soubesse dançar" [15]. Desse modo, sentia-se bem com a vida e, mesmo com seus problemas de saúde, sempre dizia sentir-se saudável.

Em que consiste a saúde para Nietzsche? Consiste em amar a vida incondicionalmente, nas suas relações das forças se efetivando sempre como vontades de potência; e tal perspetiva advém justamente de suas análises cosmológicas. E se as mesmas não foram comprovadas cientificamente, ao menos suas hipóteses não são descartadas. Não é impossível intuir sobre as condições energéticas de tais impulsos, as forças. E os que conhecem a filosofia de Nietzsche, sabe que ele prefere a intuição à crença. O perspectivismo não é dogmático e, por isso, pode ser aplicado à busca de conhecer o conhecimento. Novamente, vem à guisa de uma gama de experiências, que pode ser infinita, o pensamento que em todo lugar se apresenta.

O filósofo é também, como não poderia o contrário, um crítico veemente das instituições como o Estado e a Igreja. Particularmente, aponta alguns conhecidos e grandes filósofos da História da Filosofia enquanto estudiosos a serviço do Estado, como é o caso de Kant. Para Nietzsche, filósofos não devem ser submissos ou servis a nada que exalte o "espírito de rebanho". Chega até a comparar Kant como um ressentido, um medíocre, um fraco, por submeter-se. Kant era crítico, mas não basta ser crítico, pois um filósofo é mais que crítico: é um "espírito livre", criador. Não é por acaso que denomina Kant de "o grande chinês de Königsberg" [16], afinal para o autor de *Para Além do Bem e do Mal*, os chineses são submissos, tais como os alemães que também gostam de servir ao Estado e à Igreja. São bastantes conhecidas as investidas de Nietzsche contra o povo alemão, em especial, tratado de "filisteu da cultura" por ele, o qual considerava Estado e cultura como inversamente proporcionais.

"Filisteu", desde o século XVIII até o XIX, no qual viveu o filósofo, era a denominação dada àqueles que viviam para o legal, para os deveres, uma crítica dos estudantes universitários aos legalistas, aos moralistas no sentido pejorativo da palavra. Para aquele que cunhou o termo vontade de potência, os filisteus estão em toda a parte porque são organizadores de instituições para a imitação e para o consumo, inclusive as escolas os teriam em suas direções,

---

[15] ZA. Parte I. Ler e Escrever.

[16] Cf. BM, # 210.

juntamente com seus colaboradores não menos filisteus. Nesse aspecto, Nietzsche vê com forte crítica o consumismo no meio cultural. E, se não está interessado no lucro, também é contra o capitalismo. É de se perceber que ele não se posiciona nem favorável ao socialismo e nem ao capitalismo. Onde há Estado, onde há lucro como fim, aí estará o "espírito de rebanho", o consumo desenfreado, a avaliação da cultura como bem monetário, a manipulação, a mediocridade e tudo aquilo que é próprio do filisteísmo. Por isso tudo, torna-se inconcebível aliar o pensamento nietzscheano a qualquer tipo de nacionalismo, como fizeram erroneamente e, alguns, propositadamente, com parte de seus escritos. É o caso de sua irmã, Elisabeth Föerster-Nietzsche, a qual aproximou-se de Hitler, manipulando certos fragmentos do irmão a favor do Reich nazista. Porém, há muito, já está mais do que provado o estrago que o nacional-socialismo fez a Nietzsche e, até hoje, os mal informados ainda se deixam levar por tal usurpação de sua filosofia. Para entender o filósofo, é necessário compreender o que é um "espírito livre", o que significa essa busca de liberdade interior que se rebela contra toda autoridade e crença. E ninguém pode atingir essa condição sem impor a si mesmo uma rigorosa disciplina, pois estará em constante luta contra os controladores de instituições, contra os "valores" por elas utilizados.

Tratando da importância do perspectivismo para todas essas análises, a *Genealogia da Moral*, como obra adicionada à reflexão de *Para Além do Bem e do Mal*, leva avante a teoria do conhecimento do filósofo e, isso, junto ao procedimento genealógico. Afinal, é de valores que se trata aqui. A preocupação de Nietzsche é com a transvaloração dos valores e, sendo assim, não podia conhecer apenas a sua perspectiva, apesar de privilegiá-la. Ele nunca se furtava a fazer experiências com o seu pensamento. Adentrava às outras perspectivas e considerava o conflito como algo indispensável para o crescimento e liberdade do espírito. Não pode haver criadores sem tais características, criadores de valores que põem em destaque o espírito livre. Desse modo é que, após o título da obra enfocada, segue-se *Prelúdio a uma Filosofia do Futuro*.

Na *Genealogia da Moral*, explicita: "Aproveito a oportunidade que me oferece esta dissertação para expressar pública e formalmente um voto, que até agora só formulei em eventuais conversas com eruditos. Seria desejável que uma faculdade de filosofia viesse a ter o mérito de encorajar, através de uma série de concursos acadêmicos, os estudos de história da moral — talvez este livro (*Genealogia da*

Moral) sirva para dar um impulso vigoroso nessa direção. Em vista de tal eventualidade, proponho a questão seguinte, que merece tanto a atenção dos filólogos e historiadores quanto a dos filósofos propriamente ditos: 'que indicações a lingüística, e em particular a pesquisa etimológica, fornece para história do desenvolvimento dos conceitos morais?' "[17]. Nietzsche se propunha a uma filosofia dos valores assentada numa história dos mesmos, porque as ações do ser humano em sociedade, seu comportamento, acontecem em torno de tais valores. Ademais, sem isso, não se faz viável um projeto de transvaloração. Certamente, é necessário lembrar que, junto com a tônica cultural, está a relação com a natureza. Neste viés, é que se remonta à vida como base de todos os valores; vida enquanto natureza e valores enquanto criações entre vontades de potências. Se há um veio ético no filósofo, esse só se realiza como filosofia dos valores. Nele também as ciências da natureza não se dissociam das ciências do espírito. É contrário a qualquer manifestação dualista, pois atribui isso à herança platônica, tão criticada por ele.

Em *Para Além do Bem e do Mal*, o filósofo vê no ser humano uma possibilidade de superar todos os interesses que a metafísica e sua moral lhe implantaram. A vida não mais seria colocada numa relação negativa com a outra vida no além, até porque esta última não existe a não ser como projeção de uma dada perspectiva de negação da vida enquanto tal. O além-do-homem é o projeto do novo homem que ultrapassou tanto o homem metafísico quanto àquele que fez da ciência uma religião, o que é uma crítica ao positivismo. Não que Nietzsche não houvesse recebido influências positivistas num determinado período, mas superou o cientificismo, a vontade de verdade.

Para aprender a ser um espírito livre é preciso libertar-se com relação àquilo que chamam de "alma", pois... "Todos os instintos que não se descarregaram para fora, voltam-se para dentro — é isto que denominei a interiorização do homem (...)"[18]. Nietzsche traz o desafio de uma reflexão sobre o próprio surgimento da consciência pelos instintos reprimidos, por isso ela é tão frágil. De modo algum, entretanto, se deprecia a razão. O que é criticado está no "império da razão", um equívoco humano ao pensar a razão pura.

[17] GM I, nota do # 17.

[18] GM II, # 16.

Aquele que deseja a liberdade não somente deve desgarrar-se dos outros como de si mesmo. Quando se trata de uma autenticidade do espírito, tal remete à revisão enquanto relações de forças e de que isso ocorre em todos os lugares, o que não quer dizer abrir mão de possuir uma perspectiva, porém sempre aberto ao perspectivismo. É com uma perspectiva própria, assegurada por uma abertura via experiências com o pensamento, que pode-se atingir tal autenticidade, inclusive para que o ser humano não seja atingido pela cegueira de não sentir-se manipulado por outras perspectivas, o que implicaria em seu aprisionamento e no distanciamento de sua condição de criador de valores. Ser autêntico é saber raciocinar a favor da vida no eterno vir-a-ser, pois se há uma repetição que retorna sem cessar é a repetição das diferenças e, dessa maneira, é possível levantar também a questão do "tornar-se o que se é".

Por que deve se estar além do bem e do mal? "Em toda parte onde encontramos uma moral encontramos uma avaliação e uma classificação hierárquica dos instintos e dos atos humanos. Essas classificações e essas avaliações são sempre a expressão das necessidades de uma comunidade, de um rebanho: é aquilo que aproveita ao rebanho, aquilo que lhe é útil em primeiro lugar — e em segundo e em terceiro — que serve também de medida suprema do valor de qualquer indivíduo. A moral ensina a este a ser função do rebanho, a só atribuir valor em função deste rebanho. Variando muito as condições de conservação de uma comunidade para outra, daí resultam morais muito diferentes; e se considerarmos todas as transformações essenciais que os rebanhos e as comunidades, os Estados e as sociedades são ainda chamados a sofrer, pode-se profetizar que haverá ainda morais muito divergentes. A moralidade é o instinto gregário no indivíduo" [19].

A autenticidade não é para todos, porque é sua acompanhante a solidão. Quanto a servir ao grupo, é certo que todo rebanho desconsidera aquele que não lhe é útil. E se há instinto de rebanho, também há outros. É difícil, em sociedades no geral, não valorizar-se em função do grupo. De outro modo, dá-se o mesmo, pois não é fácil a autovalorização sem o egoísmo como egocentrismo. Só alcança a saída desse paradoxo o que segue pelas vias do egoísmo salutar da auto-supressão do coletivo em si mesmo e da auto-superação em achar-se o centro do universo. Não é questão de

---

[19] GC, # 116.

equilíbrio, outrossim é combate entre forças. Assim, toda forma de sociedade e Estado teme um espírito livre, porque não quer viver em função deles, além de ser um guerreiro no sentido de que entende a vida como luta, como movimento e, por isso, não quer se conservar porque não deseja se acomodar. Existe disputa entre os instintos, pois que há relações de forças e, disso, um filósofo do futuro sabe. Deste aspecto, tudo deve ser avaliado porque o que é denominado bem e mal numa cultura é uma avaliação. Resta conhecer de que perspectiva partiu dada avaliação. Novamente, volta-se à teoria do conhecimento de Nietzsche ao longo de sua obra *Para Além do Bem e do Mal*: o perspectivismo.

Como se faz a moral dos nobres? Não é uma coletividade, porque um senhor não se faz escravo e, se realmente é senhor, não vive em função do grupo. Nietzsche considera duas morais: a dos nobres ou senhores e a dos escravos. "O essencial numa aristocracia boa e sã, porém, é que não se sinta como função (quer da realeza, quer da comunidade), mas como seu sentido e suprema justificativa — que portanto aceite com boa consciência o sacrifício de inúmeros homens que, por sua causa, devem ser oprimidos e reduzidos a seres incompletos, escravos, instrumentos" [20]. Entenda-se bem: o nobre não precisa de parâmetro entre os homens, pois a vida lhe é referencial e se ele sente-se como vida, até porque vive, só pode fazer-se sentido para outros homens que assim não o fazem, já que o sentido da vida é ela própria. Os que não compreendem isso, acabam arcando com a própria dominação da existência sobre si.

"Uma criatura viva quer antes de tudo dar vazão à sua força — a própria vida é vontade de potência —: a autoconservação é apenas uma das indiretas, mas freqüentes conseqüências disso" [21]. No escravo, há vontade de potência por querer se conservar. No nobre, há vontade de potência por buscar ir além do que já é, ser mais forte. Contudo, a moral dos senhores é diferente das outras porque não se encaixa no espírito de rebanho. Não é comum haver comunidades de senhores, porque um senhor é aquele que comanda e cria valores, assim a aristocracia é um poder de indivíduos. Mas, veja-se: "Dar ordens é mais difícil do que obedecer: porque aquele que dá ordens suporta o peso de todos os que obedecem, e essa carga

[20] BM, # 258.

[21] BM, # 13.

prostra-o facilmente. Dar ordens parece-me um perigo e um risco. E quando manda, o vivo sempre se expõe. E quando dá ordens a si próprio também tem que expiar sua autoridade, ser juiz, vingador e vítima de suas próprias leis" [22]. Ocorre, então, que a moral do nobre não visa o rebanho. Ser nobre é arriscar-se sempre, não temer suas próprias criações, é não assentar-se nos outros, é seguir a si mesmo. Porém, como se justifica que há vontades de poder tanto no fraco como no forte? Porque nas relações das forças, efetivadas como vontades de potência, ora algumas se constituem em dominar e outras em obedecer, o que, no devir cosmológico nietzscheano, pode sofrer mudança hierárquica. Por isso, em tudo há vontade de domínio: também o que obedece, quer dominar. Não fosse assim, não haveria nobres a se enredarem nas malhas do cristianismo, por exemplo.

Para Além de Bem e do Mal foi considerado, para a época de Nietzsche, um livro muito profundo e, para alguns, incompreensível. O filósofo enviou cartas a seus principais amigos, enviou exemplares. Poucos compreenderam o livro e, mesmo assim, não na sua totalidade. Este foi o caso de Jacob Burckhardt, um professor amigo dos tempos da Universidade de Basiléia. Por outro lado, o filósofo chegou a receber de Hippolyte Taine, professor de Estética e História da Arte em Paris, uma carta que o elogiava a respeito da obra. Foram muitas as dificuldades de Nietzsche para publicar esse seu trabalho e acabou assumindo os custos para conseguir algumas publicações.

O livro mexia com os pilares da modernidade e começava a causar impactos que iam dos políticos até os psicológicos e religiosos. Colocava em questão, o que é uma constante na sua filosofia, a verdade que variados segmentos supunham deter. Foram fortes as expressões do tipo: " (...) nós somos, até a medula e desde o começo — habituados a mentir" [23]. Como falar de verdade, onde tudo é interpretação? O caso é que o filósofo não era favorável a cristalizações, a absolutizações, quando tudo se reporta ao devir, porque todas as coisas estão em constantes mudanças, destruições e criações. Além disso, a sua colocação sobre a "vontade de domínio" incomodava a muitos, principalmente os que se intitulavam humanistas convictos. O que esperar também dos cristãos envoltos na própria dogmática? Foram questionados na sua raiz metafísica.

---

[22] ZA. Parte II. Da vitória sobre si mesmo.

[23] BM, # 192.

Com relação à própria filosofia, distinguiu tipos de filósofos, os que somente criticam e fazem o "trabalho filosófico" e os que são criadores de novos valores e vão além da crítica. Os primeiros ainda não são espíritos livres como os segundos, também chamados de "filósofos do futuro". Enfim, estar além de bem e mal é perguntar-se pelo surgimento dos mesmos conceitos por uma avaliação na sua origem ou criação.

A obra toda é uma recusa à metafísica, a qual, por mais paradoxal que pareça, também percorre a ciência em sua crença da "verdade". Tudo está perpassado pela moral como arte de persuasão do espírito, que seduz até mesmo os filósofos [24]. A moral tirou a inocência do mundo e a metafísica se constituiu em verdade. "O que é a verdade, portanto? Um batalhão móvel de metáforas, metonímias, antropomorfismos, enfim, uma soma de relações humanas, que foram enfatizadas poética e retoricamente, transpostas, enfeitadas, e que, após longo uso, parecem a um povo sólidas, canônicas e obrigatórias: as verdades são ilusões, das quais se esqueceu que o são, metáforas que se tornaram gastas e sem força sensível, moedas que perderam sua efígie e agora só entram em consideração como metal, não mais como moedas" [25].

Como se nota, tudo para Nietzsche gira em torno da problemática do valor dos valores, que ao perder o referencial da vida enquanto vontade de potência, a vida que não é só bela mas é dura também, procurou amparar-se no ideal garantidor de uma imobilidade como verdade da existência, chamando-a de essência. *Para Além de Bem e Mal*, coloca ao ser humano que ele sempre será desafiado pelo devir e que, por si mesmo, deve ser capaz de dizer sim à vida mesmo diante dos seus abismos. É um livro que trata, acima de tudo, das profundezas do espírito e que propõe atingir o fundamento valorativo de todas as coisas e relações humanas para uma nova condição que reconhece a cultura como o lugar de toda e qualquer mudança no valor dos valores. É preciso criatividade e imaginação, mas não como fuga da existência. Por fim, fica a reflexão: "Não existem fenômenos morais, apenas uma interpretação moral dos fenômenos..." [26].

---

[24] Cf. A, # 3.

[25] VM, # 1.

[26] BM, # 108.

Ler *Para Além do Bem e do Mal* é arriscar-se a fazer experiências com o pensar, longe de qualquer dualismo, visto que no ser humano impera a natureza e não a natureza humana.

Siglas de obras de Nietzsche utilizadas nas notas da introdução:

A — *Aurora.*
AC — *O Anticristo.*
BM — *Para Além de Bem e Mal.*
EH — *Ecce homo.*
GC — *A Gaia Ciência.*
GM — *Genealogia da Moral.*
VM — *Verdade e Mentira no Sentido Extramoral.*
ZA — *Assim falava Zaratustra.*

São Paulo, dezembro de 2001.

PREFÁCIO

Considerando que a verdade seja mulher, seria justificado suspeitar então que todos os filósofos, sendo dogmáticos, pouco percebiam de mulheres? Que a seriedade absoluta, a inoportuna falta de tato que até agora se têm utilizado para atingir a verdade eram meios demasiado desastrados e inconvenientes para conquistar os favores precisamente de uma mulher? Positivamente é que ela não se deixou conquistar. Toda a arte dogmática toma hoje uma atitude triste e desencorajada. Quando toma alguma atitude! É que há gozadores que pretendem que toda dogmática caiu por terra, mais ainda, que agoniza.

Falando a sério, creio que há sérios motivos para esperar que todo dogmatismo em filosofia, por mais solene e definitivo que se tenha apresentado, talvez não tenha sido mais do que uma nobre criancice e um balbuciar. Talvez não esteja longe o tempo em que se compreenderá cada vez mais *que coisa* no fundo bastou para primeira pedra desses edifícios filosóficos, sublimes e absolutos, erguidos até agora pelos dogmáticos. Aparenta ser mais uma superstição popular qualquer procedente dos mais recuados tempos — como a superstição da alma que, sob a forma de superstição do sujeito e do eu, até hoje ainda não deixou de causar dano —, talvez um trocadilho, um equívoco gramatical,[1] ou qualquer generalização

---

[1] Traduzida habitualmente por "sedução", a palavra *Verführung* tem o sentido literal de "desencaminhamento". O prefixo *ver* denota erro ou desvio neste caso (qual o nosso *des),* modificando o substantivo *Führung* ("condução", do verbo *führen,* "conduzir"). É bem apropriada a versão tradicional, considerando o sentido do verbo *seducere,* em latim: "conduzir para o lado, desviar".

de fatos muito restritos, muito pessoais, muito humanos, demasiado humanos. Esperamos que a filosofia dos dogmáticos apenas foi uma promessa a ser ultrapassada após milhares de anos. Semelhante ao caso da astrologia, numa época anterior ainda, ao serviço da qual se despendeu talvez mais trabalho, dinheiro, perspicácia, paciência, do que até agora se despendeu com qualquer ciência verdadeira. É a ela e às suas aspirações "supraterrenas" que se deve, na Ásia e no Egito, a arquitetura de grandioso estilo. Parece que, para gravar no coração da humanidade as suas eternas exigências, todas as coisas grandes devem vagar primeiro pela terra como carantonhas monstruosas e terríficas. Uma dessas carantonhas foi a filosofia dogmática, quando se manifestou na doutrina do Vedanta, na Ásia, ou no platonismo, na Europa. Ingratos não sejamos para com ela, conquanto se deva confessar que o erro mais nefasto, mais persistente e mais perigoso até hoje cometido foi um erro dos dogmáticos, ou seja, a invenção do espírito puro e do bem em si, feita por Platão. No entanto, agora que este erro foi superado, agora que a Europa liberta deste pesadelo volta a respirar e usufrui, pelo menos, de um mais salutar sono, somos nós, cujo *dever é precisamente a vigília.*[2] quem herda toda a força que a luta contra este erro desenvolveu e deu-lhe corpo.

Argumentar a respeito do espírito e do bem conforme Platão seria de fato deturpar a verdade e negar o *perspectivismo* [3], condição fundamental de toda a vida. Quais médicos, poderíamos mesmo

---

[2] "Cujo dever é precisamente a vigília": *deren Aufgabe das Wachsein selbst ist.* A edição espanhola dá uma tradução literal para *Wachsein: cuya tarea es el estar despiertos;* já os tradutores de língua inglesa dizem *we whose task is wakefulness itself;* os tradutores de língua francesa e italiana usam o verbo "velar": *veiller, vegliare.* Na mesma frase, "engendrada" traduz *grossgezüchtet.* O adjetivo *gross* [grande] é unido aqui ao verbo *züchten* [cultivar, criar], produzindo o verbo *grosszüchten.* Alguns tradutores recorreram a dois verbos para traduzi-lo: "a força que a luta contra este erro desenvolveu e fez crescer" (a tradução portuguesa acompanha literalmente a espanhola), *quella forza che è stata allevata e ingrandita, l'énergie qui s'est développée, la force qui s'est affermie, l'énergie qu'a grandement disciplinée, that strength which has been fostered* (Kaufmann) / *cultivated* (Hollingdale).

[3] "Os alemães inventaram a pólvora": creditava-se ao monge Berthold Schwarz essa invenção.

perguntar: "De onde provém tal doença no mais belo fruto da Antigüidade, que é Platão? Tê-lo-ia corrompido o maligno Sócrates? Teria sido Sócrates sempre o corruptor da juventude? Então, teria ele merecido a sua cicuta?"

Entretanto a luta contra Platão ou para me tornar mais compreensivelmente e falar para o povo, a luta contra a opressão cristiano-eclesiástica exercida desde há milhares de anos — porque o cristianismo é platonismo para o "povo" — criou na Europa uma maravilhosa tensão de espírito que nunca havia existido antes na terra. Com um arco tão fortemente tenso é possível atirar agora aos alvos mais longínquos.

Positivamente o homem europeu sente esta tensão como uma calamidade e já por duas vezes se tentou com grande estilo afrouxar o arco, primeiro pelo jesuitismo e depois pelo iluminismo democrático. Com o auxílio da liberdade de imprensa e da leitura dos jornais, isto conseguiria que o espírito já não se considerasse tão facilmente a si mesmo como um "sofrimento"! (Os alemães inventaram a pólvora — as minhas felicitações! mas depois estragaram tudo — inventaram a imprensa. Todavia nós que nem somos jesuítas, nem democratas, nem mesmo suficientemente alemães, nós os *bons europeus* e espíritos livres, *muito* livres — possuímos ainda todo o sofrimento do espírito e toda a tensão do seu arco! Provavelmente também a flecha, a missão e quem sabe? o *alvo*...

Sils-Maria, Alta Engadina
Junho de 1885.

CAPÍTULO I

Dos preconceitos dos filósofos

1 — A necessidade de saber a verdade ainda nos há de arrastar para muitas aventuras, essa célebre veracidade de que todos os filósofos falaram até os dias de hoje com veneração.

Quantos problemas nos tem levantado essa ânsia de verdade! Quantos problemas insólitos, graves, duvidosos! Descreve toda uma longa história e, no entanto, não parece que começou faz pouco tempo? Que perplexidade poderá provocar o fato de acabarmos por nos tornar desconfiados, de perdermos a paciência, de nos agitarmos impacientes? O fato de nos ter levado, devido a isso, com essa esfinge, a fazer perguntas? Afinal, *quem* vem aqui interrogar-nos? *Que* parte de nós mesmos tende "para a verdade"?

Realmente detivemo-nos por muito tempo perante a questão da causa dessa vontade, até que acabamos por ficar em suspenso perante uma questão ainda mais fundamental. Neste momento é que perguntamos pelo *valor* dessa vontade.

Considerando que queremos a verdade: Por que não *havíamos de preferir* a não-verdade? Talvez a incerteza? Quem sabe a ignorância?

Terá sido a questão da verdade que se nos apresentou ou, pelo contrário, fomos nós quem nos apresentamos a ela? Qual de nós é aqui Édipo? Quem a Esfinge?

Ao que parece, trata-se de um autêntico encontro de perguntas e pontos de interrogação. — Afinal, quem diria que nos parece que o problema até agora nunca se pôs, que fomos nós quem primeiro dele se apercebeu, quem o encarou, quem *arriscou* atacá-lo? Eis que disso tudo há um risco a correr e também que nenhum risco nos parece maior.

2 — "*Poderia* algo nascer do seu contrário? Por exemplo, a verdade do erro? Ou ainda o desejo de verdade do desejo de engano? A ação altruísta do egoísmo? Poderia acaso a contemplação pura e resplandecente do sábio nascer da cupidez? Essas origens são impossíveis. Qualquer que admite isso é tolo ou coisa pior. As coisas de valor elevado devem ter outra origem, uma origem *própria* — não podem derivar deste mundo efêmero, enganador, ilusório e mesquinho, deste labirinto de erros e desejos! Ao contrário, é no íntimo do ser, no imperecível, na divindade oculta, na 'coisa em si' — que *deve* encontrar-se a sua razão de ser, e não em qualquer outra parte!"

Tal processo de avaliar constitui um preconceito típico, pelo qual se reconhecem perfeitamente os metafísicos de todos os tempos. Este tipo de avaliação está no fundo de todos os seus métodos lógicos. Partindo deste seu 'crer', esforçam-se pelo seu 'saber',[4] algo que, no fim, é solenemente batizado de "verdade".

A *crença nas oposições de valores* é a fé fundamental dos metafísicos. Nem aos mais avisados dentre eles ocorreu levantar dúvidas logo no início, quando teria sido mais necessário. Conquanto tivessem feito voto de *omnibus dubitandum*. Efetivamente, pode perguntar-se, em primeiro lugar, se há de todo oposições, e em segundo lugar, se aquelas avaliações e oposições populares, consagradas pelos metafísicos, não serão talvez apenas avaliações superficiais, perspectivas provisórias, projetadas mais do fundo de um recanto, talvez de baixo para cima, como que perspectivas de rã, para empregar uma expressão familiar aos pintores.

Independentemente do valor que se atribua ao verdadeiro, ao verídico, ao desinteressado, seria possível que se tivesse de atribuir à aparência, à vontade de ilusão, ao egoísmo e ao desejo, um valor maior e mais fundamental para a vida. Se não bastasse, seria ainda possível que o *que* constitui o valor daquelas coisas boas e respeitadas consistisse exatamente no fato de serem de maneira insidiosa aparentadas, ligadas e entrelaçadas e talvez mesmo idênticas a estas coisas más, aparentemente opostas. Talvez!

No entanto, quem está disposto a ocupar-se de tão perigosos

---

[4] Referência a Immanuel Kant — "Tive, dessa forma, de suspender o saber para deixar espaço ao crer" — *Crítica da Razão Pura*, prólogo à segunda edição.

talvez?! Para tal deve aguardar-se a vinda de uma nova espécie de filósofos que tenham gostos e inclinações diferentes, quaisquer que sejam, dos filósofos que se conhece — filósofos do "talvez" perigoso sob todos os ângulos. Falando a sério, já vejo aparecer esses novos filósofos.

3 – Após ter passado bastante tempo a observar de perto os filósofos, acabei por concluir que a maior parte do pensamento consciente deve também ser incluída nas atividades instintivas, de que não excetuo mesmo a meditação filosófica. Neste ponto torna-se necessário aprender a julgar de outro modo, como já se fez com a hereditariedade e com os "caracteres adquiridos".

Do mesmo modo que o ato de nascer não influi no conjunto do processo da hereditariedade, tampouco o fato da "consciência" *se opõe* de qualquer modo decisivo ao instinto. Quase todo o pensamento consciente num filósofo é dirigido secretamente pelos seus instintos e forçado a seguir determinado caminho.

Por detrás de toda a lógica e da autonomia aparente dos seus movimentos há valorizações, ou, para me exprimir mais claramente, exigências fisiológicas para a manutenção de um determinado tipo de vida. Exemplificando, afirmar que o determinado tem mais valor que o indeterminado, a aparência menos valor que a "verdade": tais valorizações, apesar da importância reguladora que têm para *nós,* poderiam ser apenas valorizações superficiais, uma espécie de *niaiserie,* útil talvez para conservação de seres tal como nós. Em se admitindo, bem-entendido, que não é justamente o homem a "medida das coisas"...

4 — Já não representa para nós uma objeção contra esse juízo a falsidade de um juízo. Talvez seja nisso que resida o caráter mais estranho da nossa nova linguagem. Trata-se de saber em que medida esse juízo favorece e conserva a vida, mantém e desenvolve mesmo a espécie. Por princípio inclinamo-nos a afirmar que os juízos mais falsos — de que fazem parte os juízos sintéticos *a priori* — são para nós os mais indispensáveis, que o homem não poderia existir sem admitir as ficções lógicas, sem medir a realidade pelo mundo puramente fictício do absoluto, do idêntico-a-si-mesmo, sem falsificar constantemente o mundo pelo número, que renunciar aos juízos falsos seria renunciar à vida, negar a vida. No entanto, confessar que a não-verdade é uma condição vital é opor-se e de

modo perigoso às noções de valor habituais. É só uma filosofia o ousar, para se colocar de pronto para além do bem e do mal.

5 — O que provoca a se olhar metade dos filósofos com desconfiança e a outra metade com ironia, não é darmo-nos permanentemente conta de como são ingênuos, como erram e se desnorteiam com facilidade. Diria que freqüentemente não é, enfim, a sua infantilidade e ingenuidade em suma, mas a sua pouca honestidade. Afinal, sendo eles quem faz grande alarido de virtuosos desde que se lhes toque só ao de leve e de longe no problema da veracidade. Todos fingem ter descoberto e alcançado as suas verdadeiras opiniões pelo desenvolvimento de uma dialética fria, pura e divinamente despreocupada — dessa forma distinguindo-se dos místicos de toda espécie que, mais honestos e menos hábeis, falam de "inspiração". No fundo, são eles quem defendem com argumentos posteriores uma tese pré-adotada, uma idéia súbita, uma "inspiração"[16], é que passaram por um crivo: todos são advogados que não querem passar por tal, são mesmo na maior parte das vezes os defensores astuciosos dos próprios preconceitos que batizam de "verdades", mas estão *muito* distantes da intrepidez da consciência que a si mesma confessa o caso, muito distantes do bom gosto da intrepidez que o dá a entender, quer para avisar um inimigo ou um amigo, quer por petulância e para zombar de si mesma.

A pantomima tão ríspida quanto moralizadora do velho Kant, com a qual nos atrai para as tortuosas veredas da dialética que nos encaminham, ou antes, nos desencaminham para o seu "imperativo categórico" — esse espetáculo faz-nos sorrir a nós, habituados a coisa melhor, não podendo deixar de achar graça ao observar, mais de perto, as manhas sutis dos velhos moralistas e pregadores da moral. Também esse *hocus-pocus* matemático com que Espinosa mascarou a sua filosofia, quer dizer, "o amor à sua sabedoria", para interpretar corretamente a palavra "filosofia", com que ele couraçou essa filosofia para assim intimidar, inicialmente, a audácia do atacante que ousasse levantar os olhos para essa virgem invencível, verdadeira Palas Atena. Quanta timidez e vulnerabilidade revela este disfarce de um doente solitário!

6 — De leve fui descobrindo o que até agora tem sido toda a grande filosofia. Nada mais que uma autoconfissão do autor, uma espécie de *mémoires* involuntárias e desapercebidas. As intenções

morais — ou imorais — também formavam, em toda filosofia, o verdadeiro germe vital de onde sempre desabrochou a planta inteira. Realmente, para elucidação do problema de como se formaram as mais remotas afirmações metafísicas de um filósofo seria bom — e mesmo inteligente — perguntar primeiro: a que moral quer *isto* — quer ele — chegar? Pois que não acredito que o "instinto do conhecimento" seja o pai da filosofia, mas sim que um outro instinto se serviu apenas aí, como noutros campos, do conhecimento — e do desconhecimento! — como de um instrumento.

Mas qualquer que examine os instintos fundamentais do homem com a finalidade de saber até que ponto eles desempenharam, exatamente aqui, um papel de gênios — ou de demônios e duendes — *inspiradores,* reconhecerá que já todos esses instintos fizeram filosofia, e que o maior desejo de cada um seria apresentar-se a si próprio como fim último da existência, e como *soberano* legítimo de todos os outros. Já que todo instinto é ávido de domínio, e *enquanto tal* intenta filosofar.

Sem dúvida que no caso dos eruditos, os homens científicos por excelência, pode ser que haja uma diferença para "melhor". Se convier, talvez neles exista realmente qualquer coisa como um instinto do conhecimento, uma pequena engrenagem independente que, com bastante corda, se põe a trabalhar energicamente, sem que todos os outros instintos do erudito nisso participem de um modo essencial. Por isso é que os seus verdadeiros "interesses" se situam num ponto completamente diferente, por exemplo na família, na aquisição de bens ou na política. É mesmo quase indiferente que a sua pequena máquina seja colocada neste ou naquele ponto da ciência, e que o jovem trabalhador "de futuro" se torne bom filólogo, entomologista ou químico. O fato de chegar a ser isto ou aquilo não o *caracteriza*. Inversamente, no filósofo nada há de impessoal. Especialmente sua moral testemunha de um modo decisivo e absoluto *quem ele é,* quer dizer, como estão escalonados os mais íntimos instintos da sua natureza.

7 — Como podem ser maldosos os filósofos! Desconheço algo mais venenoso que o gracejo que Epicuro se permitiu para com Platão e os platônicos: chamou-lhes *dionysiokolakes.* Antes de mais nada, isto quer dizer, tomado ao pé da letra, *aduladores de Dionísio,* ou seja, acólitos do tirano e bajuladores. Significa também que "são todos uns *comediantes,* sem sombra de seriedade" (porque

dionysiokolax era uma designação popular de comediante.[5] Sobretudo nesta última asserção é que reside a malícia que Epicuro atirou a Platão. Aborreceu-se com o ar grandioso, as poses que Platão e os seus discípulos tão bem sabiam dar-se. Dom que Epicuro não possuía, logo ele, o velho mestre-escola de Samos, que escreveu trezentas obras refugiado no seu pequeno jardim de Atenas, e, quem sabe?, talvez as não escrevesse senão por despeito e ambição de suplantar Platão? Foram precisos cem anos para que a Grécia se apercebesse de quem tinha sido Epicuro, aquele deus do jardim. Se é que já se deu conta!

8 — Em toda filosofia há um ponto em que entra em cena a "convicção" do filósofo. Melhor dizendo, exprimindo-me na linguagem de um antigo mistério:

adventavit asinus
pulcher et fortissimus.[6]

9 — Ó nobre estóicos, quereis *viver* "de acordo com a natureza"? Que falsas palavras!

Imaginai um ser como a natureza, pródigo o mais possível, o

---

[5] Platão foi amigo de Dionísio II, tirano de Siracusa entre 367 e 357 a.C. A piada de Epicuro tira seu efeito do homônimo do nome desse governante e o do deus Dionísio. Alguns helenistas preferem a grafia "Dioniso", que, conquanto mais fiel ao original, não caiu tão bem à sonoridade da língua portuguesa. Dionísio era o deus do vinho e da exaltação, inspirador da música e da poesia, ligado portanto à tragédia e à comédia. Em Atenas o teatro ficava no templo de Dionísio. Daí os atores serem apelidados de "aduladores" dessa divindade.

[6] Extrato de um famoso *festum asinorum* medieval. O *responsorium* que concluía a "festa dos asnos" iniciava-se com estes versos:

Orientis partibus — adventavit Asinus
pulcher et fortissimus — sarcinis aptissimus
(Do Oriente chegava um burro,
belo e muito forte, e muito apto para as cargas).

"A Festa do Asno" foi também o título que Nietzsche escolheu para o décimo oitavo capítulo do Livro IV de *Assim Falava Zaratustra.*

mais possível indiferente, sem intenções nem considerações para com ninguém, sem piedade nem justiça, fecundo e árido e incerto ao mesmo tempo, imaginai a própria indiferença como força. Como *poderíeis* viver segundo essa indiferença? Viver — não é precisamente um querer-ser-diferente dessa natureza? Viver não consiste em querer avaliar, preferir, em ser injusto, limitado, diferente? Pois bem. Admitindo que o vosso imperativo "viver de acordo com a natureza" significasse no fundo o mesmo que "viver de acordo com a vida", como é que poderíeis *não* viver assim? Para que fazer um princípio do que vós próprios sois e deveis ser? Verdadeiramente, tudo se passa de um modo diferente. Fingindo enlevados ler na natureza o cânone da vossa lei, aspirais a algo bem diferente, vós, espantosos comediantes e auto-intrujões! O vosso orgulho quer impor e tornar inerente à própria natureza a vossa moral. O vosso ideal exige que ela seja uma natureza "conforme o estoicismo". Queríeis que tudo existisse apenas à vossa imagem, como uma monstruosa e eterna glorificação e generalização do estoicismo!

Conquanto todo o vosso amor pela verdade, constrangei-vos com uma perseverança que chega a hipnotizar-vos, fazendo ver a natureza por um *falso* prisma, ou seja, de um modo estóico, de tal forma que já não a podeis ver de outra maneira. Finalmente, qualquer orgulho ilimitado faz-vos acarinhar ainda a esperança demente de poder tiranizar a natureza, *porque sois* capazes de vos tiranizar a vós próprios. Que é estoicismo senão autotirania? Não é o próprio estóico um *fragmento* da natureza?... No entanto, tudo isso é uma eterna e velha história. Tudo o que aconteceu com os estóicos no passado acontece hoje ainda, desde que uma filosofia comece a acreditar em si mesma. Eis que ela cria sempre um mundo à sua imagem, não pode proceder de outro modo. A filosofia é esse instinto tirânico que é a vontade mais intelectual de poder, de criar o mundo, de ser causa primeira.

10 — O cuidado e a delicadeza, quase diria a astúcia com que hoje por toda parte na Europa se pretende abordar o problema "do mundo real e do mundo aparente"[7] dá o que pensar e escutar. Aquele

---

[7] Alusão de Nietzsche ao título da obra de G. Teichmüller, 1832-1888, catedrático tal como ele em Basiléia: *Die wirkliche und die scheinbare Welt,* 1882.

que por trás não houve mais do que uma "vontade de verdade" e mais nada, com certeza não é dotado de ouvidos muito apurados. Em alguns casos, bastante raros, pode acontecer que esteja realmente em jogo essa vontade de verdade, qualquer intrepidez extravagante e aventureira, uma ambição metafísica de conservar um posto perdido que prefere um punhado de "certeza" a toda uma carrada de belas possibilidades. Creio que podem mesmo existir puritanos fanáticos da consciência que prefiram morrer com a fé num nada assegurado que com a possibilidade de algo incerto. Isto é niilismo todavia e índice de uma alma desesperada e fatigada até à morte, por mais valentes que pareçam os gestos dessa virtude.

Entretanto parece que não acontece igualmente com os pensadores mais vigorosos, animados ainda de uma vitalidade intensa, bastante ávida. Ao passo que estes tomam partido *contra* a aparência e pronunciam já com orgulho a palavra "perspectivista", enquanto desdenham o testemunho do próprio corpo tanto como o da aparência que afirma que "a terra é imóvel", renunciando assim, com aparente à-vontade, à posse mais segura — pois o que há hoje mais seguro que o próprio corpo? —, quem sabe se no fundo eles não querem reconquistar qualquer coisa que outrora se possuía *com mais segurança* ainda, algo que fizesse parte do apanágio da fé de outrora, talvez "a alma imortal", talvez "o velho Deus", em suma, idéias que forneceriam uma base de vida melhor, quer dizer, mais sólida e mais alegre que a das "idéias modernas"? Nisto há *desconfiança* para com estas idéias modernas, há incredulidade sobre tudo o que se edificou ontem e hoje. Aí há provavelmente uma certa dose de fastio e de escárnio que já não suporta o disse-me-disse de idéias da mais diversa procedência, assim como nos aparece hoje o que se chama positivismo, há uma repugnância por parte do gosto mais apurado frente a esta mescla de feira e estes farrapos com que se pavoneiam os filósofos-baratos da realidade[8] em que nada é novo e autêntico a não ser precisamente essa mescla. Creio que é por isso que se deve dar razão a esses céticos anti-realistas, a esses microcopistas do conhecimento. Seu instinto, que os coloca fora da realidade *moderna,* não foi refutado. Que nos importam os

---

[8] Ironia a Eugen Dühring, que chamava à sua filosofia "filosofia da realidade". Outros ataques a este *anarquista e agitador,* segundo Nietzsche, no aforismo 204 e em *A Genealogia da Moral* II, 11.

seus retrógrados caminhos sinuosos! O que neles há de essencial *não é* o fato de quererem caminhar "para trás", mas antes, o quererem ir-se *embora.* Um pouco *mais* de força, de vôo, de coragem, de arte, e eles quereriam ir *para além* de tudo isso. De modo algum querem ir para trás!

11 — Tenho a impressão de que por toda parte se faz agora um esforço para desviar o olhar da verdadeira influência que Kant exerceu sobre a filosofia alemã e, sobretudo, para fazer esquecer sub-reptícia e prudentemente o valor que ele se atribuiu a si mesmo. Primordialmente, Kant orgulha-se da sua tábua de categorias. Com ela na mão dizia: "Aqui está o que de mais difícil se pôde produzir a bem da metafísica". Não sei como devemos entender este "que se pôde"! Kant orgulhava-se de ter *descoberto* no homem uma nova faculdade: a dos juízos sintéticos *a priori.* Admitindo que aí se tenha enganado a si próprio, porém o desenvolvimento e o rápido florescimento da filosofia alemã são devidos a este orgulho e ao zelo que todos os jovens pensadores puseram em descobrir, quando possível, algo de mais orgulhoso ainda. Em descobrir, em todo caso, "novas faculdades"! Todavia reflitamos, que já é tempo. De que maneira são *possíveis* os juízos sintéticos *a priori?*, perguntou-se Kant. Que respondeu ele afinal? São possíveis *graças a uma* faculdade. Infelizmente, no entanto, não o disse com tão poucas palavras. Foi prolixo, solene, de tal modo fez gala de profundidos e bizarros floreados alemães que nos esquecemos da divertida *niaiserie allemande* que havia nesta resposta. O entusiasmo atingiu o rubro com a descoberta desta nova faculdade, e o júbilo atingiu o auge quando Kant descobriu mais uma nova faculdade do homem, a faculdade moral. Porque naquela altura os alemães ainda eram morais e de modo algum faziam já "política realista". Daí veio a lua-de-mel da filosofia alemã. Todos os jovens teólogos do Seminário de Tubinga rebuscavam os silvados à procura de "faculdades". O que não se descobriu durante este período — tão juvenil, tão inocente e rico do espírito alemão, em que cantou a fada má do romantismo, quando ainda não se fazia distinção entre "descobrir" e "inventar". Se não bastasse, descobriu-se uma faculdade para a intuição intelectual e satisfez assim os mais íntimos apetites dos seus alemães, tão ávidos, no fundo, de piedade.

A maior injustiça que se pode fazer a todo este movimento impetuoso e entusiasta, dos domínios da juventude, ainda que audaciosamente enfarpelado com um manto de conceitos cinzentos e senis, é levá-lo a sério e tratá-lo, talvez, com indignação moral. Em suma, envelheceram. E o sonho desvaneceu-se. Chegou um momento em que começaram a coçar a cabeça. Ainda hoje a coçam. Tinha-se sonhado. Em primeiro lugar, o velho Kant. "Graças a uma faculdade", dissera ou quisera ele dizer, pelo menos. Mas será essa uma resposta? Uma explicação? Quem sabe apenas uma repetição da pergunta? Como é que o ópio faz dormir? "Graças a uma faculdade", isto é, pela sua *virtus dormitiva,* responde aquele médico em Molière,

> *quia est in eo virtus dormitiva,s*
> *cujus est natura sensus assoupire.*[9]

Porém respostas destas cabem bem numa comédia e já é tempo de substituir a pergunta de Kant: "Como são possíveis os juízos sintéticos *a priori?*", por uma outra: "por que é *preciso* acreditar nesses juízos?" Nesse contexto, já é finalmente tempo de compreender que, para a conservação dos seres da nossa espécie, estes juízos devem ser *tomados* como verdadeiros. Em todo caso, isso não impedirá que eles possam ser juízos falsos. Ou, falando de um modo mais claro, grosseiro e radical, os juízos sintéticos *a priori* nem sequer deveriam "ser possíveis". Não temos direito a eles, na nossa boca não passam de juízos falsos. É necessária a crença na sua verdade, outrossim, como crença superficial e aparência que faz parte da óptica perspectivística da vida. Enfim, para se ter consciência da

---

[9] Parte da resposta em latim macarrônico de um médico ao ser admitido na Faculdade, no final de *O Doente Imaginário:*

Mihi a docto et rationem quare
Domandatur causam et rationem quare
Opium faciat dormire:
Ao que respondeu,
Qui est in eo
Virtus dormítiva
Cujus est natura
Sensus amodorrativa.

Nietzsche substitui *amodorrativa* por *assoupire.*

enorme influência exercida em toda a Europa pela "filosofia alemã", espero que se compreenda o seu direito às aspas. Não se deve duvidar de que uma certa *virtus dormitiva* tenha participado nela. Estavam todos encantados entre os nobres ociosos, os moralistas, os místicos, os artistas, os semicristãos e os obscurantistas políticos de todas as nações, encantados por possuírem, graças à filosofia alemã, um antídoto para combater o sensualismo ainda prepotente que, do século passado, tinha transbordado para este, numa palavra — *sensus assoupire*...

12 — Referente ao atomismo materialista, este pertence às coisas mais bem refutadas que existem. Entre os sábios provavelmente ninguém seja já hoje suficientemente ignorante para lhe atribuir qualquer importância séria, a não ser por comodidade pessoal e uso corrente — quer dizer, para abreviar a terminologia —, graças sobretudo a esse polaco Boscovich[10] que foi, até agora, com o polaco Copérnico, o maior e mais vitorioso adversário da aparência. Ao passo que Copérnico nos persuadiu a acreditar, contrariamente à afirmação dos nossos sentidos, que a terra *não* é imóvel, Boscovich ensinou a abjurar a crença na última coisa que "estava fixa" na terra, a crença no "corporal", na "matéria", no átomo, último resíduo e partícula da terra. Foi este o maior triunfo até hoje obtido sobre os sentidos.

Deve-se ir ainda mais longe todavia e declarar também guerra, guerra implacável à "necessidade atomística", que sobrevive ainda de um modo perigoso em domínios onde ninguém a suspeita, assim como a outra mais famosa "necessidade metafísica" [11]. Deve-se ainda também, inicialmente, dar conta deste outro atomismo, mais

---

[10] O jesuíta Ruggiero Giuseppe Boscovich, 1711-1787, natural de Ragusa, Dalmácia, na ex-Iugoslávia, e não da Polônia como escreve Nietzsche, que lera em 1873, na Basiléia, sua obra publicada em Viena, 1759, *Philosophia naturalis theoria redacta ad unicam legem virium in natura existentium,* e, influenciado pelos seus estudos sobre Epicuro, postulava a existência de "átomos imateriais" para resolver a questão, muito discutida na sua época, da chamada "ação à distância". V. aforismo 17.

[11] Nietzsche alude aqui a Schopenhauer, cujo cap. XVII do Livro I de *O Mundo como Vontade e Representação* chama-se "Da Necessidade Metafísica no Homem", na seqüência de Kant, *Crítica da Razão Pura,* que afirmara ser a metafísica uma "disposição natural inevitável e necessária" no ser humano.

nefasto ainda, o atomismo das almas, que o cristianismo ensinou durante tanto tempo. Peço licença para designar deste modo a crença que considera a alma como algo de indestrutível, de eterno, de indivisível, como uma mônada, como um *atomon.* Esta crença é que se deve expulsar da ciência!

Contudo, não é de modo algum necessário, seja dito entre nós, desembaraçarmo-nos por isso "da alma", e renunciarmos a uma das mais antigas e mais veneráveis hipóteses. Assim como costuma acontecer aos naturalistas pouco hábeis que mal tocam na "alma" e imediatamente a perdem. Agora, contudo, são possíveis novas concepções mais sutis da hipótese alma. Conceitos como o da "alma mortal", de "alma como pluralidade do sujeito" e de "alma, base social dos instintos e afetos" querem doravante ter o direito de cidadania na ciência.

O *novo* psicólogo, acabando com a superstição que até agora proliferava em torno da noção de alma com uma exuberância quase tropical, como que se desterrou a si próprio, para um novo deserto e uma nova desconfiança. É provável que os velhos psicólogos vivessem de modo mais cômodo e divertido. Mas, no final das contas, o novo psicólogo vê-se também condenado a *inventar* e, quem sabe?, talvez mesmo a *descobrir.*

13 — Os fisiólogos deveriam refletir mais ao considerar o instinto de autoconservação como instinto fundamental de todo ser orgânico. Uma criatura viva quer antes de tudo dar razão à sua força — a própria vida é vontade de potência —: a autoconservação é apenas uma das indiretas, mas freqüentes conseqüências disso. Resumindo, aqui como em toda parte, cuidado com princípios teleológicos *supérfluos*! Do mesmo modo, o instinto de autoconservação — que se deve à inconseqüência de Espinosa. Porque é assim que o exige o método que deve ser essencialmente economia de princípios.

14 — Talvez haja cinco ou seis cérebros que começam a perceber que a física também não passa de uma interpretação e adaptação subjetivas do mundo — à nossa imagem, se me permitem —, e *de modo* algum uma explicação. Porém na medida em que a física se apóia nessa crença nos sentidos, atribui-se-lhe mais valor e por muito tempo ainda valerá mais porque será considerada como uma explicação. A seu favor têm os olhos e os dedos, a aparência visível

e palpável. Numa época de gosto predominantemente plebeu, isto é, dum efeito mágico, persuasivo e *convincente,* pois que se segue instintivamente o cânone de verdades do sensualismo eternamente popular. O que é claro, o que é que está "explicado"? Aquilo que se pode ver e tocar. Todo problema deve ser levado até aí. Inversamente: o encanto do pensamento platônico, que era um pensamento *aristocrático,* residia precisamente na *resistência* ao sensualismo. Talvez entre homens que tenham gozado de sentidos mais rigorosos e mais exigentes que os dos nossos contemporâneos, mas que consideravam triunfo maior manterem-se senhores desses sentidos. Conseguiam-no por meio de uma rede de conceitos cinzentos, pálidos e frios que lançavam sobre o turbilhão garrido dos sentidos. A turba dos sentidos, como dizia Platão.

Neste dominar e interpretar o mundo à maneira de Platão havia uma fruição bem diferente da que nos oferecem os físicos de hoje, assim como os darwinistas e os antiteleologistas entre os nossos obreiros da fisiologia, com o seu princípio do "esforço mínimo" e da asneira máxima. "Onde o homem já nada tem a ver e a apalpar, nada tem a procurar", trata-se, positivamente, dum outro imperativo que não o platônico, mas que poderá bem ser o imperativo verdadeiro para uma raça rude e laboriosa de construtores de máquinas e pontes que, futuramente, não terão para fazer senão trabalhos *grosseiros.*

15 — Todo aquele que quiser se ocupar de fisiologia conscienciosamente deve atender a que os órgãos sensoriais *não* sejam considerados como fenômenos no sentido da filosofia idealista. Como tais, nem poderiam ser causas! Então, o sensualismo seria considerado como hipótese reguladora, para não dizer como princípio heurístico. O quê? E outros até pretendem que o mundo exterior seja obra dos nossos órgãos? Mas então o nosso corpo, já que é um fragmento desse mundo exterior, seria obra dos nossos órgãos! Conseqüentemente, nossos órgãos seriam — eles próprios — obra dos nossos órgãos! Ao que me parece, aí está uma profunda *reductio ad absurdum.* Admitindo que o conceito *causa sui* seja qualquer coisa de fundamentalmente absurdo. Ora, então o mundo exterior *não é* obra dos nossos órgãos?

16 — E olha que ainda existem auto-observadores ingênuos que acreditam na existência de "certezas imediatas". Por exemplo:

"eu penso" [12] ou, e esta foi a superstição de Schopenhauer, "eu quero". Como se o conhecimento chegasse a discernir o seu objeto, pura e simplesmente, como "coisa em si", como se não houvesse falsificação, quer por parte do sujeito, quer por parte do objeto. Mas hei de repetir cem vezes que a "certeza imediata", do mesmo modo que o "conhecimento absoluto" e a "coisa em si" encerram uma *contradictio in adjecto!* Dever-nos-íamos libertar da sedução das palavras! Que o povo acredite que o conhecimento consiste em se conhecer uma coisa até ao fim vá lá, mas o filósofo deve dizer: "quando eu analiso o processo expresso na proposição 'eu penso' obtenho uma série de afirmações temerárias difíceis, se não impossíveis de fundamentar. Afirmações do tipo: que sou eu quem pensa, que tem de existir em absoluto algo que pensa, que pensar é uma atividade e o efeito de um ser considerado como causa, que existe um 'eu', enfim, que já está estabelecido o que se deve entender por pensar, que eu *sei* o que é pensar. Pois se eu não estivesse já com idéias assentes sobre isso, como poderia decidir se o que está a acontecer não é talvez 'querer' ou 'sentir'? Resumindo, esse 'eu penso' pressupõe que eu compare o meu estado momentâneo com outros estados que conheço já em mim, para estabelecer o que ele é. Devido a esta comparação com um 'saber' de outro tipo, não é, para mim pelo menos, uma 'certeza imediata'. Ao invés desta 'certeza imediata' em que o povo talvez acredite no caso apontado, o filósofo fica com uma série de questões de metafísica, verdadeiros problemas de consciência do intelecto, tais como estes: 'De onde é que extraio o conceito pensar? Por que acredito na causa e no efeito? O que é que me dá o direito de falar de um eu, e ainda de um eu como causa, e finalmente de um eu como causa de pensamentos?' Qualquer um que, baseado numa espécie de intuição do conhecimento, se aventura a responder imediatamente a estas questões metafísicas, como faz aquele que diz: 'eu penso, e eu sei que pelo menos isto é verdadeiro, real e certo' — esse, hoje, provocará ao filósofo um sorriso e dois pontos de interrogação. 'Senhor, dir-lhe-á talvez o filósofo, é pouco provável que não esteja enganado: mas por que deseja a verdade a todo preço?'".

[12] Crítica a Descartes.

17 — Referente à superstição dos lógicos, não me cansarei de sublinhar um pequeno fato que estes espíritos supersticiosos só confessam contrafeitos: trata-se de que um pensamento surge quando "ele" quer, e não quando "eu" quero. Nesse sentido, é uma falsificação dos fatos pretender que o sujeito "eu" é condição do predicado "penso". Algo pensa, todavia dizer que esse "algo" é precisamente aquele velho e famoso "eu" é, para usar eufemismos, pura hipótese, mera afirmação, mas seguramente não é uma "certeza imediata". No final das contas, já é ir demasiado longe dizer que "algo pensa". Isto porque esse "algo" já contém uma *interpretação* do processo e não pertence ao próprio processo. Neste caso conclui-se segundo os hábitos gramaticais: "pensar é uma atividade, por conseguinte a cada atividade pertence alguém que seja ativo". O velho atomismo procurava mais ou menos segundo o mesmo esquema, para a "força" que age, esta parcela de matéria em que reside, a partir da qual ela age, o átomo. Os espíritos mais rigorosos acabaram por se arranjar sem este "resíduo terrestre". Talvez um dia se crie o hábito, também entre os lógicos, de desprezar completamente aquele pequeno "algo" — a que finalmente se reduziu, ao volatizar-se, o venerável eu.

18 — O ser refutável não é efetivamente o menor encanto de uma teoria. Exatamente por esse fato, tal teoria atrai os cérebros mais sensíveis. Parece que a teoria cem vezes refutada do "livre-arbítrio" deve a sua persistência somente a esse encanto. Vez por outra surge alguém que se sente com forças para a refutar.

19 — Como se se tratasse da coisa mais conhecida do mundo, os filósofos costumam falar da vontade. Schopenhauer deu-nos mesmo a entender que a vontade é a única coisa que conhecemos, conhecemos perfeitamente, sem diminuir nem aumentar. Todavia sempre me parece que Schopenhauer neste caso não fez senão o que os filósofos costumam fazer: adotou e exagerou um *preconceito popular.* Para mim, a princípio, o querer parece-me ser algo de *complicado,* algo que apenas como palavra possui unidade. E é exatamente numa única palavra que reside o preconceito popular que se tornou senhor da circunspecção dos filósofos, sempre diminuta. Sejamos pois mais circunspectos, sejamos "não-filósofos", digamos que em todo querer há, primeiramente, uma pluralidade de sensações, isto é, a sensação do estado do qual nos queremos *afastar,* a sensação do estado a que queremos *chegar,* a sensação

deste "afastar" e "chegar", e além disso uma sensação muscular concomitante que, sem que ponhamos em movimento "braços e pernas", entra em jogo desde que passamos a "querer". Da mesma maneira que sensações de espécies diversas devem ser reconhecidas como ingredientes da vontade, também o deve ser a reflexão. Pois em cada ato da vontade há um pensamento que comanda. Devemos precaver-nos de acreditar que se possa separar este pensamento do "querer", como se então depois disso, ficasse só vontade! [13] Em terceiro lugar, a vontade não é somente um complexo de sensações e reflexões, mas também um afeto: precisamente o do comando. Aquilo que se denomina de "livre-arbítrio" é essencialmente o afeto de superioridade em relação àquele que deve obedecer. "Eu sou livre, 'ele' deve obedecer". Esta consciência é inerente a toda vontade, tal como aquela tensão da atenção, esse olhar direto que fixa exclusivamente um objeto, essa valorização absoluta da "necessidade de fazer isto e não aquilo", essa certeza íntima de que se será obedecido, e tudo mais que pertence ao estado próprio do que comanda. Um homem que *quer,* ordena a algo dentro de si, que obedece, ou que ele julga que obedece. Observem todavia qual é o aspecto mais estranho na vontade, essa coisa tão complicada para a qual o povo tem uma só palavra: sendo nós, no caso dado, simultaneamente os que comandam e os que obedecem, e conhecendo, na segunda qualidade, as sensações do constrangimento, da obrigação, da pressão, da resistência, do movimento, que costumam começar imediatamente após o ato da vontade; tendo nós, por outro lado, o hábito de passar por cima dessa dualidade, de nos iludirmos a seu respeito por meio do conceito sintético "eu", toda uma cadeia de conclusões errôneas, e, por conseguinte, de falsas valorizações da própria vontade se acrescentou além disso ao querer, de tal modo que aquele que quer julga de boa-fé que o quer *basta* para agir. Porque, na maior parte dos casos, a vontade não se exerceu senão quando podiam ser *esperadas* a eficácia do comando, ou seja, a obediência, conseqüentemente a ação, a *aparência* traduziu-se na sensação de que havia nisso uma *necessidade de efeito.*

Resumindo, aquele que quer imagina com uma certa dose de certeza que vontade e ação são de qualquer modo idênticas. Então,

---

[13] Schopenhauer, *Parerga e Paralipomena,* II, 54: "Mas os pensamentos não vêm quando *nós* queremos, *só* quando *eles* querem".

ele atribui ainda à própria vontade o êxito, a realização do querer e goza dum acréscimo daquela sensação de poder que todo êxito traz consigo.

"Livre-arbítrio", essa é a expressão própria para esse estado complexo de prazer daquele que quer, que comanda e ao mesmo tempo se identifica com o executante, que goza enquanto tal o triunfo obtido sobre os obstáculos, mas que imagina que é a sua vontade quem no fundo triunfa dos obstáculos. Aquele que quer acrescenta, dessa maneira, à sensação de prazer que lhe proporciona o comando, as sensações de prazer dos instrumentos que executam e realizam, das "subvontades", ou "subalmas" que obedecem, porque o nosso corpo não é senão uma coletividade de muitas almas — *L'effet c'est moi.*

Acontece aqui o que sucede em toda comunidade bem organizada e feliz: a classe dominante identifica-se com os sucessos da comunidade. Em todo querer trata-se, pois, afinal, de comandar e obedecer, e isso nas bases de um estado social composto de "almas" numerosas. Essa a razão pela qual um filósofo devia arrogar-se o direito de encarar a vontade sob o aspecto da moral. A moral considerada, entenda-se bem, como doutrina das relações de poder das quais nasce o fenômeno "vida".

20 — As diversas concepções filosóficas não são nada de fortuito, nada de autônomo. Ao contrário, crescem em relação a parentesco mútuo. Qualquer que seja a instantaneidade e arbitrariedade aparentes com que surgem na história do pensamento, não deixam por isso de pertencer a um sistema, do mesmo modo que todos os membros da fauna de um continente. Apercebemo-nos disso, enfim, pelo modo como os mais diferentes filósofos preenchem sempre de novo um certo esquema fundamental de *possíveis* filosofias. Como se algum constrangimento invisível os forçasse a percorrer, sempre de novo, a mesma trajetória. Por mais independentes que se sintam uns dos outros, com a sua vontade crítica ou sistemática, há sempre neles alguma coisa que os leva, que os empurra uns atrás dos outros, numa ordem determinada, e isso é precisamente esse sistematismo congênito e parentesco de conceitos. Positivamente, o seu pensar é muito menos uma descoberta do que um reconhecimento, uma reminiscência, um regresso a uma remota e velhíssima economia da alma, de onde saíram outrora aqueles conceitos. Nesse sentido, filosofar é um supremo atavismo.

A semelhança bastante peculiar e familiar das filosofias indiana, grega e alemã explica-se da maneira mais simples. Sempre que há afinidade lingüística não se pode evitar que, graças à filosofia comum da gramática, em outras palavras, graças ao domínio e orientação inconscientes pelas funções gramaticais idênticas, tudo se encontre preparado, desde o início, para um desenvolvimento e uma sucessão semelhantes dos sistemas filosóficos. Igualmente certas outras possibilidades de interpretação do mundo parecem bloqueadas.

Provavelmente os filósofos da área lingüística uralo-altaica — em que o conceito de sujeito está menos desenvolvido — considerem o universo de modo completamente diferente e que as suas pesquisas sigam vias diferentes das dos indo-germânicos ou muçulmanos. O feitiço exercido por determinadas funções gramaticais corresponde, em última instância, ao feitiço dos juízos de valor *fisiológicos* e das condições rácicas. Para refutar a superficialidade de Locke, referente à origem das idéias, isso é o que basta.

21 — A melhor autocontradição que até agora se imaginou é a *causa sui*, uma espécie de violação e de monstruosidade lógicas. No entanto, o orgulho desmedido do homem levou-o a embaraçar-se, profunda e terrivelmente, com estes absurdos. A aspiração ao "livre-arbítrio", nesse sentido metafísico superlativo que domina ainda, infelizmente, os cérebros dos semi-instruídos, essa aspiração em tomar a inteira e última responsabilidade dos seus atos, aliviando Deus, o universo, os antepassados, o acaso, a sociedade, não é senão o desejo de ser precisamente essa *causa sui* e de se puxar a si mesmo pelos cabelos, com uma temeridade que ultrapassa a do barão de Münchhausen [14], para sair do pântano do nada e entrar na existência. Considerando que alguém descobrisse a rústica ingenuidade deste célebre conceito de "vontade livre" e o suprimisse do seu cérebro, eu pedir-lhe-ia que fizesse com que a sua clarividência iluminista desse mais um passo e riscasse igualmente do seu cérebro o contrário desse monstruoso conceito "vontade livre". Refiro-me à "vontade não-livre" que não passa de um abuso de causa e de

---

[14] Referência à popular anedota alemã sobre o barão de Münchhausen, que pretendia por esse método sair de um poço onde havia caído, já citado por Schopenhauer em *A Quádrupla Raiz do Princípio da Razão Suficiente*.

efeito. Não se deve erradamente *coisificar* "causa" e "efeito" como fazem os naturalistas — e aqueles que, como eles, naturaliza hoje o pensamento —, de acordo com o estúpido mecanicismo predominante que concebe causa fazendo pressão e empurrando até "produzir efeito". Devemos usar "causa" e "efeito" apenas como *conceitos* puros, como ficções convencionais, para fins de terminologia, de compreensão, e *não* de explicação. No "em si" não há "elos causais", nem "necessidade", nem "ausência de liberdade psicológica". O efeito aí não segue a causa, aí não reina "lei" alguma. *Nós* é que inventamos as causas, a sucessão, a reciprocidade, a relatividade, o constrangimento, o número, a lei, a liberdade, a motivação, a finalidade. Sempre que introduzimos, que misturamos nas coisas este mundo de sinais como se existisse um "em si", não procedemos diferentemente do que sempre procedemos, ou seja, *mitologicamente.* A "vontade não-livre" é mitologia. Na vida real apenas se trata de vontade *forte* e de vontade *fraca*. Quase sempre é o sintoma de que lhe falta alguma coisa, quando um pensador, em todo "encadeamento causal", em toda "necessidade psicológica" experimenta uma espécie de constrangimento, uma necessidade, uma obrigação, uma pressão, uma ausência de liberdade. Trata-se de uma verdadeira traição sentir assim — e é a própria pessoa que se trai. E mais, se bem observei, a "não-liberdade da vontade" é vista como problema sob dois prismas completamente diferentes, mas sempre de um modo profundamente *pessoal:* uns não querem, a todo preço, renunciar à sua "responsabilidade", à fé em *si mesmos*, ao direito pessoal ao *seu* mérito — as raças vaidosas estão neste conjunto —, os outros, opostamente, não querem responsabilizar-se por nada, ter culpa de nada, e procuram, impelidos por um íntimo autodesprezo, poder *descarregar* o fardo do seu eu seja onde for. Quando escrevem livros, estes últimos têm hoje o hábito de defender a causa dos criminosos. O seu disfarce mais conveniente é uma espécie de piedade socialista. Efetivamente, o fatalismo dos fracos de vontade embeleza-se espantosamente quando sabe apresentar-se a si mesmo como *la religion de la souffrance humaine.* É o *seu* "bom gosto".

22 — Peço que me perdoem, a esse velho filólogo, por não poder renunciar ao malicioso prazer de apontar as interpretações errôneas. Mas esse "mecanismo das leis da natureza", de que vós, físicos, falais com tanto orgulho, como se esse mecanismo apenas

subsiste graças à vossa interpretação e má "filologia", não é um estado de fato, um "texto", mas apenas um arranjo ingenuamente humanitário, uma distorção do sentido com que dais satisfação aos instintos democráticos da alma moderna! "Por toda parte, igualdade perante a lei, nisso a natureza não consegue melhor que nós", trata-se de engenhoso pensamento reservado, escondendo-se aí, mais uma vez, a hostilidade plebéia a tudo quanto seja privilegiado e soberano, mas também um segundo ateísmo mais tênue. *Ni dieu, ni maitrê*[15], é isso que vós tanto quereis e por isso gritais: "viva a lei natural!", não é? Mas repito-o, isso é interpretação, e não texto.

Com intenções e especialidade de interpretar expressões dúbias, poderia aparecer alguém que soubesse ler, na mesma natureza e frente aos mesmos fenômenos, justamente a imposição tirânica impiedosa e implacável de aspirações ao poder. Poderia aparecer um intérprete que colocasse perante os vossos olhos o caráter geral e absoluto de toda "vontade de poder", a ponto de quase cada palavra, mesmo a palavra "tirania", acabar por parecer inutilizável, por ser uma metáfora debilitante e suavizadora demasiado humana. Um intérprete que, conquanto isso, acabasse por afirmar, quanto a este mundo, o mesmo que vós afirmais, isto é, que o seu curso é "necessário", e "calculável", *não* porém porque nele existam leis, mas porque as leis *faltam* em absoluto e porque cada poder, em cada momento, tira as suas últimas conseqüências. Ainda que isso também não passe de uma interpretação, tanto melhor. Acaso sereis suficientemente filósofos para me fazer esta objeção?

23 — Até hoje toda psicologia se deteve com preconceitos e receios morais. A psicologia não ousou aventurar-se até às profundezas. Ousar conceber a psicologia como morfologia e como teoria *da evolução da vontade de poder,* assim como eu a concebo, ninguém pensou ainda fazê-lo, nem de longe. Bem-entendido, tanto quanto é permitido ver no que até hoje se escreveu um sintoma do que até agora se silenciou. A força dos preconceitos morais penetrou profundamente no mundo intelectualizado, aparentemente mais frio, mais livre de pressupostos e, como é evidente, teve os efeitos mais perniciosos porque o entravou, cegou e desnaturou.

---

[15] Título de um periódico fundado por Auguste Blanqui e que chegou a ser a divisa dos anarquistas. V. aforismo 202.

Uma psicofisiologia verdadeira tem de lutar contra as resistências inconscientes no âmago do investigador, pois tem contra ela "o coração". Uma doutrina do condicionamento recíproco dos "bons" e dos "maus" instintos já é suficiente, com a sua imoralidade mais diáfana, para angustiar e aborrecer uma consciência ainda forte e corajosa. Pior ainda quando se trata da doutrina da deduzibilidade de todos os bons instintos dos maus. Porém, admitindo que alguém venha a conceber até mesmo os afetos do ódio, da inveja, da cupidez, do desejo de domínio, como afetos essenciais à vida, como algo que na economia da vida deve existir fundamental e essencialmente e que, por conseguinte, deve ainda ser intensificado, se se quer intensificar a vida, esse alguém sofrerá de uma tal orientação do seu juízo como de um enjôo. Não obstante, essa hipótese não é, nem de longe, a mais penosa, a mais estranha neste imenso reino, ainda quase inexplorado, de perigosos conhecimentos. Positivamente, há milhares de boas razões para que se mantenha afastado quem *possa* fazê-lo! Mas, por outro lado, já que o barco se desviou do seu rumo até aqui, pois bem! cerremos os dentes! sejamos vigilantes! mão firme no leme! Naveguemos em linha reta por *sobre* a moral. Desse modo talvez tenhamos de esmagar e pulverizar o que nos resta de moralidade, aventurando-nos nestas paragens. Mas que importa a nossa pessoa! Aos olhos de viajantes intrépidos e aventureiros, nunca se revelou mundo *mais profundo* de conhecimentos. O psicólogo que assim "faz sacrifícios", *não* se trata do *sacrifizio dell intellecto*[16]. Pelo contrário! Ao menos terá o direito de pedir em troca que a psicologia seja proclamada novamente rainha das ciências, para cujo serviço e preparação existem todas as outras ciências. Pois que a psicologia tornou a ser a via que conduz aos problemas fundamentais.

[16] Expressão italiana corrente em toda a Europa após a proclamação da infalibilidade papal pelo Concílio Vaticano I, 1870, significando a submissão do conhecimento científico ao dogma eclesiástico. V. aforismo 229.

CAPÍTULO II

O espírito livre

24 — Ó *sancta simplicitas* [1]! Ah! Como o homem vive numa simplificação e falsificação singulares! Nosso espanto tornar-se-á infindável desde que tenhamos olhos para esta maravilha! Com que facilidade tornamos tudo claro, livre, fácil e simples à nossa volta! Como aprendemos a dar aos nossos sentidos um livre trânsito para tudo o que é superficial e ao nosso espírito um impulso divino para as matreirices e os paralogismos falsos! Desde o princípio, como soubemos conservar a nossa ignorância para usufruir uma liberdade dificilmente compreensível, para gozar uma despreocupação, uma imprevisão, uma bravura e jovialidade da vida, a própria vida! E pensar que foi tão-somente nesta base, desde então sólida e inquebrantável, da ignorância, que a ciência pôde edificar-se até ao presente, a vontade de saber na base duma vontade bem mais potente ainda, a vontade de não-saber, de incerteza, de não-verdade! E não como o seu oposto, mas como seu refinamento! Dá-se que, apesar da linguagem, aqui como em toda parte, não possa superar a sua falta de versatilidade e continue a falar de opostos onde apenas há graus e sutileza de gradações. Conquanto igualmente a hipocrisia inveterada da moral, que agora faz parte irremediavelmente da nossa "carne e sangue", nos tire as palavras da boca, mesmo a nós os sapientes, de vez em quando compreendemos, e rimo-nos de que

---

[1] Últimas palavras de João Huss, 1369-1415, quando, encontrando-se sobre a fogueira a que o condenara o Concílio de Constança, reparou que uma velhinha, movida pelo seu zelo religioso, atirava mais lenha às chamas em que ele se consumia. Nietzsche havia já empregue esta expressão em *Assim Falava Zaratustra*, "Do Caminho do Criador".

seja precisamente a melhor das ciências quem mais pretende reter-nos neste mundo simplificado, completamente artificial, neste mundo habilmente imaginado e falsificado, porque, querendo-o sem querer, esta ciência ama o erro, porque ela, a vivente, ama a vida!

25 — Deixando este alegre intróito, gostaria que se prestasse atenção a uma palavra a sério, destinada aos mais sérios. Sede prudentes, filósofos e amigos do conhecimento, e preservai-vos do martírio! Preservai-vos do sofrimento "por amor à verdade"! Preservai-vos da autodefesa! A vossa consciência perde com isso toda a inocência e neutralidade hábil, tornando-vos obstinados perante as objeções e o pano vermelho [2]. Tornar-vos-eis estúpidos, bestas e touros quando, na luta com o perigo, a difamação, a suspeita, o ostracismo e conseqüências ainda piores da inimizade, tiverdes por fim que acabar por desempenhar o ingrato papel de defensores da verdade na terra, como se "a verdade" fosse uma pessoa tão inocente e inepta que precisasse de defensores! Principalmente de vós, cavaleiros de tristíssima figura [3], vós, meus senhores escondidos nos recantos, tecelões das teias de aranha do espírito! Porque sabeis perfeitamente que é indiferente que sejais vós quem tem razão e igualmente que nenhum filósofo teve ainda razão e que cada pequeno ponto de interrogação que colocais à frente das vossas palavras e doutrinas favoritas (e ocasionalmente à frente de vós mesmos) encerra uma veracidade mais digna de louvores que todos os vossos gestos solenes e argumentos invencíveis apresentados perante os vossos acusadores e juízes! Ponde-vos antes de lado! Fugi para a solidão! Conservai a vossa máscara e perspicácia para que vos confundam! Ou, quem sabe?, para que vos receiem um pouco! E não esqueçais o jardim, o jardim de grades douradas! Cercai-vos de homens que sejam como um jardim ou como música soando sobre as águas ao cair da noite, quando o dia se converte em recordação. Escolhei a boa solidão, a solidão livre, frívola e ligeira, aquela que vos dá o direito de permanecerdes bons, num sentido qualquer!

Ora, como nos torna pérfidos, manhosos e maus qualquer longa guerra que não possa travar-se utilizando abertamente a força!

---

[2] Referência à provocação, conforme se faz nas touradas.

[3] Cervantes, *Don Quixote*, I, 19.

Como nos torna pessoais qualquer longo receio, uma longa atenção a inimigos, a possíveis inimigos! Todos esses párias da sociedade, longamente perseguidos e duramente acossados, como também os eremitas à força, os Espinosa ou os Giordano Bruno, acabam sempre por se tornar refinados vingadores e envenenadores, seja qual for a mascarada espiritual, e talvez mesmo sem o saberem (que se experimente exumar o fundamento da ética e da teologia de Espinosa!), para já não falar da idiotice da indignação moral que é, num filósofo, o índice infalível de que o humor filosófico o abandonou.

O martírio do filósofo, o seu "sacrifício pela verdade", faz transparecer o que nele havia de agitador e de comediante. Admitindo-se que até agora só tenha sido contemplado com uma curiosidade artística, pode compreender-se, a respeito de certos filósofos, o desejo perigoso de ver-se também alguma vez na sua degenerescência (degenerado em "mártir", em clamador do palco e da tribuna). Porém, perante tal desejo deve-se ter a consciência *daquilo* que, quando muito, se chega a ver. Somente uma sátira, uma farsa-epílogo, apenas a demonstração contínua de que a longa verdadeira tragédia *terminou*. Admitindo que toda filosofia tenha sido originalmente uma tragédia prolongada.

26 — Qualquer homem de elite aspira instintivamente à sua torre de marfim e reclusão, em que se libertou da massa, dos muitos, da maioria, em que pode esquecer a regra "homem", sendo ele mesmo a sua exceção. A não ser que se trate do caso particular em que, obedecendo a um instinto mais virulento ainda, vá direto a essa regra, sendo ele mesmo o cognoscente, no sentido grandíloquo e excepcional da palavra.

No convívio com os homens, aquele que não tomar por vezes todas as cores da miséria, do nojo, do aborrecimento, da compaixão, da tristeza e da solidão, certamente não é um homem de gosto superior. Todavia admitindo que não aceite voluntariamente esse fardo, que sempre se lhe esquive e que se mantenha, como já disse, escondido, quieto, altivo na sua torre de marfim, uma coisa será certa: não foi feito para o conhecimento, nem para o conhecimento predestinado. Se o fosse, deveria dizer para si mesmo algum dia: "Para o diabo com o meu bom gosto!, a regra é muito mais interessante do que a exceção, mais interessante do que eu, que sou a exceção!". Dizendo isto, por-se-ia a caminho *para baixo* e sobretudo "para dentro".

O estudo do homem médio, o estudo prolongado e minucioso é, para este fim, muito disfarce, auto-superação, confiança, más companhias. Todas as companhias são más, a não ser que nos limitemos à nossa própria. Constitui isso uma parte necessária da vida de todo filósofo, talvez a parte mais desagradável, a mais nauseabunda e a mais fecunda em decepções. Caso tenha sorte, como convém a todo favorito do conhecimento, encontrará auxiliares que abreviarão e facilitarão a sua tarefa. Neste momento penso naqueles a quem chamam cínicos, isto é, aqueles que simplesmente reconhecem a besta, a vulgaridade, a "regra" em si e que, além disso, possuem ainda suficiente espiritualidade e estímulo para ter de falar, *diante de testemunhas,* sobre si mesmos, e sobre os seus iguais. Acontece-lhes mesmo rebolarem-se em livros como no seu próprio estrume.

O cinismo é a única forma sob a qual as almas torpes tocam ao de leve no que se chama sinceridade. O homem superior deve apurar o ouvido perante qualquer variante do cinismo, e felicitar-se de cada vez que ouve as idiotices do farsante despudorado ou do sátiro científico.

Casos há em que o encantamento se mistura ao nojo. Assim quando, por um capricho da natureza, o gênio se meteu num desses bodes e macacos indiscretos, como no caso do Abbé Galiani [4], o homem mais profundo, mais penetrante e talvez o mais sujo do seu século. Ele era muito mais profundo, que Voltaire e, por conseguinte, também muito menos falador.

Freqüentemente acontece que, como já disse, a cabeça científica pertence a um corpo de macaco e uma inteligência perspicaz e excepcional a uma alma vulgar. Não é raro esse caso entre médicos e fisiologistas da moral. Por toda parte onde haja alguém que fale do homem sem acrimônia, mas sim com uma espécie de candura, como de um ventre dotado de duas espécies de necessidades e de uma cabeça apenas com uma só necessidade. De alguém que sempre não veja, não procure e não *queira* ver senão a fome, o instinto sexual e a vaidade, como se estas fossem as molas essenciais e únicas das ações humanas. Resumindo, onde se fale "mal" do

---

[4] O abade Ferdinando Galiani, 1728-1787, economista e literato, atraiu Nietzsche pelas suas Cartas. Nietzsche fala dele e de Stendhal como "os meus amigos defuntos". V. aforismos 222, 270 e 289, e *O Crepúsculo dos Ídolos,* "O que os Alemães Estão a Perder", 27.

homem — e não apenas *maldosamente* —, o amante do conhecimento deve escutar atentamente e com cuidado, os seus ouvidos devem estar por toda parte onde se fala sem indignação. Eis que o homem indignado, aquele que dilacera a sua carne com os seus próprios dentes — ou, em seu lugar, ao mundo, ou a Deus, ou à sociedade —, esse pode estar mais alto, do ponto de vista moral, que o sátiro risonho e auto-satisfeito, mas em qualquer sentido ele será o caso mais vulgar, mais indiferente e menos instrutivo. Além do mais, ninguém *mente* tanto quanto o indignado.

27 — Fazer-se compreendido é muito difícil. Principalmente quando se pensa e vive *gangasrotogati*, no meio de homens que pensam e vivem de outro modo, isto é, *kurmagati,* ou, quando muito, *mandeikagati* [5]. Será que faço tudo quanto posso para ser tão dificilmente compreendido? Ora, deve-se ficar reconhecido no fundo do coração já só pela boa vontade de se tentar uma vaga interpretação.

Todavia, no que se refere aos "bons amigos", que são sempre demasiado comodistas e que, precisamente por serem amigos, se julgam com direito a esse comodismo, convém conceder-lhes, desde logo, um espaço para mal-entendidos. Ao menos, desse modo, há motivo para rir. Talvez suprimi-los por completo, a esses bons amigos, e rir igualmente!

28 — A maior dificuldade na tradução de uma língua para outra é o ritmo do seu estilo, que se baseia no caráter da raça, ou, para me exprimir mais fisiologicamente, no ritmo médio do seu "metabolismo". Vemos traduções feitas com total boa-fé e que são quase falsificações, porque vulgarizam involuntariamente o original, apenas porque não pode ser traduzido o seu ritmo corajoso e alegre, que salta e ajuda a passar por cima de tudo o que há de perigoso nas coisas e palavras.

O alemão é quase incapaz do presto na sua língua e também, percebe-se com facilidade, de muitas das nuances mais deliciosas e arrojadas do pensamento independente e do espírito livre. Assim

[5] Em sânscrito, *ao ritmo do Ganges* (presto), *ao ritmo da tartaruga* (lento), *como o caminhar da rã* (staccato) se quisermos traduzir estas expressões pelos termos musicais a que Nietzsche repetidamente se reporta.

como o *buffo* e o sátiro lhe são estranhos à alma e à consciência, também Aristófanes e Petrônio lhe são intraduzíveis. Toda gravidade, peso, pompa solene, todos gêneros de estilo circunstanciados e aborrecidos são desenvolvidos pelos alemães com excessiva variedade — que me perdoem afirmar que a própria prosa de Goethe, com a sua amálgama de gravidade e preciosidade, não faz exceção, refletindo os "bons velhos tempos" de que faz parte, exprimindo o gosto alemão numa época em que havia ainda um "gosto alemão". Aliás, era um gosto rococó *in moribus et artibus.* Deve excetuar-se Lessing, graças à sua natureza de comediante que compreendia e entendia muitas coisas, ele que não traduziu em vão Bayle e gostava de se refugiar junto de Diderot e de Voltaire e, ainda com melhor boa vontade, entre comediógrafos latinos. Lessing [6] gostava também, no ritmo, de ser livre-pensador, de fugir da Alemanha. De que forma poderia a língua alemã, mesmo na prosa de um Lessing, imitar o ritmo de um Maquiavel que, no seu *Príncipe* nos faz respirar o ar fino e seco de Florença, e que não pode abster-se de apresentar o assunto mais grave num *allegrissimo* indisciplinado. Talvez não sem um malicioso prazer de artista, pensando no contraste a que se arrisca: pensamentos extensos, pesados, duros e perigosos, e um tempo de galope e duma disposição ótima e petulante. Quem, enfim, poderia ousar fazer uma tradução alemã de Petrônio, que, mais do que qualquer músico até ao presente, foi o mestre do presto, pelas suas invenções, os seus achados, as suas expressões. Que importa, no mais, todo o bolor do mundo mau e doente, mesmo do "mundo antigo" quando, como ele, se possuem as asas do vento, o sopro e o escárnio libertador do vento que tudo saneia fazendo tudo *correr!*

---

[6] G. E. Lessing, 1729-1781, crítico, dramaturgo e pensador alemão, foi apreciado por Nietzsche como "o mais honesto dos homens teóricos" em *A Origem da Tragédia,* 15, onde cita com aprovação a sua idéia de que é mais importante a busca da verdade do que esta mesma, presente no *Anti-Goethe.* Uma das primeiras obras teatrais de Lessing intitulava-se *Der Freigeist,* 1749, e essa expressão, o *espírito-livre*, foi para Nietzsche durante os seus primeiros tempos quase a definição do verdadeiro filósofo. Mas tomando o partido de Voltaire, deplorou em *Humano, Demasiado Humano,* I, 221, os seus ataques à poesia dramática francesa. No aforismo 274 de *Para Além* usa Nietzsche a expressão de Lessing "Rafael sem mãos".

Referente a Aristófanes, esse espírito que transfigura e completa, por amor do qual se *perdoa* a todo o mundo grego o ter existido, supondo que se tenha compreendido, até ao fundo, o *que é que* nele necessita de perdão, de transfiguração, não conheço nada que me tenha feito sonhar tanto sobre a misteriosa natureza de esfinge de Platão como este *petit fait* felizmente conservado. No travesseiro do seu leito de morte não se encontrou nenhuma "bíblia", nada que fosse egípcio, pitagórico ou platônico — mas Aristófanes. Como Platão teria suportado a vida — uma vida grega a que tinha dito não — sem um Aristófanes!

29 — Independência é algo para bem poucos: — é prerrogativa dos fortes. Sem ter nenhuma *necessidade,* quem independente se declarar, ainda que tenha todo o direito a isso, prova desse modo que provavelmente não só é forte mas também audacioso até à temeridade. Enreda-se num labirinto, multiplica ao infinito os perigos inerentes à própria vida. O menor desses perigos não está em que ninguém veja como e onde se perde, despedaçado na solidão por qualquer subterrâneo Minotauro da consciência. No caso de um tal homem perecer, o fato estará tão distante do entendimento dos homens que estes não o sentem, nem o compreendem. Eis que ele já não pode regressar! Não pode sequer regressar à compaixão dos homens!

30 — Nossas intuições mais elevadas devem e hão de soar como loucuras, por vezes mesmo como crimes, quando ilicitamente chegam aos ouvidos daqueles para os quais não foram feitos nem predestinados. O exotérico e o esotérico, segundo a distinção filosófica em uso pelos hindus, gregos, persas e muçulmanos, em resumo, por toda parte em que se acreditava numa hierarquia e não na igualdade e nos direitos iguais, não se distinguem pelo fato de o exotérico estar de fora, e ver, apreciar, medir e julgar de fora, não de dentro. O principal é ele ver as coisas de baixo para cima, enquanto o esotérico as vê *de cima para baixo.* Existem alturas da alma, de onde mesmo a tragédia deixa de ser trágica. Se toda a dor do mundo for concentrada numa só, quem ousaria decidir se o seu aspecto induziria e obrigaria *necessária* e justamente à compaixão e, deste modo, a uma duplicação da dor?

O que serve de alimento ou bálsamo para o tipo superior de homem deve ser quase veneno para um tipo bem diverso e menor.

Para um filósofo, as virtudes do homem vulgar seriam talvez vícios e fraquezas. Assim, seria possível que um homem de espécie superior, admitindo que degenere e caminhe para a sua perda, não consiga senão desse modo possuir as qualidades que obrigariam a venerá-lo de ora em diante como um santo no mundo inferior a que desceu. Livros há que possuem, para a alma e para a saúde, um valor inverso, conforme deles se servem a alma inferior, a força vital inferior, ou a alma superior e mais poderosa. No primeiro caso são livros perigosos, corruptores, dissolventes. No segundo caso, apelos de arautos que convidam os mais bravos a manifestar a *sua* bravura. Os livros de toda gente são sempre livros malcheirosos. Há neles o odor da gente miúda. Por toda parte em que o povo fala e bebe, mesmo nos sítios onde venera, costuma cheirar mal. Não se deve ir à igreja quando se pretende respirar ar *puro*.

31 — No verdor da juventude venera-se ou despreza-se ainda sem aquela arte da nuance que é o melhor partido da vida e paga-se, com justiça, muito caro o ter assaltado deste modo as coisas e as pessoas com sim e não. Tudo se predispõe de modo que o pior de todos os gostos, o gosto do absoluto, seja cruelmente achincalhado e abusado, até que o homem aprenda a pôr um pouco de arte nos seus sentimentos e prefira ousar fazer uma tentativa com o artificial. Da mesma forma como fazem os verdadeiros artistas da vida.

Próprios da juventude, a tendência para a cólera e o instinto de veneração parecem não descansar enquanto não tiverem falseado homens e coisas para os poder dominar. Por si só, a juventude é algo que engana e falseia. Mais tarde, quando a alma jovem, martirizada por mil desilusões, se volta por fim, desconfiada, contra si mesma, ardente e selvagem ainda, mesmo nas suas suspeitas e remorsos, como se encoleriza consigo mesmo, como se dilacera com impaciência, como se vinga da sua longa cegueira, como se ela tivesse sido voluntária! Autocastiga-se pela desconfiança para com seus próprios sentimentos, neste período de transição. Martiriza-se o entusiasmo pela dúvida. A consciência limpa até aparece já como um perigo, como uma espécie de auto-encobrimento e fadiga da honestidade mais pura. Sobretudo toma-se partido por princípio contra "a juventude". Dez anos mais tarde e percebe-se que também isso tudo era ainda só juventude!

32 — Durante o período pré-histórico, o período mais longo da história da humanidade, o valor ou não valor de um ato deduzia-se das suas conseqüências. O ato em si interessava tão pouco como a sua origem. No entanto, mais ou menos do mesmo modo que ainda hoje, na China, qualquer distinção ou vergonha do filho se reflete nos pais, era também o efeito retroativo do êxito ou insucesso que fazia o homem pensar bem ou mal de uma ação. A este período, chamemos de período pré-moral da humanidade. Por essa época, ainda era desconhecido o imperativo "conhece-te a ti mesmo!"

Nos últimos dez milênios progrediu-se, lentamente, passo a passo, em algumas grandes superfícies da terra, a ponto de já não se considerar o valor de uma ação pelas suas conseqüências, mas pela sua origem. Grande acontecimento, considerável afinação do olhar e da escala, efeito inconsciente do domínio de valores aristocráticos e da fé na "origem", símbolo de um período a que, no sentido mais estrito, se pode chamar o período moral. Dessa forma é que se deu o primeiro passo para o autoconhecimento. Em vez das conseqüências, a origem: que inversão da perspectiva! E, por certo, uma inversão apenas conseguida após longas lutas e vacilações! Ressalta evidente que uma nova superstição nefasta e uma curiosa estreiteza da interpretação passaram precisamente por isso a dominar. Interpretou-se a origem de uma ação no sentido mais preciso, como derivando de uma *intenção.* Concordava-se em crer que o valor de uma ação residia no valor da sua intenção. A intenção seria toda a origem e pré-história de uma ação. Partindo deste pressuposto elogiou-se, censurou-se, julgou-se e filosofou-se moralmente quase, até aos nossos dias.

Acaso não teremos hoje chegado à necessidade de, mais uma vez, resolvermos fazer uma inversão e uma deslocação fundamental dos valores, graças a uma nova reflexão introspectiva e um novo aprofundamento do homem, não estaremos no limiar dum período que, negativamente e por enquanto, se devia designar por *extra-moral,* hoje que, pelo menos entre nós imoralistas, se levanta a suspeita de que o valor decisivo de uma ação reside precisamente no que nela há de *não-intencional,* e de que toda a sua intencionalidade, tudo que pode ser visto, sabido, conhecido "conscientemente" pela ação pertence ainda à sua superfície e epiderme que, como toda a epiderme, denuncia algo mas *oculta* ainda muita coisa?

Em outras palavras, cremos que a intenção é apenas um sinal e sintoma que precisa de ser interpretado, e que, ainda por cima, significa demasiadas coisas, e por conseguinte, só por si, não significa quase nada. Cremos que a moral no sentido que teve até agora, isto é, moral de intenções, tem sido um preconceito, um produto da precipitação, algo de preliminar talvez, coisa mais ou menos da categoria da astrologia e alquimia, em todo caso, porém, algo que tem de ser superado. A superação da moral, num certo sentido, e mesmo auto-superação da moral.

Talvez seja este o nome para aquele trabalho longo e secreto que ficou reservado às consciências mais elevadas e mais honestas, mas também mais maliciosas de hoje, como vivas pedras de toque da alma.

33 — Não há remédio: é preciso responsabilizar e fazer julgar impiedosamente os sentimentos de abnegação, de sacrifício pelo próximo, toda moral de renúncia a si mesmo. Assim como com a estética da "contemplação desinteressada", em nome da qual uma arte desvirilizada muito sedutoramente tenta hoje obter uma boa consciência. Demasiado encanto e açúcar há nesses sentimentos de "para os outros", de "*não* para mim", o que obriga a uma dupla desconfiança e a perguntar: "Não serão, talvez, *seduções?"*

Devido esses sentimentos *agradarem* a quem os têm e a quem goza os seus frutos, mesmo ao mero espectador, ainda não constitui argumento a *seu favor,* mas convida, precisamente, à cautela. Cautelosos sejamos, então!

34 — Não importa qual seja o ponto de vista filosófico que se adote hoje, de qualquer ângulo, o *caráter errado* do mundo em que julgamos viver é o que de mais seguro e sólido os nossos olhos podem ainda fixar. Deparamo-nos com razões e mais razões sedutoras que pretendem levar-nos a adotar hipóteses sobre um princípio ilusório da "essência das coisas". No entanto, quem torna responsável da falsidade do mundo o nosso próprio pensamento, ou seja, "o espírito" — saída honrosa, trilhada por todo *advocatus dei,* consciente ou inconsciente —, quem admite como *inferências* falsas este mundo com o espaço, tempo, forma e movimento terá, pelo menos, boas razões para aprender, finalmente, a desconfiar de todo pensamento. Não nos terá ele pregado até agora a maior partida? Que garantia haverá de que não continue a fazer o que sempre tem feito?

Falemos a sério: a inocência dos pensadores tem algo de comovedor e que impõe respeito, o que lhes permite abordar ainda hoje a consciência pedindo-lhe que lhes dê respostas *honestas*.

Senão vejamos: se ela é "real", por que afinal afasta de si tão resolutamente o mundo exterior?, e outras perguntas desse gênero. Acreditar em "certezas imediatas" é uma ingenuidade moral que nos honra, a nós, filósofos. Contudo nós não devemos ser homens *apenas* morais! Abstraindo da moral, essa crença é uma estupidez que bem pouco nos honra!

Na vida burguesa a desconfiança é considerada como sinal de "mau caráter" e catalogada entre as tolices. E aqui entre nós, para além do mundo burguês e do seu sim e não, o que nos poderia impedir de ser tolos e de dizer que o filósofo tem mesmo o direito a um "mau caráter", como ser que até agora foi sempre o mais enganado, ele, hoje, tem o *dever* de desconfiar, de olhar de soslaio e muito malevolamente a partir de todos os abismos da suspeita. Peço escusas pelo gracejo desta caricatura e sinistra expressão. Acontece que há muito tempo, com o enganar e ser enganado, aprendi a pensar diferentemente, a julgar diferentemente sobre o enganar e o ser enganado e tenho sempre prontas umas cotoveladas para a fúria cega com que os filósofos se defendem de ser enganados. E por que *não?* Não passa de um preconceito moral o julgar-se que a verdade vale mais que a aparência. Diria que é até a mais mal demonstrada hipótese que há no mundo. Que se admita pelo menos isto: não haveria vida senão à base de apreciações e aparências de perspectivas. Com o entusiasmo e a patetice virtuosa de certos filósofos, se se quisesse abolir todo o "mundo aparente", admitindo que vós seríeis capazes de o fazer, pelo menos nada também restaria então da vossa "verdade"! Sim, que nos obriga afinal a admitir que haja uma oposição fundamental entre "verdadeiro" e "falso"? É insuficiente admitir graus de aparência, e como que sombras e tonalidades mais claras e mais escuras da aparência, *valeurs* diferentes, para falar a linguagem dos pintores! Porque, não será ficção o mundo *que nos diz respeito?* E a quem se perguntar: "mas a ficção precisa de um autor?", não se lhe poderá responder simplesmente: por quê? Este "precisa de" não fará também parte da ficção?

Não se permitirá ser-se um tanto irônico naquilo que se refere ao sujeito, assim como em relação ao predicado e ao complemento direto? Não poderá o filósofo elevar-se acima da credulidade na gramática? Com todo respeito pelas governantas: não será o momento de a filosofia renunciar à credulidade das governantas?[7]

35 — Ó Voltaire! Ó humanidade! Ó disparate! Isso da "verdade", da *procura* da verdade, obriga-me dizer: se o homem procede por demais humano — *il ne cherche le vrai que pour faire le bien* —, aposto que nada encontrará!

36 — Supondo que nada seja "dado" como real a não ser o nosso mundo de desejos e paixões, que não possamos descer ou ascender a nenhuma "realidade" que não seja a dos nossos instintos, então pensar é apenas uma inter-relação desses instintos. Não será permitido experimentar e perguntar se aquele "dado" não *chega* para se compreender também, a partir dele, o chamado mundo mecanicista (ou "material") não para o entender como ilusão "aparência", "representação" (no sentido de Berkeley e de Schopenhauer), mas como pertencendo à mesma categoria de realidade do nosso próprio afeto, como uma forma mais primitiva do mundo dos afetos no qual existe ainda numa unidade poderosa tudo o que, posteriormente, se ramifica e desenvolve (e da mesma forma, compreensivelmente, se debilita e enfraquece) no processo orgânico, como uma espécie de vida dos instintos na qual ainda estão reunidas sinteticamente todas as funções orgânicas, a auto-regulação, assimilação, alimentação, secreção, metabolismo, como uma *forma prévia* da vida?

Enfim, não apenas é permitido fazer-se esta tentativa. A consciência do método ordena que se a faça. Não admitir diversos tipos de causalidade enquanto não se tenha levado até ao seu limite extremo — até ao absurdo, com vossa licença — a tentativa de nos contentarmos com um só: esta é uma moral do método a que hoje não nos devemos subtrair. Deduz-se isso "por definição", como diria um matemático. Em última instância, a questão reside em reconhecermos a vontade realmente como *ativa*, em acreditarmos na causalidade da vontade. Caso venhamos a fazê-lo — e, no fundo, a fé nisso é precisamente a nossa fé na própria causalidade —, então *devemos* encetar a tentativa de postular, hipoteticamente, a causalidade da

---

[7] A idéia é de que aprendemos a língua, a gramática e as "ficções" nela incorporadas com as babás, governantas ou preceptoras. De modo que o filosofar tradicional estaria preso à "fé das governantas". Em alemão há apenas uma palavra para "fé" e "crença": *Glaube.*

vontade como única. É óbvio que a "vontade" só pode atuar sobre a "vontade" — e não sobre "matéria" (não sobre "nervos", por exemplo): em suma, deve-se arriscar a hipótese de que, por toda parte onde se reconhecem "efeitos", uma vontade atua sobre outra vontade — de que todo processo mecânico, desde que nele atue uma força, é precisamente força de vontade, efeito de vontade.

Em suma, o que existe é a própria natureza, não absoluta em sua existência, pois não é uma nômada. A cosmologia nietzscheana indica que há forças finitas, plurais é claro, em um incessante movimento que faz suas perspectivas serem infinitas. "Supondo, finalmente, que se conseguisse explicar toda a nossa vida instintiva como a elaboração e ramificação de um força básica da vontade — a vontade de poder, como é minha tese —; supondo que se pudesse reconduzir todas as funções orgânicas a essa vontade de poder, e nela se encontrasse também a solução para o problema da geração e nutrição — é um só problema —, então se obteria o direito de definir toda força atuante, inequivocamente, como vontade de poder. O mundo visto de dentro, o mundo definido e designado conforme o seu 'caráter inteligível' — seria justamente 'vontade de poder', e nada mais".

37 — "Mas como? No falar coloquial isso não quereria dizer: Deus está refutado — mas não o Diabo?" Pelo contrário! Pelo contrário, meus amigos! E, que diabo, quem vos obriga a falar em linguagem coloquial?

38 — Finalmente e apesar de toda a luminosidade dos tempos modernos, tal como aconteceu com a Revolução Francesa, essa farsa horripilante e supérflua quando vista de perto, onde, no entanto, os nobres e entusiásticos espectadores de toda a Europa que a viam à distância, projetaram durante tanto tempo e tão apaixonadamente a realização das suas próprias revoltas e entusiasmos, *até o texto ter desaparecido sob a interpretação,* do mesmo modo uma nobre posteridade poderia deformar uma vez mais todo o passado e talvez só assim tornasse suportável o seu aspecto. Em suma: Isso já não aconteceu? Não fomos nós mesmos — essa "nobre posteridade"? E na medida em que agora o compreendemos — não acabou?

39 — Facilmente ninguém tomará por verdadeira uma doutrina apenas porque ela torna felizes ou virtuosos os homens. Com

exceção dos amáveis "idealistas", que se entusiasmam pelo Bom, pelo Verdadeiro, pelo Belo e fazem nadar, no seu charco, toda espécie de variegadas, pesadonas e bonacheironas idealidades. A felicidade e a virtude não são argumentos. Porém de bom grado se esquece, mesmo os espíritos ponderados, que tornar infeliz e tornar mau não são tampouco contra-argumentos. Uma coisa deveria ser certa, conquanto fosse muitíssimo prejudicial e perigosa: seria até possível fazer parte da estrutura básica da existência o perecermos por causa do nosso conhecimento total, de forma que a força de um espírito se mediria justamente pela quantidade de "verdade" que seja capaz de suportar ou, em outras palavras, pelo grau em que *necessitasse* de a diluir, velar, adocicar, embotar, falsificar. Está fora de dúvida todavia o fato de os maus e infelizes serem mais favorecidos e terem maior possibilidade de êxito na descoberta de certas partes da verdade. Isso para não falar dos maus que são felizes, espécie que os moralistas passam em silêncio. É possível que a dureza e a astúcia forneçam, para o desenvolvimento do espírito e do filósofo firmes e independentes, condições mais favoráveis do que aquela benevolência suave, fina, conciliadora e aquela arte de não complicar as coisas que se aprecia, e com razão, num erudito. Contanto que, e isso é de suma importância, não se restrinja o conceito de "filósofo" àquele que escreve livros — ou até estampa neles a *sua* filosofia!

Stendhal contribui com uma última pincelada para o retrato do filósofo de espírito livre que não quero deixar de sublinhar por amor do gosto alemão, pois que vai *contra o gosto* alemão: "*Pour être bon philosophe* — diz este último grande psicólogo — *il faut être sec, clair, sans illusion. Un banquier, qui a fait fortune, a une partie du caractère requis pour faire des découvertes en philosophie, c'est-à-dire pour voir clair dans ce qui est*".

40 — Aquilo tudo que é profundo ama a máscara. As coisas mais profundas têm mesmo um ódio à imagem e ao símbolo. A antítese não será o disfarce adequado de que se serve o pudor dum deus? Esse parece ser um problema digno de ser realçado. Seria de espantar que um místico qualquer não tivesse já ousado algo de semelhante. Há fatos de caráter tão delicado que convém encobri-los e torná-los irreconhecíveis por meio de uma grosseria. Por isso que há certas manifestações de amor e de uma generosidade exuberante, depois das quais nada há de mais aconselhável do que pegar num

bastão e dar uma sova à testemunha ocular. Desse modo se confunde a sua memória. Certas pessoas sabem perfeitamente turvar e maltratar a própria memória para, ao menos, se vingar deste único cúmplice. É muito engenhoso o pudor!

As piores coisas não são as que nos causam mais vergonha. Atrás de uma máscara não há apenas maldade. Quanta bondade há na astúcia. Eu podia imaginar que alguém que tivesse de esconder algo de precioso e de vulnerável rolasse pela vida grosseiro e redondo como uma verde e velha pipa de vinho, de pesados aros. A matreirice do seu pudor assim o exige. Para um homem dotado de profundo pudor, os destinos e as decisões delicadas escolhem caminhos por onde poucos transitaram e de cuja existência nem os seus mais íntimos confidentes devem ter conhecimento. Deles se escondem tanto o seu perigo de vida como a sua reconquistada segurança vital. Um homem assim escondido que, por instinto, precisa da palavra para se calar e silenciar, que é inesgotável nos meios de velar o seu pensamento, *quer* e *favorece* que uma sua máscara o substitua no coração e no espírito dos seus amigos. Contudo, admitindo que não o queira, aperceber-se-á um dia de que, apesar de tudo, só se conhece dele uma máscara — e que é bom que assim seja.

Todo espírito profundo necessita de uma máscara. Eu diria mais, ao derredor de todo espírito profundo cresce incessantemente uma máscara, graças à interpretação sempre falsa, melhor dizendo, *superficial* de cada palavra, de cada passo, de cada sinal de vida que dele sai.

41 — Perante nós mesmos devemos prestar contas para demonstrar que nascemos para a independência e para o comando. E devemos fazê-lo em tempo. A essas provas não devemos fugir, conquanto sejam talvez o jogo mais perigoso que se pode jogar e embora sejam provavelmente apenas provas de que somos únicas testemunhas e de que mais ninguém é juiz. Para se ficar preso a uma pessoa, mesmo que seja a mais amada, pois toda pessoa é uma prisão e também um recanto. Jamais ficar preso a uma pátria, mesmo que se trate da mais sofredora e da mais carente de ajuda. Pois é mais fácil desligar o coração de uma pátria vitoriosa. Não se ficar preso a um sentimento de piedade, mesmo que ele se dirija a homens superiores, cujo martírio e desamparo o acaso nos deixou observar. Não se ficar preso a uma ciência, por mais sedutora que

se nos apresente, com achados preciosos que parecem reservados precisamente para nós. Não se ficar preso ao próprio desprendimento, a essa distância e alheamento voluptuosos da ave que foge sempre mais alto, para poder vislumbrar sob si um panorama cada vez maior. Cuidado com o perigo do que voa. Não se ficar preso às próprias virtudes e ser vítima, por completo, de uma das nossas singularidades, como da nossa "hospitalidade". Assim é o perigo dos perigos nas almas nobres e ricas que se dissipam com prodigalidade e quase com indiferença, e desenvolvem até ao vício a virtude da liberalidade. Necessário é saber *reservar-se.* A prova mais forte de independência é exatamente esta.

42 — Está surgindo uma nova espécie de filósofos. Ouso batizá-los com um nome que não deixa de ser perigoso. Do modo como eu os adivinho, do modo como eles se deixam adivinhar, pois que faz parte do seu tipo *quererem* ficar com algo de enigmático, estes filósofos do futuro podem ter o direito, talvez também o não-direito à designação de *tentadores.* Designação esta que não passa, enfim, de uma tentativa e, se quiserem, de uma tentação.

43 — Estes filósofos vindouros serão novos amigos da "verdade"? Resta grande probabilidade, pois todos os filósofos amaram, até agora, as suas verdades. Contudo, seguramente não serão dogmáticos. Deve colidir contra seu orgulho e contra seu gosto o fato de a sua verdade ser uma verdade para toda gente. Precisamente aquilo que era até agora o desejo secreto e o sentido oculto de todas as tendências dogmáticas. "O meu juízo é *meu;* outro qualquer dificilmente terá direito a ele", dirá provavelmente um desses filósofos referente ao futuro. Devemos livrar-nos do mau gosto de querermos estar de acordo com muitos. "Bom", deixa de ser bom quando dito pelo vizinho. E como é que poderia haver um "bom comum"! A palavra contradiz-se a si mesma. Aquilo que pode ser comum, tem sempre pouco valor. Em última instância tudo deve ser como é e sempre foi. As coisas grandes estão reservadas para os grandes, os abismos para os profundos, as delicadezas e os arrepios para as almas delicadas e, de um modo geral, tudo o que seja raro, para os incomuns.

44 — Depois de tudo o que se viu, ainda será preciso dizer expressamente que serão também espíritos livres, *muito* livres,

esses filósofos do futuro, conquanto não sejam apenas espíritos livres, mas algo mais, algo de superior e de fundamentalmente diferente, que não quer ser desinterpretado nem confundido? Ao dizer isto, porém, sinto quase tanto contra eles próprios como contra nós que somos seus arautos e precursores, nós, os espíritos livres! O *dever* de desfazer um velho e estúpido preconceito e mal-entendido que por demasiado tempo velou, como uma neblina, o conceito de "espírito livre".

Em todos os países da Europa e, igualmente, da América, há agora gente que abusa desse nome, um tipo de espíritos muito estreitos, presos, algemados, que querem mais ou menos o contrário do que está nas nossas intenções e instintos, não falando do fato de que eles, em relação àqueles *novos* filósofos que emergem no horizonte devem ser, em oposição, janelas fechadas e portas aferrolhadas. Expressando-me sem rodeios, eles fazem parte, infelizmente, *dos niveladores,* esses falsamente denominados "espíritos livres", porque são os escravos facundos e plumitivos do gosto democrático e das suas "idéias modernas". São todos eles homens sem solidão, sem uma solidão que lhes pertença, bons rapazes simplórios a quem não se deve negar coragem nem boa conduta, mas que são ridicularmente superficiais e não-livres, principalmente na sua tendência básica de ver, mais ou menos, nas formas desta velha sociedade, a causa de toda a miséria e insucesso humanos. Dessa forma, a verdade fica certeiramente de cabeça para baixo. O que aspiram com todas as forças é à verde felicidade geral dos rebanhos no pasto, com a segurança, a ausência de perigos, o bem-estar e a vida fácil para toda gente. As suas duas cantilenas e doutrinas mais estafadas chamam-se "igualdade de direitos" e "piedade para com os que sofrem". O próprio sofrimento é considerado por eles como algo que se deve *suprimir.* Nós, que vemos as coisas sob outra óptica, nós que abrimos os olhos e a consciência à questão de saber onde e como se desenvolveu até aqui mais vigorosamente a planta "homem"[8], julgamos saber que tal se deu sempre em condições absolutamente opostas. Achamos que, para tal, o perigo da sua situação teve de crescer primeiro de forma

---

[8] Alusão a Stendhal, *Rome, Naples et Florence,* 1854, citando Vittoria Alfieri sobre a Itália: "A planta homem nasce aqui mais robusta que em qualquer outra parte".

gigantesca, a sua força inventiva e simuladora — o seu "espírito" — teve de desenvolver-se sob uma pressão e um constrangimento prolongados, até à audácia e à sutileza, que a sua vontade de vida teve de intensificar-se até à absoluta vontade de poder. Achamos que a dureza, a violência, a escravidão, o perigo na alma e na rua, que a dissimulação, o estoicismo, a artimanha e os sortilégios de toda ordem, que tudo o que é mau, terrível, tirânico, tudo o que o homem possui de fera e de serpente, tudo isso serve tão bem à elevação da espécie "homem", como o seu contrário. Considerando tudo o que foi dito, não dizemos sequer o bastante e, tanto pelas nossas palavras como pelo nosso silêncio neste assunto, encontramo-nos em todo caso no pólo oposto de toda ideologia moderna, de todos os anseios de rebanho. Seríamos talvez os seus antípodas? Que há de espantoso, então, em não sermos precisamente nós, "os espíritos livres", os espíritos mais comunicativos, em não desejarmos revelar, por todos os motivos, *de que* pode um espírito libertar-se, e *para onde* talvez será, em seguida, arrastado? No que se refere à perigosa fórmula "para além do bem e do mal", com a qual evitamos pelo menos ser confundidos com outros, somos coisa bem diferente dos *libres-penseurs,* dos *liberi pensatori, Freidenker* ou de qualquer outra coisa que se queiram chamar esses bravos defensores das "idéias modernas".

Tendo permanecido em muitas províncias do espírito como que em nossa casa ou, pelo menos, como hóspedes; tendo fugido sempre dos redutos obscuros e amolecedores em que as preferências e os preconceitos, a juventude, a ascendência, o acaso de homens e de livros ou mesmo as fadigas das peregrinações pareciam reter-nos; estando cheios de hostilidade em face das atrações da dependência que se escondem nas honras, no dinheiro, cargos ou na exaltação dos sentidos; estando gratos mesmo à miséria e vicissitudes da doença, já que nos desembaraçam sempre de qualquer regra e do "preconceito" dessa regra, agradecidos a Deus, ao diabo, à ovelha e ao verme que em nós se escondem, curiosos até ao vício, investigadores até à crueldade, com dedos audaciosos para o intangível, com dentes e estômago para o que há de mais indigesto, preparados para não importa que ofício a exigir sagacidade e agudeza de sentidos, dispostos a toda aventura graças a um excesso de "vontade livre", dotados de pré-almas e pós-almas em cujas últimas intenções ninguém penetra, primeiros planos e bastidores que ninguém seria capaz de percorrer, escondidos sob os mantos da luz, conquistadores, conquanto nos assemelhemos a herdeiros e perdulários, coordenadores e colecionadores de manhã à noite, avaros das nossas riquezas e das nossas gavetas transbordantes, econômicos no aprender e no esquecer, inventivos nos esquemas, algumas vezes orgulhosos das tábuas de categorias, por vezes pedantes, por vezes mochos noturnos do trabalho, inclusive em pleno dia; por vezes, também, quando necessário, espantalhos — e hoje isso impõe-se. Em outras palavras, na medida em que somos os amigos inatos, jurados e ciosos da *solidão,* da nossa própria solidão mais profunda de meia-noite e de meio-dia, essa é a espécie de homens que somos nós, os espíritos livres! Talvez também vós sejais um pouco assim, vós os vindouros? Vós os novos filósofos?

CAPÍTULO III

A essência do religioso

45 — Os confins da alma humana, toda sua extensão, até ao presente atingida, das experiências da alma humana, os cumes, as profundezas e as distâncias dessas experiências, a história inteirinha da alma até aos nossos dias e as suas possibilidades ainda por explorar, essa é a reserva de caça destinada ao psicólogo nato e amigo da "caça gorda". Todavia, quantas vezes, desesperado, diz para consigo: "Ai de mim, que estou só! Tão só e com esta floresta imensa e virgem!" Deseja então para si algumas centenas de auxiliares de caça e argutos cães de caça que poderia pôr na pista da alma humana, para aí perseguir a sua presa. Pura inutilidade. Ele verifica sempre de novo intensamente, com amarga decepção, quanto é difícil encontrar auxiliares e cães para tudo o que justamente aguça a sua curiosidade. Há de notar o inconveniente que há em enviar sábios para reservas de caça novas e perigosas, nas quais a coragem, a sagacidade e a perspicácia, sob todos os aspectos, são necessárias, reside em que os sábios deixam de prestar para alguma coisa desde que comece a "grande caçada" mas também o grande perigo. Nesse momento é então que perdem o faro e o olhar aguçado. Para deduzir e estabelecer, por exemplo, qual foi a história do problema da *ciência e da consciência* na alma dos *homines religiosi* seria talvez necessário ser-se tão profundo, estar tão ferido e ser tão imenso como foi a consciência intelectual de Pascal. Seria ainda necessário esse horizonte vasto duma clara e maldosa espiritualidade, que fosse capaz de dominar, desde cima, ordenar e formular esse formigueiro de perigosas e dolorosas experiências. Todavia, quem me prestaria a mim esse serviço! E quem disporia de tempo para esperar por semelhantes auxiliares! São demasiado raros evi-

dentemente e o seu aparecimento é sempre improvável. Enfim, é necessário fazer-se tudo sozinho, para saber alguma coisa, quer dizer, tem-se *muito* a fazer!

Uma curiosidade como a minha todavia continua a ser o mais agradável dos vícios. Perdão, eu queria dizer que o amor pela verdade tem a sua recompensa tanto no céu quanto na terra.

46 — A fé, da forma como a pregou o cristianismo primitivo e não raras vezes a alcançou no meio de um mundo de céticos e de livres-pensadores meridionais que tinha atrás de si uma luta secular de escolas filosóficas, sem esquecer a educação para a tolerância que o *imperium romanum* ministrava, essa fé é *bem diferente* desta crença de súdito fiel, ingênua e rabugenta, com a qual um Lutero, um Cromwell ou qualquer outro bárbaro nórdico do espírito se dedicaram ao seu Deus ou ao cristianismo. Antes, lembra aquela fé de Pascal, que se assemelha assustadoramente a um contínuo suicídio da razão, de uma razão tenaz, teimosa, de verme, impossível de eliminar de uma só vez e de um só golpe. Desde o princípio, a fé cristã é sacrifício. Sacrifício de toda independência, de todo orgulho, de toda autocerteza do espírito. Ao mesmo tempo é servilismo, auto-escárnio, automutilação. Nesta fé há crueldade e fenicismo [1] religioso que se quer impor a uma consciência pouco resistente, complicada e muito amimada. Essa fé pressupõe que a submissão do espírito *cause dores* indescritíveis, que todo o passado e os hábitos de tal espírito se revoltem contra este *absurdissimum,* como essa "fé" se lhe apresenta.

Na atualidade, os homens acomodados à nomenclatura cristã, já não sentem o que havia de terrivelmente superlativo, para o gosto antigo, no paradoxo da fórmula "Deus crucificado". Até o presente momento, nunca e em parte alguma houve tamanha audácia na inversão de idéias, coisa tão terrível, tão angustiante e tão problemática como essa fórmula. Ela prometia uma transvalorização de todos os valores antigos. É o oriente, o oriente profundo, o escravo oriental que assim se vingou de Roma, da sua tolerância aristocrática e frívola, que se vingou desse "catolicismo" romano da fé. Foi

---

[1] Esta palavra criada por Nietzsche é esclarecida pelo que mais adiante, no aforismo 229, se referirá sobre a "automutilação de fenícios e ascetas". Equivale pois a castração, de acordo com os velhos cultos fenícios como o de Átis.

sempre não a fé, mas a liberdade face à fé, essa negligência sorridente e semiestóica em face da seriedade da fé, que indignou os escravos e os revoltou contra os seus senhores!

O "Iluminismo" revolta. Já que o escravo quer alguma coisa de absoluto, não compreende senão o que é tirânico mesmo em moral, ele ama como odeia, sem nuance, até ao fundo, à dor, à doença. Seu grande sofrimento *oculto* revolta-se contra o gosto aristocrático que parece *negar* o sofrimento. Fundamentalmente, o ceticismo para com o sofrimento que não é mais do que uma atitude da moral aristocrática, foi uma das causas, e não a menor, da última grande revolta de escravos que começou com a Revolução Francesa.

47 — Em qualquer lugar em que até agora se tenha manifestado na terra a neurose religiosa, vamos encontrá-la ligada a três perigosas prescrições dietéticas: a solidão, o jejum e a castidade, sem que, no entanto, possamos decidir com segurança o que é aqui a causa e o que é efeito e *se* de fato existe alguma relação de causa e efeito. Justifica-se essa dúvida, ao se considerar que tanto nos povos selvagens como nos povos civilizados a voluptuosidade mais repentina e mais exuberante faz também parte dos sintomas mais regulares dessa neurose, uma voluptuosidade que logo se transforma também repentinamente em crises de penitência, negação do mundo e negação da vontade. Não se poderia interpretar uma e outra tendências como epilepsia disfarçada? Em parte alguma nos deveríamos abster mais de interpretações. Em torno de nenhum tipo se desenvolveu tanta insensatez e superstição. Nenhum outro parece, até agora, ter interessado mais os homens e mesmo os filósofos. Seria verdadeiramente importante espiarmos um pouco, cultivarmos a cautela, melhor ainda, desviar o olhar, afastarmo-nos daqui.

Encontra-se ainda, inclusive no fundo da filosofia mais recente, a filosofia schopenhaueriana, quase constituindo o problema em si, esse espantoso ponto de interrogação da crise e do despertar religiosos. Como é possível a negação da vontade? Como é possível o homem santo? Positivamente, parece que foi este o problema pelo qual Schopenhauer começou e se tornou filósofo. Por isso foi uma conseqüência genuinamente schopenhaueriana o fato de o seu discípulo mais convicto — talvez também o último, com referência à Alemanha —, refiro-me a Richard Wagner, ter completado justamente aqui a sua própria obra, levando à cena esse tipo terrível e imortal na figura de Kundry[2], *type vécu*, em carne e osso. Fez isso na mesma importância em que os médicos alienistas de quase todos os países da Europa tinham uma ocasião para o estudar de perto, onde a neurose religiosa — eu chamo-lhe a "religiosidade" — tinha produzido, sob o nome de "Exército da Salvação", a sua última erupção epidêmica. Porém, se se perguntar o que pareceu tão extraordinariamente interessante, em todo esse fenômeno do homem santo, aos homens de todas as índoles e de todos os tempos, mesmo aos filósofos, pode responder-se que é, sem dúvida alguma, a aparência de milagre que rodeia esse fenômeno, ou seja, a imediata *sucessão de contradições,* de estados de alma de avaliação moral diametralmente oposta. Pensava-se agarrar aqui com as mãos a transformação repentina de um "homem mau" num "santo", num homem bom. Até agora a psicologia tem encalhado neste assunto. Não seria isso principalmente por que se colocara sob o domínio da moral, por que ela própria acreditava nas oposições morais dos valores e introduzia essas oposições nos textos e nos fatos como uma versão errada, *interpretando-os* posteriormente? Como? O "milagre" seria apenas um erro de interpretação? Uma falta de filologia?

48 — Parece influenciar mais intimamente as raças latinas o catolicismo que todo o nosso cristianismo a nós homens do norte. Conseqüentemente, a incredulidade tem, nos países católicos um significado totalmente diferente do dos países protestantes. Seria uma espécie de revolta contra o espírito da raça, ao passo que entre nós é antes um regresso ao espírito — ou à falta de espírito — da raça. Nós, homens do norte, devemos sem dúvida alguma a nossa origem às raças bárbaras, mesmo no que se refere aos nossos dotes para a religião. Somos *maldotados* para religião. Exceção feita aos celtas que, devido a isso, forneceram o melhor terreno à propagação da infecção cristã no norte, na França, onde o ideal cristão floresceu tanto quanto o permitiu o pálido sol do norte. Como parecem singularmente piedosos, ao nosso gosto, até esses últimos céticos franceses, contanto que tenham na sua origem algum sangue céltico! Como a sociologia de Auguste Comte, com a sua lógica romana

---

[2] Kundry é o nome de uma das personagens principais da ópera *Parsifal*, de Wagner, e representa a alma prisioneira da sensualidade instintiva que tenta seduzir Parsifal sem êxito e que no final é redimida pela pureza do herói.

dos instintos, tem para nós um cheiro de catolicismo, de algo não-alemão! Como é jesuítico esse amável e sagaz cicerone de Port-Royal, Sainte-Beuve, apesar de toda hostilidade que vota aos jesuítas! Lembrando Ernest Renan: como parece inacessível a nós, homens do norte, essa linguagem de um Renan em que, a cada instante, um pequeno nada de tensão religiosa perturba o equilíbrio da sua alma, voluptuosa num sentido diáfano e dum sibaritismo tão delicado! Ao repetir com ele estas belas frases — que eco de maldade e insolência desperta na nossa alma provavelmente menos bela e mais dura, quer dizer, mais alemã! — *"disons donc hardiment que la religion est un produit de l'homme normal, que l'homme est le plus dans le vrai quand il est le plus religieux et le plus assuré d'une distinée infinie... C'est quand il est bon qu'il veut que la vertu corresponde à un ordre éternel, c'est quand il contemple les choses d'une manière désintéressée qu'il trouve la mort révoltante et absurde. Comment ne pas supposer que c'est dans ces moments-là que l'homme voit le mieux?"...* São tão *antipódicas* aos meus ouvidos e hábitos estas frases que, da primeira vez que se me depararam aos olhos, um movimento de cólera me fez escrever à margem *"la niaiserie religieuse par excellence!"* — até que, por fim, o meu último movimento de cólera acabou por me fazer amar essas frases, com a sua verdade ao contrário!

É tão simpático e dá tanta distinção termos os nossos próprios antípodas!

49 — O que causa espanto na religiosidade dos antigos gregos é a abundância exagerada de gratidão que ela irradia. Trata-se de uma espécie muito aristocrática de homem que perante a natureza e a vida toma uma tal atitude! Quando, mais à frente, a populaça alcança a preponderância na Grécia, o *receio* invade também a religião. É a preparação do cristianismo.

50 — A paixão por Deus: há a de tipo ignorante, sincero e importuno como a de Lutero. Veja-se que em todo o protestantismo falta a *delicatezza* meridional. Nele há um nirvanesco oriental, como num escravo imerecidamente liberto ou emancipado, como em Agostinho, por exemplo, que carece duma maneira ofensiva de toda nobreza nas atitudes e nos desejos. Há uma ternura e uma lubricidade feminina que, plenas de timidez e ignorância, aspiram a uma *unio mystica et physica* como em

Madame de Guyon [3]. Em inúmeros casos esta paixão aparece, de forma assaz singular, como disfarce da puberdade de uma rapariga ou de um adolescente. Algumas vezes mesmo como histeria de uma velha solteirona e também como sua última ambição. A Igreja canonizou a mulher em casos desses por diversas vezes.

51 — Os homens mais poderosos, até o momento, inclinaram-se sempre com veneração diante do santo, como ante o enigma do autodomínio e da extrema e intencional renúncia. Por que fizeram isso? Acharam que o santo tinha — e por assim dizer atrás do ponto de interrogação da sua aparência frágil e miserável — a força superior que queria afirmar-se por tal domínio, a força de vontade, em que reconheciam e veneravam a sua própria força e o seu prazer em dominar. Honrando o santo, honravam algo de si mesmos. Some-se ainda que o aspecto do santo tornava-os desconfiados. Semelhante monstruosidade de negação e de contranatureza não terá sido desejada em vão, perguntaram a si mesmos. Existe talvez um motivo, um enorme perigo, de que o asceta, graças aos seus acólitos e aos seus visitantes secretos, podia estar mais bem-informado! Pelo sim pelo não, os poderosos da terra aprendiam, frente a ele, um novo receio, adivinhavam um novo poder, um inimigo estranho que não fora ainda vencido. Pois foi a "vontade de poder" que os obrigou a deter-se diante do santo. Precisavam interrogá-lo.

52 — No Antigo Testamento dos judeus, que é o livro da justiça divina, há homens, coisas e discursos de um tão grande estilo que as literaturas grega e indiana nada têm que se lhe compare. Com receio e veneração é que nos extasiamos perante estes vestígios grandiosos do que o homem era no passado, e far-se-á uma triste idéia da velha Ásia e da sua península minúscula, a Europa, que a todo custo queria representar o "progresso do homem" em relação à Ásia. Positivamente aquele não é mais do que um animal doméstico (semelhante aos nossos homens cultos de hoje, incluindo os cristãos do cristianismo "culto") — esse não tem de que se espantar, e ainda menos de que se afligir entre essas ruínas — o gosto pelo Antigo

---

[3] Jeanne Marie Bouvier de la Mothe-guyon, 1648-1717, mística francesa e principal representante do quietismo no seu país. Em A Genealogia, Nietzsche voltará a atacar os voluptuosos excessos e êxtases de sensualidade concomitantes com certos fenômenos místicos ou pseudo-místicos.

Testamento faz-se de uma pedra de toque no que diz respeito ao "grande" e ao "pequeno" — talvez encontre o Novo Testamento, que é o livro da graça, maior conformidade com o seu coração (há nele muito do autêntico cheiro adocicado e sufocante dos beatos e das almas pequenas). Este Novo Testamento, espécie de rococó do gosto, sob todos os aspectos, ter sido reunido com o Antigo Testamento num só livro a que se chamou *Bíblia,* "O Livro por excelência", terá sido talvez o maior atrevimento, o maior "pecado contra o espírito" que pesa na consciência da Europa literária.

53 — Por que há ateísmo ainda hoje? O "pai" em Deus está refutado em seus fundamentos. Igualmente o "juiz", o "recompensador". Pode-se dizer o mesmo no que respeita ao seu "livre-arbítrio". Ele não ouve, e mesmo que ouvisse, não seria capaz de ajudar. O pior é que ele parece incapaz de se comunicar claramente. Será ele tão obscuro assim? Isso é o que averiguei em múltiplas conversas, inquirindo, escutando, como causas da decadência do teísmo europeu. Em verdade, parece-me que o instinto religioso está desenvolvendo-se poderosamente, mas rejeita exatamente a satisfação da crença em Deus com profunda desconfiança.

54 — Afinal, que faz toda a filosofia moderna? Desde Descartes — e isso mais a despeito dele do que baseado nele — todos os filósofos cometem um atentado contra o velho conceito da alma, sob a aparência duma crítica do conceito de sujeito e de predicado, quer dizer, cometem um atentado contra o postulado fundamental da doutrina cristã.

A filosofia moderna, como ceticismo teórico do conhecimento, é, abertamente ou às ocultas, *anticristã.* Mesmo que se afirme para os ouvidos mais delicados que de modo nenhum seja anti-religiosa. Os homens do passado acreditavam "na alma" como acreditavam na gramática e no sujeito gramatical. Diziam "eu" é condição, "penso" é predicado e condicionado, pensar é uma atividade para a qual é *necessário* supor um sujeito como causa. Tentou-se então, com uma tenacidade e uma astúcia admiráveis, sair desta teia. Ver se o contrário não poderia, talvez, ser verdadeiro. "Penso" condição, "eu" condicionado. Portanto "eu" seria apenas uma síntese feita pelo próprio pensamento. Fundamentalmente, Kant queria demonstrar que o sujeito não podia ser demonstrado a partir do sujeito; o mesmo em relação ao complemento. A possibilidade de uma *existência aparente* do sujeito individual, da "alma" portanto, não parece terlhe sido sempre estranha, pensamento este que, como filosofia do Vedanta, já existiu e teve enorme poder sobre a vastidão do globo.

55 — A escada da crueldade religiosa é muito grande, com muitos degraus. Três deles no entanto são os mais importantes. Nos tempos idos sacrificavam-se homens ao seu deus, e talvez aqueles a quem mais se amava. Desse tipo eram os sacrifícios dos primogênitos, característicos de todas as religiões pré-históricas, e também o sacrifício do imperador Tibério na gruta de Mitra da ilha de Capri, este o mais arrepiante de todos os anacronismos romanos. [4] Mais tarde, durante a época moral da humanidade, sacrificavam-se ao seu deus os instintos mais fortes que se possuía, a "natureza" própria. *Esta* alegria festiva é que brilha no olhar cruel do asceta, do homem entusiasticamente "antinatural". Afinal, o que sobrava ainda para sacrificar? Não se teve, enfim, que sacrificar tudo que era consolador, sagrado e salutar, toda esperança, toda fé na harmonia oculta, em bem-aventuranças e justiças futuras? Não devia sacrificar-se o próprio Deus e, por crueldade para consigo, adorar a pedra, a estupidez, a força da gravidade, o destino, o nada? Sacrificar Deus ao nada! Esse mistério paradoxal da extrema crueldade foi reservado à geração que precisamente agora surge no horizonte. Não há quem não conheça alguma coisa disto.

56 — Quem, como eu, impelido por um afã enigmático, se esforçou durante muito tempo por meditar no pessimismo até às suas profundezas e por o libertar da sua estreiteza e da sua ingenuidade meio cristãs, meio alemãs, sob o aspecto em que nos apareceu ultimamente neste século, quero dizer sob a forma da filosofia schopenhaueriana; quem alguma vez penetrou verdadeiramente, com um jeito asiático e superasiático, o interior e a profundeza da mais negativa de todas as possíveis maneiras de pensar — fazendo-o para além do bem e do mal e já não como Buda e Schopenhauer,

---

[4] Nem Tácito nem Suetônio fazem menção de sacrifícios humanos que Tibério teria realizado na gruta de Mitra, em Capri. O culto de Mitra, deus supremo dos antigos persas, fora introduzido na Itália durante a guerra de Pompeu contra os piratas, em 68 a.C. Sem dúvida Nietzsche confunde Tibério e Cômodo, que foi o primeiro imperador romano iniciado no culto de Mitra.

sob a fascinação e a ilusão da moral —, esse alguém abriu então os olhos, talvez sem o desejar, para o ideal contrário: o ideal do homem mais exuberante, mais vivo, mais otimista do mundo que não aprendeu apenas a resignar-se e a reconciliar-se com aquilo que foi e que é, mas que o quer outra vez e para sempre *tal como foi e como é*, gritando sem cessar *da capo* não somente para si, mas para a peça inteira, para todo o espetáculo, e não apenas para um espetáculo, mas, fundamentalmente, para aquele que necessita exatamente desse espetáculo e o torna necessário, porque sempre de novo precisa de si mesmo, e o faz necessário. Como? Isto não seria um *circulus vitiosus deus?*

57 — Com o fantástico desenvolvimento do seu intelecto e da sua penetração espiritual cresce a distância e, certamente, o espaço que circunda o homem. Seu mundo torna-se mais profundo, avistam-se continuamente estrelas novas, imagens novas e novos enigmas. Talvez tudo aquilo em que a crítica do espírito exercitou a sua sagacidade e profundeza tenha sido apenas um pretexto para este exercício, um jogo e uma criancice e infantilidade. E muito provavelmente um dia os conceitos mais solenes, aqueles que provocaram maiores lutas e maiores sofrimentos, os conceitos de "Deus" e do "pecado", não signifiquem, para nós, mais do que um brinquedo e um esporte de criança significam para um velho. Talvez o "velho homem" tenha, possivelmente, necessidade de um outro brinquedo ainda e de um outro desgosto, por continuar a ser muito criança, eterna criança!

58 — É fácil de se notar quanto a ociosidade exterior, ou uma semiociosidade, é necessária a uma verdadeira vida religiosa — tanto ao nosso microscópico trabalho do exame de consciência, como para essa doce resignação que se chama "oração" e que é um perpétuo estado de preparação para a "vinda de Deus" —, quero dizer essa ociosidade com a consciência tranqüila, de longa tradição, à qual não é completamente estranho o sentimento aristocrático de que o trabalho desonra, ou seja, que torna vulgares a alma e o corpo! E por conseqüência disso, toda atividade laboriosa moderna, essa atividade estridente, absorvente, orgulhosa de si, estupidamente orgulhosa, prepara e predispõe, mais do que tudo o resto, à "incredulidade"!

Entre aqueles que vivem hoje, por exemplo, na Alemanha,

totalmente desligados da religião, encontro homens de "livre pensamento", de origens e de espécies diferentes, mas, acima de tudo, uma maioria daqueles cuja atividade laboriosa lhes dissolveu, de geração em geração, os seus instintos religiosos. De tal modo que já nem sabem para que servem as religiões e apenas registram, com uma espécie de espanto apático, a sua presença na terra.

Essas excelentes pessoas acham-se já bastante absorvidas, seja pelos seus afazeres, seja pelos seus prazeres, para não falar da "pátria", dos jornais e dos "deveres de família". Dá a impressão que não lhes sobra tempo para a religião, também porque não percebem lá muito bem se se trata de um novo negócio ou de um novo divertimento. Isto porque é impossível, dizem para si mesmos, que se vá à igreja somente para estragar a boa disposição.

Essas pessoas não são inimigas dos costumes religiosos. Em certos casos, se se lhes exige o Estado, por exemplo, a sua participação nesses costumes, fazem o que se lhes pede como fazem em tanta outra coisa — com uma seriedade paciente e modesta, sem demasiada curiosidade, nem mal-estar. Elas vivem por demais à margem e fora de tudo isso, para acharem necessário ter uma opinião pró ou contra nesses assuntos. A maior parte dos protestantes alemães das classes médias, principalmente dos grandes centros industriais e comerciais, fazem hoje parte desses indiferentes. Semelhantemente a grande maioria dos eruditos laboriosos e todo o pessoal das universidades — exceto os teólogos, cuja existência e possibilidade de lá existirem oferecem ao psicólogo enigmas cada vez mais difíceis de solucionar.

Entre os homens piedosos ou simplesmente favoráveis à Igreja, raramente se imagina quanta boa vontade é necessária atualmente, pode dizer-se de vontade própria, para que um sábio alemão leve a sério o problema da religião. Consoante seu ofício — conforme citei, de acordo com o labor de artesão a que o obriga a sua consciência moderna — inclina-se a uma serenidade superior, quase benevolente, para com a religião, uma serenidade à qual se mistura por vezes um ligeiro desprezo, devido a "sujidade" do espírito que pressupõe em todos os que se dizem pertencer ainda à Igreja. Apenas com o auxílio da História (e não, portanto, pela sua experiência pessoal) é que o sábio chega a considerar as religiões com uma respeitosa gravidade, a ter por elas um certo respeito retraído. Ainda que tivesse elevado o seu sentimento pela religião até à gratidão, não se teria aproximado, pessoalmente, nem um passo, do que subsiste ainda sob o nome de Igreja ou de piedade. Muito provavelmente, antes pelo contrário.

A manifesta indiferença pelas questões religiosas, no meio das quais nasceu e foi educado, costuma sublimar-se nele em circunspecção e em asseio que temem o contato com os homens e as coisas da religião. Creio que pode ser precisamente a sua profunda tolerância e humanidade que o faz evitar a leve situação de emergência que a própria tolerância acarreta. Cada época possui o seu próprio tipo divino de ingenuidade, de cuja invenção outras épocas a invejariam. Quanta ingenuidade, ingenuidade venerável, infantil e infinitamente desajeitada existe nessa crença de superioridade do erudito, na consciência tranqüila da sua tolerância, na certeza cândida e ingênua com que ele trata instintivamente o homem religioso como um tipo inferior e de menor valor, que ele próprio sobrepujou, ultrapassou, superou, logo ele, o anãozinho pretensioso e plebeu, o aplicado e hábil operário intelectual e manual das "idéias", das "idéias modernas"!

59 — Todo aquele que perscrutou profundamente o universo, deduz muito bem quanta sabedoria reside no fato de os homens serem superficiais. O instinto de conservação é que os ensina a ser volúveis, ligeiros e falsos. Encontra-se aqui e acolá um culto apaixonado e exagerado das "formas puras", tanto entre filósofos como nos artistas. Ninguém pode duvidar que aquele que tem assim necessidade do culto da superfície não tenha feito alguma vez uma incursão para *debaixo* dela. Uma espécie de hierarquia deve haver entre essas crianças que receiam o fogo por as ter queimado, que são os artistas natos e que já só encontram o prazer da vida na intenção de lhe *falsear* a imagem (uma espécie de vingança duradoura contra a vida). Poder-se-ia avaliar o grau de ódio que lhes inspira a vida pela medida em que eles querem ver a sua imagem falseada, esfumada, sublimada, divinizada. Poder-se-iam incluir os *homines religiosi* entre os artistas, como sua categoria *suprema*.

O medo profundo e desconfiado de um pessimismo incurável é que obriga milênios inteiros a agarrarem-se com unhas e dentes a uma interpretação religiosa da existência. O medo desse instinto que pressente que poderia vir a conhecer-se a verdade cedo demais, antes que o homem se tenha tornado suficientemente forte, suficientemente duro, suficientemente artista...

A piedade, a "vida em Deus" consideradas neste sentido, apareceriam como a última e a mais diáfana criação do medo à verdade, como uma adoração e uma embriaguez de artista perante a mais coerente de todas as falsificações, como a vontade de inverter a verdade, a vontade de não-verdade a todo preço. Talvez não se dispusesse até os dias de hoje de meio mais poderoso que a piedade para embelezar o próprio homem. A piedade faz o homem tornar-se arte, superfície, jogo de cores, bondade, de tal modo que já não se sofra com o seu aspecto.

60 — Amar o homem *por amor a Deus.* Até agora esse foi o sentimento mais distinto e mais remoto que se alcançou entre os homens. O amor ao próximo, sem qualquer segunda intenção santificadora, é mais uma estupidez e animalidade. A tendência para esse amor ao próximo, sobrevive graças a uma tendência superior de onde recebeu toda a sua medida, sutileza, o seu grãozinho de sal, o seu pozinho de âmbar. Qualquer que tenha sido o homem que primeiro sentiu e "viveu" tudo isso por mais que a sua língua se lhe estralasse quando tentou exprimir uma tal delicadeza, ser-nos-á para sempre sagrado e venerável como o homem que até agora voou mais alto e que se perdeu da mais arquitetônica forma!

61 — O filósofo, conforme nós o entendemos, os espíritos livres, como homem de responsabilidade imensa, consciente da evolução total da humanidade, esse filósofo servir-se-á das religiões para a sua obra de seleção e de educação, do mesmo modo que se servirá das condições fortuitas da política e da economia do seu tempo. A forma selecionadora e educadora, melhor dizendo, a forma tanto destruidora quanto criadora e modeladora que se pode exercer por meio das religiões é diversa e múltipla segundo o tipo de homens que caem sob a sua alçada e proteção. Os homens fortes e independentes, preparados e predestinados para o comando, nos quais se encarna a razão e a arte de uma raça dominante, vêem na religião um meio de vencer obstáculos para poder dominar. A religião forma um elo que une senhores e servos, que trai e entrega aos primeiros as consciências dos últimos, o que elas possuem de mais oculto e mais íntimo e que gostaria de se subtrair à obediência.

Acaso certas naturezas de origem aristocrática se inclinarem, por elevada espiritualidade, para uma existência mais retirada e mais contemplativa e não se reservarem senão o tipo mais refinado de domínio — o exercício sobre discípulos escolhidos ou membros de uma Ordem —, então a religião pode mesmo ser utilizada como meio de se livrar do barulho e das canseiras do governo mais grosseiro, como meio de lavar as mãos da sujidade *inerente* a toda ação política.

Assim é que o entendiam, por exemplo, os brâmanes. Auxiliados por uma organização religiosa atribuíam-se o poder de nomear ao povo os seus reis, enquanto eles mesmos se mantinham à parte e fora como homens de missões superiores e mais elevadas que as do poder real.

No entanto, a religião serve também de guia a uma parte dos dominados, dando ocasião para se prepararem para um dia dominar e comandar àquelas classes e camadas mais fortes que vão surgindo lentamente e nas quais, graças a costumes matrimoniais propícios, a força e o vigor da vontade, a vontade de autodomínio se acentuam continuamente. A estes, a religião oferece muitas ocasiões e incitamentos para seguir os caminhos da espiritualidade superior, para experimentar as sensações da grande vitória sobre si mesmos, do silêncio e da solidão.

O ascetismo e o puritanismo são meios de educação e de enobrecimento quase indispensáveis quando uma raça pretenda superar a sua origem plebéia e elevar-se ao domínio futuro.

Enfim, aos homens vulgares, aos mais numerosos, aqueles que existem para servir, para serem úteis ao bem comum, e que só assim têm *direito* à existência, a religião proporciona um conformismo inestimável em face da sua situação e existência, uma múltipla paz do coração, um enobrecimento da sua obediência, além de uma felicidade e uma dor mais iguais às dos seus, e uma espécie de transfiguração e de embelezamento, uma espécie de justificação de toda a vida quotidiana, de toda a baixeza, de toda a pobreza quase animal da sua alma.

A religião e a importância religiosa da vida lançam um raio de sol nesses seres permanentemente atormentados e torna-lhes suportável até o seu próprio aspecto. Atua qual uma filosofia epicurista costuma agir nos sofredores de classe mais elevada, reconfortando, refinando, *utilizando,* por assim dizer, o sofrimento, chegando mesmo a santificá-lo e a justificá-lo.

Talvez nada exista no cristianismo e no budismo tão digno de respeito quanto a arte de ensinar os mais baixos a elevarem-se pela religiosidade a uma aparente ordem superior das coisas e a contentarem-se, dessa maneira, com a ordem real em que vivem muito duramente. Esta dureza é exatamente a que é precisa!

62 — Para finalizar, para apresentar também o grave contrabalanço destas religiões e expor o seu perigo impertinente, paga-se sempre terrivelmente caro o fato de as religiões *não* atuarem como meio de seleção e de educação na mão do filósofo mas, opostamente, agirem por si mesmas, *soberanas,* quando pretendem ser fins últimos e não meios ao lado de outros meios.

No homem, assim como em todas as outras espécies animais, nota-se um excedente de indivíduos defeituosos, degenerados, decrépitos, enfermos e necessariamente sofredores. São sempre exceções os casos bem-sucedidos. Mesmo no homem são raras exceções se se considerar que o homem é *um animal cujas qualidades ainda não estão determinadas.* Todavia, há casos piores: quanto mais elevado for o tipo que um homem representa, mais aumenta a improbabilidade do seu *bom desenvolvimento.* O ocasional, a lei do absurdo em toda a economia humana aparece com o seu máximo efeito assustador nos homens superiores, cujas condições vitais são nebulosas, complexas e difíceis de calcular. Qual é a atitude das duas maiores religiões a respeito desse excesso de casos falhados? Procuram, ambas, conservar, manter com vida o que de algum modo se possa manter, mais ainda, enquanto religiões para os *que sofrem,* tomam mesmo partido, por princípio, a favor desses casos falhados. Dão razão a todos que padecem da vida como de uma doença e desejariam conseguir que qualquer outro sentimento da vida fosse considerado falso e se tornasse impossível. Por mais valioso que se considere esse cuidado carinhoso e conservador, na medida em que se aplica e se aplicava também ao tipo superior do homem que foi quase sempre, até os dias correntes, o tipo mais sofredor, feitas as contas, as religiões que houve até o momento, a saber, as *soberanas,* são uma das principais causas que mantiveram o tipo "homem" num nível inferior. Tais religiões conservaram muito *daquilo que devia perecer.* Devem-se-lhes serviços inestimáveis e quem é suficientemente rico de gratidão para não a gastar a ponto de ficar pobre em face do que os "homens espirituais" do cristianismo por exemplo, fizeram até agora pela Europa! No entanto, quando eles consolavam os que sofrem, encorajavam os oprimidos e os desesperados, apoiavam os irresolutos, quando atraíam para os claustros e casas de correção da alma os que a sociedade repelia, os corações despedaçados e os espíritos desvairados, indaga-se, que lhes faltava ainda fazer para trabalhar, de consciência limpa, e tão sistematicamente, na conservação de tudo o que está doente e de tudo o que sofre, isto é, trabalhar de fato e verdadeiramente na *degradação da raça européia?* Colocar *de cabeça para baixo* todos os valores — *eis* o que tinham de fazer! Quebrar os fortes, debilitar as grandes esperanças, tornar suspeita a felicidade da beleza, converter tudo o que é soberano, viril, conquistador e dominador, todos os instintos próprios do tipo "homem" mais elevado e mais bem-conseguido, em incerteza, tormento de consciência, autodestruição, inverter mesmo todo o amor às coisas terrenas e do domínio da terra em ódio contra a terra e o que é terreno. Essa a tarefa que a Igreja se impôs e que teve que impor-se, até que, na sua perspectiva, "desmundanização", "dessensualização" e "homem superior" se fundiram enfim num sentimento único.

Na suposição de que se conseguisse abranger, com o olhar irônico e indiferente de um deus epicúreo, a comédia singularmente dolorosa e ao mesmo tempo grosseira e disfarçada desempenhada pelo cristianismo europeu, creio que se seria tomado de um espanto e de um riso inextinguíveis. Efetivamente, não parece que uma vontade dominou a Europa durante dezoito séculos, a de se fazer do homem um *sublime* aborto? Mas quem se aproximasse, com necessidades contrárias, não mais como epicurista, mas armado de um qualquer martelo divino, dessa degenerescência e atrofia quase voluntárias do homem europeu cristão (Pascal, por exemplo), esse deveria gritar com cólera, compaixão e espanto: "Ó desajeitados, presunçosos e piedosos desajeitados, que haveis feito! Esta obra é para vossas mãos? Como deformastes e estragastes a minha mais linda pedra! Ao que vos atrevestes!"

O que eu quero dizer é que o cristianismo foi, até hoje, a mais funesta das presunções. Homens que não eram suficientemente elevados, suficientemente duros, para poder talhar o *homem* como artistas; homens que não eram suficientemente fortes e previdentes para *deixar* dominar, com um sublime autodomínio, a lei primordial da degenerescência e do desfalecimento nas suas múltiplas facetas; homens que não eram suficientemente nobres para sentir a hierarquia, a diversidade profunda, o abismo que separam o homem do homem: Ah, foram homens *assim* quem conduziu, até hoje, os destinos da Europa, com o seu princípio de "igualdade perante Deus", até que apareceu finalmente uma espécie diminuída, quase ridícula, um animal de rebanho, algo de dócil, de doentio e medíocre, o europeu atual.

CAPÍTULO IV

Máximas e interlúdios

63 — O mestre por excelência, toma a sério somente aquilo que se relaciona com os seus discípulos, incluindo a si mesmo.

64 — "O conhecimento por amor ao conhecimento" — eis a última ratoeira colocada pela moral. Com esse conceito se fica mais uma vez completamente enredado nela.

65 — Seria pequeno o atrativo do conhecimento se no caminho que a ele conduz não houvesse que vencer tanto pudor.

65a — Para com o seu Deus é que as pessoas são mais desonestas, já que ele não tem o direito de pecar!

66 — A inclinação a se rebaixar, deixar roubar, mentir e explorar poderia ser o pudor de um deus entre os homens.

67 — O amor destinado a um só é uma barbaridade, porque se exerce à custa de todos os outros. O mesmo quanto ao amor por Deus.

68 — "Fui eu que o fiz", diz a minha memória. "Não posso ter feito isso", diz o meu orgulho e mantém-se irredutível. No final, é a memória que cede.

69 — Não se observou bem a vida se não se tiver visto também a mão que, de uma maneira especialmente cuidadosa, mata.

70 — Tendo-se caráter tem-se também uma vivência típica e própria que sempre se repete.

71 — O sábio como astrônomo. Enquanto sentires as estrelas sempre "por cima de ti" é porque não possuis ainda o olhar do homem que sabe.

72 — A intensidade dos sentimentos elevados não é o que faz os homens superiores, mas a sua duração.

73 — Quem alcança seu ideal, vai além dele.

73a — Muitos pavões ocultam de todos os olhos a sua cauda chamando a isso o seu orgulho.

74 — Torna-se insuportável um homem de gênio se, além disso, não possuir pelo menos duas outras qualidades: gratidão e asseio.

75 — O grau e o tipo de sexualidade de um homem ascendem até ao mais elevado píncaro do seu espírito.

76 — Em época de paz o homem belicoso briga consigo mesmo.

77 — Os princípios tendem a tiranizar, justificar, honrar, injuriar ou esconder os hábitos. Dois homens com princípios iguais querem, verdadeiramente, atingir algo de fundamentalmente diferente, com base nestes princípios.

78 — Aquele que se despreza a si mesmo não deixa ainda assim de se respeitar como desprezador.

79 — Uma alma consciente de que é amada, e que por sua vez não ama, denuncia o seu íntimo, porque vem à superfície o que nela há de mais baixo.

80 — Após esclarecida, determinada coisa deixa de nos interessar. O que queria dizer aquele deus ao aconselhar: "Conhece-te a ti mesmo!"? Significaria: "Deixa de te interessares por ti! Torna-te objetivo!"? E Sócrates? E o "homem científico"?

81 — Morrer de sede no mar é terrível. Por que haveis então de salgar a vossa verdade de modo a que não mate já a sede?

82 — "Compaixão para com todos", seria dureza e tirania para contigo, senhor meu vizinho!

83 — *O instinto.* Quando a casa está queimando, esquecemo-nos até do almoço. É verdade, mas em seguida comemo-lo sobre as cinzas.

84 — A mulher aprende a odiar na medida em que deixa de encantar.

85 — Afetos iguais diferem, no entanto, no homem e na mulher, quanto ao ritmo. Esse o motivo pelo qual homem e mulher não cessam de se desentender.

86 — As próprias mulheres, no âmago de toda vaidade pessoal, têm sempre um desprezo impessoal pela "mulher".

87 — *Coração preso, espírito livre.* Ao se prender fortemente o coração e se lhe tomar as rédeas, podem-se dar muitas liberdades ao espírito. Eu já disse isto uma vez. Mas não me acreditam, e se não o souberem já...

88 — Principiamos a desconfiar das pessoas muito inteligentes quando estas ficam embaraçadas.

89 — As terríveis experiências de vida fazem-nos pensar se o seu protagonista não é, ele mesmo, algo de terrível.

90 — As pessoas graves e melancólicas tornam-se mais leves graças ao que faz os outros pesados, o ódio e o amor, e dessa maneira surgem de vez em quando à sua superfície.

91 — Tão frio, tão glacial que queima os dedos! Cada mão que nele pega, assusta-se! Exatamente por isso é que algumas pessoas o consideram ardente.

92 — Em prol da sua boa reputação, quem já não se sacrificou ao menos uma vez?

93 — Na bonomia não há misantropia, mas exatamente por isso há desprezo exagerado pelos homens.

94 — Maturidade do homem significa o reencontro com a seriedade que se tinha nas brincadeiras de infância.

95 — Envergonhar-se da sua imoralidade é um degrau na escada em cujo extremo se tem também vergonha da nossa moralidade.

96 — Devemos despedir-nos da vida como Ulisses se despediu de Nausíaca — abençoando-a mais do que por ela apaixonado.

97 — Como? Um homem notável? Vejo apenas o ator representando o seu próprio ideal.

98 — No adestramento de nossa consciência, sentimos que ela nos beija ao mesmo tempo que nos morde.

99 — Desabafo de um desiludido: "Eu ansiava por um eco e só ouvi elogios".

100 — A bem de nós mesmos todos fingimos ser mais ingênuos do que realmente somos. Deste modo nos livramos do receio de nossos semelhantes.

101 — Atualmente, um homem que procura o conhecimento é muito suscetível de se sentir como uma animalização de Deus. [1]

102 — O amor correspondido devia, em princípio, provocar receio no ser amado. "Como? É suficientemente modesto para te amar, mesmo a ti? Ou suficientemente estúpido? Ou — ou —."

103 — O perigo na felicidade. "Agora tudo está bem para mim, agora amo qualquer destino. Quem está disposto a ser o meu destino?"

[1] *Tierwerdung*, animalização, termo criado por Nietzsche a partir de *Menschwerdung*, humanização, que teologicamente designa a encarnação do Verbo em Jesus segundo a doutrina cristã.

104 — Não é o amor pela humanidade e sim a impotência desse amor que impede os cristãos de hoje de nos queimarem.

105 — Para o espírito livre, o "devoto do conhecimento", *a pia fraus* é mais contrária ao gosto (*à sua* "devoção") do que a *impia fraus.* [2] Essa a origem da sua profunda incompreensão pela Igreja que faz parte do seu tipo de "espírito livre", e que é a sua não-liberdade.

106 — Graças à música as paixões possuem-se a si mesmas.

107 — Decidir-se tenazmente e não dar ouvidos mesmo aos melhores contra-argumentos. Isso é sinal do caráter forte. Conquanto uma ocasional vontade de se ser estúpido.

108 — Não existem fenômenos morais, apenas uma interpretação moral dos fenômenos...

109 — O criminoso não está, na maioria das vezes, à altura do seu ato, que o amesquinha e o difama.

110 — Os advogados de um criminoso apenas escassas vezes são suficientemente capacitados para aproveitar em favor do réu a terrível beleza do seu ato.

111 — Ferir a nossa vaidade torna-se difícil justamente quando foi ferido o nosso orgulho.

112 — Aquele que se sente predestinado à contemplação e não para a fé acha os demais crentes muito barulhentos e impertinentes. Evita-os.

113 — Pretendes conquistar a simpatia de alguém? Finge-te embaraçado diante dele.

114 — A enorme expectativa quanto ao ato sexual, o pudor

---

[2] *Pia fraus,* expressão criada por Ovídio em *Metamorfoses,* IX, 711. Nietzsche usá-la-á em *O Crepúsculo dos Ídolos,* "Os Melhoradores da Humanidade", 5: "a *pia fraus,* patrimônio hereditário de todos os filósofos e sacerdotes que *melhoraram* a humanidade".

disfarçado dessa expectativa, estraga de antemão todas as perspectivas às mulheres.

115 — Sem a intervenção do amor ou do ódio, a mulher sai-se mediocremente.

116 — As épocas marcantes da nossa vida são aquelas em que adquirimos a coragem de considerar como o nosso melhor aquilo que em nós há de mau.

117 — O desejo de suplantar um afeto não é, em última análise, senão vontade de um outro ou de vários outros afetos.

118 — Há uma inocência na admiração: é a daquele que ainda percebeu que também ele poderia ser admirado algum dia.

119 — O nojo pela imundície pode ser tal que impede que nos limpemos, que nos "justifiquemos".

120 — A sensualidade impede muitas vezes o crescimento do amor, fazendo a raiz permanecer fraca, podendo facilmente ser arrancada.

121 — Denota perspicácia o fato de Deus ter aprendido o grego para tornar-se escritor, e não o ter aprendido melhor. [3]

122 — Alegrar-se com um elogio, para algumas pessoas, é apenas uma delicadeza do coração, e precisamente o oposto de uma vaidade do espírito.

123 — O concubinato também foi corrompido: — pelo casamento.

124 — Aquele que se alegra na fogueira, não triunfa sobre a dor, mas por não sentir dor onde a esperava. Uma parábola.

125 — Quando temos que mudar de opinião a respeito de alguém, não lhe perdoamos o incômodo que nos causa por tal atitude

[3] Referência ao baixo nível de língua e à pobreza estilística do grego neo-testamentário.

126 — Um povo é um meio que a natureza usa para chegar a seis ou sete grandes homens. — Sim: para depois se desviar deles.

127 — As verdadeiras mulheres acham que a ciência é uma espécie de atentado ao pudor. Elas têm a sensação de serem olhadas por debaixo da pele — pior ainda! por debaixo dos seus vestidos e adornos.

128 — Quanto mais abstrata for a verdade que pretendes ensinar, maior deverá ser a arte em seduzir os sentimentos a favor de tal verdade.

129 — O diabo tem as mais amplas perspectivas sobre Deus, por isso é que se mantém tão afastado dele. O diabo, ou seja, o mais velho amigo do conhecimento.

130 — Percebe-se o que *vale* alguém assim que o seu talento começa a enfraquecer, quando deixa de mostrar do que é *capaz*. O talento também é um adorno, e o adorno também é um esconderijo.

131 — Os sexos enganam-se mutuamente. Porque no fundo só se estimam e amam a si mesmos (ou, ao seu próprio ideal, para me exprimir de um modo mais amável). Nesse sentido, o homem almeja que a mulher seja pacífica, logo a mulher que é *essencialmente* conflituosa como a gata, por mais habilidade que tenha em atribuir-se aparências pacíficas.

132 — Pelas próprias virtudes é que se é castigado mais convenientemente.

133 — Aquele que não consegue encontrar o caminho para o *seu* ideal vive de um modo mais leviano e insolente que o homem sem ideal.

134 — Dos sentidos é que procede toda a autenticidade, toda a boa consciência, toda a evidência da verdade.

135 — O farisaísmo não é uma degenerescência do homem bom. Um pouco de farisaísmo é mesmo condição prévia para se ser bom.

136 — Alguém procura um parteiro para suas idéias, outro alguém a quem possa ajudar. Daí se origina uma boa conversa.

137 — Na convivência com sábios e artistas facilmente nos enganamos no sentido oposto. Muitas vezes encontramos por detrás dum sábio notável um homem medíocre, e outras vezes por detrás de um artista medíocre, um homem muito notável.

138 — Acordados, fazemos o mesmo que ocorre nos sonhos: primeiro inventamos e imaginamos a pessoa com quem convivemos, para nos esquecermos dela em seguida.

139 — Na vingança e no amor a mulher é mais bárbara que o homem.

140 — *Conselho sob forma de enigma.* — "Para que o laço não se desfaça — primeiro deves mordê-lo."

141 — O abdômen é que impede o homem de se considerar facilmente um deus.

142 — As palavras mais pudicas que jamais ouvi: *"Dans le véritable amour c'est l'âme qui enveloppe le corps."* [No amor verdadeiro, a alma é que envolve o corpo.]

143 — Nossa vaidade gostaria que o nosso melhor fosse considerado como o que mais nos custa. Para explicar a origem de certas morais.

144 — Quando uma mulher demonstra inclinações eruditas é porque há algo de errado na sua sexualidade. A esterilidade predispõe a uma certa masculinidade do gosto. Pois que o homem, com vossa licença, é de fato "o animal estéril".

145 — Comparando no seu conjunto homem e mulher pode dizer-se: a mulher não teria arte para se enfeitar se não pressentisse o papel *secundário* que desempenha.

146 — O que digladia com monstros deve cuidar para que, na luta, não se transforme também em monstro. Quando tu olhas,

durante muito tempo, para um abismo, o abismo também olha para dentro de ti.

147 — Extraído de velhas novelas florentinas, mas, também, fato vivido: "*Buona femmina e mala femmina vuol bastone*". Sachetti, nov. 86.[4]

148 — Induzir o próximo a ter uma boa opinião de nós e, depois, acreditar piamente nessa boa opinião: quem consegue imitar nesta habilidade as mulheres?

149 — O que é considerado mau numa época é, em geral, um resíduo desatualizado do que foi considerado bom num passado mais distante — o atavismo de um ideal envelhecido.

150 — Em torno do herói tudo se torna tragédia, em redor do semideus, drama satírico; em redor de Deus tudo se torna — como? Talvez "mundo"?

151 — Não é suficiente possuir talento: é preciso ter-se o vosso assentimento para o possuir — não é verdade, meus amigos?

152 — "Onde estiver a árvore do conhecimento, aí está o paraíso": é o que dizem as serpentes mais velhas e as mais novas.

153 — Aquilo que é feito por amor, faz-se sempre para além do bem e do mal.

154 — A objeção, o desvio, a desconfiança alegre, a vontade de brincar são sinais de saúde. Tudo o que é absoluto pertence à patologia.

155 — A graduação do trágico aumenta e diminui com a sensualidade.

---

[4] Franco Sacchetti, 1335-1400, escritor florentino. A sua obra mais famosa é uma coleção de contos intitulada *Trecento novelle,* publicada somente em 1857.

156 — A loucura é quase nula nos indivíduos — mas é regra nos grupos, nos partidos, nos povos, nas épocas.

157 — A idéia do suicídio é um forte consolo. Ajuda a suportar muitas noites más.

158 — Não apenas a razão, mas também a nossa consciência, se submetem ao nosso instinto mais forte, ao tirano que habita em nós.

159 — Retribuir tanto o bem quanto o mal é preciso, mas por que há de ser precisamente à pessoa que nos fez bem ou mal?

160 — Assim que comunicamos os nossos conhecimentos, deixamos de gostar deles o bastante.

161 — Os poetas são impudicos para com as suas experiências amorosas: exploram-nas.

162 — "O nosso próximo não é o nosso vizinho, mas o vizinho dele". Dessa forma é que pensam todos os povos.

163 — O amor desvenda as qualidades sublimes e ocultas do que ama, o que nele há de raro, de excepcional. Nesse aspecto facilmente engana quanto ao que nele há de habitual.

164 — Jesus disse aos seus judeus: "A lei foi feita para servos. Amai Deus como eu o amo, como seu filho! Que nos importa a nós, filhos de Deus, a moral!"

165 — *Frente a qualquer partido.* — Um pastor precisa sempre também de um carneiro condutor ou, em certas ocasiões, ele próprio precisa ser carneiro.

166 — É verdade que a mentira sai pela boca, mas a careta que se faz ao mentir diz, apesar de tudo, a verdade.

167 — Em homens duros a intimidade é algo de pudico — e de precioso.

168 — O cristianismo deu veneno para Eros beber. Este, na

verdade, não morreu, mas ficou viciado.

169 — Falar muito de si mesmo pode ser também um meio de se esconder.

170 — Há mais impertinência no elogio do que na censura.

171 — Num homem que procura o conhecimento a piedade quase faz rir como as mãos delicadas num ciclope.

172 — Às vezes, por amor humanitário, abraça-se um ser qualquer (já que não se pode abraçar a todo o mundo). E é exatamente isto que não se deve revelar ao tal ser qualquer...

173 — Não se odeia quando pouco se preza, odeia-se apenas aquele que está à nossa altura ou superior a nós.

174 — Vós utilitaristas, amais também todos os *úteis* apenas como *veículo* das vossas inclinações. No íntimo, achais vós também insuportável o barulho das suas rodas?

175 — Em última instância, amam-se os nossos desejos, e não o objeto desses desejos.

176 — A vaidade dos outros só nos contraria quando vai contra a nossa vaidade.

177 — Talvez ainda ninguém tenha sido suficientemente verídico a respeito do que seja a "veracidade".

178 — Não se deve acreditar nas idiotices das pessoas inteligentes. Que perda de direitos humanos!

179 — Agarram-nos pelos cabelos as conseqüências de nossas ações, sem se importarem em absoluto com o fato de nos termos "corrigido".

180 — Nota-se certa inocência na mentira que é o sinal da boa-fé numa causa.

181 — É desumano abençoar, quando nos amaldiçoam.

182 — As gentilezas de um homem superior irritam por não poderem ser retribuídas.

183 — “Fiquei magoado, não por me teres mentido, mas porque eu não posso mais acreditar em ti.”

184 — Há uma excelsitude na bondade que parece ser maldade.

185 — “Tal pessoa desagradada-me.” — Por quê? — “Não estou à sua altura.” — Alguma vez alguém respondeu assim?

CAPÍTULO V

Contribuição para uma história natural da moral

186 — O sentimento moral [1] é atualmente na Europa tão diáfano, tardio, múltiplo, irritável, refinado, quanto é jovem principiante, torpe e grosseira a correspondente "ciência da moral". Esse contraste atraente por vezes se torna visível e toma corpo na própria pessoa de um moralista. Já a expressão "ciência da moral" é em relação ao que por ela se infere, demasiado pretensioso e contrário ao *bom* gosto, o qual costuma ser sempre antegosto de palavras mais modestas. Dever-se-ia confessar, com todo o rigor, o *que,* neste campo, é necessário ainda por muito tempo, o *que,* por enquanto, é a única coisa que tem razão, ou seja, a recolha de materiais, formulação e classificação conceituais de um imenso reino de delicados sentimentos e diferenças valorativas que vivem, crescem, geram e morrem e, talvez, tentativas de concretizar as formações mais freqüentes e repetidas desta cristalização viva, como preparação para uma *tipologia* da moral. Obviamente que até agora não se tem sido tão modesto.

Os filósofos, tão logo se ocupavam da moral como ciência, exigiam de si mesmos, com uma seriedade cerimoniosa que faz rir, algo de muito mais elevado, mais pretensioso, mais solene. Eis que pretendiam a *fundamentação* da moral. Daí que todo filósofo julgou ter até agora fundamentado a moral. A própria moral, porém, era

---

[1] "Moral", no texto de Nietzsche, não se limita à ética e aos bons costumes, mas abrange todas as coisas humanas — sentimentos, pensamentos, atos —, em oposição ao puramente físico, extra-humano; no mesmo sentido falava-se, há não muito tempo, de "ciências morais".

considerada como "dada". Quão distante do seu torpe orgulho estava essa tarefa, aparentemente modesta e deixada ao pó e ao bolor, de descrever a moral, conquanto, para a realizar, dificilmente servissem as mãos e os sentidos mais delicados!

Exatamente porque os filósofos da moral apenas conheciam *os facta* morais grosseiramente, por extratos arbitrários ou como abreviações casuais, por exemplo como moralidade do seu meio ambiente, da sua classe, da sua Igreja, do espírito da sua época, do seu clima e da sua região — exatamente porque estavam mal-informados quanto aos povos, tempos, épocas passadas, e nem os desejavam conhecer é que não chegaram sequer a vislumbrar os verdadeiros problemas da moral: — que, todos eles, apenas aparecem quando se comparam muitas morais.

Em toda a "ciência da moral", apresentada até hoje, tem *faltado* ainda, por mais fantástico que isso possa parecer, o problema da própria moral. Tem faltado a suspeita de que pudesse nela existir algo de problemático.

Aquilo que os filósofos chamavam "fundamentação da moral" e se propunham realizar era encarado sob prisma adequado, apenas uma forma erudita da cândida *crença* na moral dominante, mais um meio de lhe dar *expressão,* isto é, um conjunto de circunstâncias dentro de uma determinada moral e, em última instância, mesmo uma espécie de negação de que esta moral *pudesse,* sequer, ser concebida como problema. Seja lá como for, o contrário de exame, análise, dúvida, vivissecção justamente dessa crença! Senão veja-se, por exemplo, com que inocência quase venerável Schopenhauer apresenta ainda a sua própria tarefa, e tiremos as nossas conclusões a respeito do caráter científico de uma "ciência" cujos mestres mais recentes falam ainda como as crianças ou as velhinhas: "O princípio, diz ele (p. 136 dos *Grundprobleme der Moral*) [2], o princípio a respeito do qual todos os moralistas estão, *no fundo,* de acordo: *neminem laede, immo omnes, quantum potes, juva* — esta é, *no fundo,* a proposição que todos os professores de moral se esforçam por fundamentar... o fundamento *propriamente dito* da ética que, como a pedra filosofal, se procura há milhares de anos".

---

[2] A edição citada é a de Frauenstädt, *Schriften zur Naturphilosophie und zur Ethik,* Leipzig, 1874, mas a passagem citada encontra-se na página 137 *(Preisschrift über die Grundlage der Moral...* § 6 *Von Fundament der Kantischen Ethik).*

Sem dúvida que será grande a dificuldade em demonstrar a citada proposição. É evidente que Schopenhauer também não o conseguiu. Quem alguma vez sentiu profundamente quão insípida, falsa e sentimental é esta proposição num mundo cuja essência é a vontade de poder — esse que se recorde que Schopenhauer, conquanto pessimista, *de fato* tocava flauta diariamente, após o almoço. A esse respeito, leia-se o seu biógrafo.[3] Ocorre perguntar neste momento: Um pessimista, um negador de Deus e do mundo que se detém em frente da moral, que diz sim à moral e toca flauta para acompanhar essa moral do *laede-neminem,* como será ele, no íntimo? — Um pessimista?

187 — Do tesouro de afirmações sacamos esta: "há, dentro de nós, um imperativo categórico", que faz sempre perguntar-se: o que nos diz tal afirmação a respeito de quem a faz? Há morais que se destinam a justificar perante os outros o seu autor; outras têm por fim acalmá-lo e pô-lo bem disposto consigo mesmo; com outras quer crucificar-se e humilhar-se a si mesmo; com outras ainda quer vingar-se, ou esconder-se, ou transfigurar-se e colocar-se nas alturas e distâncias; há a moral que tem por intuito fazer o seu autor esquecer, há outras para o autor se fazer esquecer a si ou a algo de si; certo moralista quereria exercer sobre a humanidade o seu poder e o seu capricho criador; outro, talvez justamente Kant, daria a entender com a sua moral: "o que há de respeitável em mim é o fato de eu poder obedecer — e convosco *deve* passar-se precisamente o mesmo que comigo!" — em suma, as morais também não passam de uma *linguagem simbólica dos afetos.*

188 — Qualquer moral, opostamente ao *laisser aller,* é uma

---

[3] O biógrafo de Schopenhauer a que Nietzsche se refere é W. Gwinner, 1825-1917, que manteve contatos pessoais com o seu biografado. A primeira edição da sua obra intitulou-se *Arthur Schopenhauer aus persönlichen Umgang dargestllt. Ein Blick auf sein Leben, seinen Charakter und seine Lehre*, Leipzig, 1862, e a segunda, muito ampliada, *Schopenhauer Leben,* 1878. Nova alusão a esta obra e ao seu autor em *A Genealogia,* III, 19. Como é bem conhecido pelos estudiosos da vida de Schopenhauer, este aprendeu a tocar flauta na sua juventude e ao longo da sua vida não abandonaria nunca esta arte. Possuía várias flautas muito valiosas, que são mesmo mencionadas no seu testamento.

espécie de tirania contra a "natureza" e também contra a "razão". Contudo isto ainda não constitui objeção contra ela, a não ser que, com base numa moral qualquer, se decretasse que era condenável toda espécie de tirania e falta de razão. Em toda moral, o essencial e inestimável é o fato de ela ser uma longa imposição. Para se compreender o estoicismo ou Port-Royal ou o puritanismo, convém lembrarmo-nos da coação sob a qual, até os dias de hoje, qualquer língua conseguiu obter força e liberdade — a imposição métrica, a tirania da rima e do ritmo. Quanto esforço resultou daí em todos os povos para os poetas e os oradores! — não excetuando alguns prosadores de hoje em cujos ouvidos habita uma consciência implacável — "por amor de um absurdo", como dizem os cretinos utilitaristas, convencidos da sua esperteza — "por submissão a leis arbitrárias", como dizem os anarquistas, julgando-se assim "livres", até mesmo espíritos livres.

Fato singular, todavia, é que o que há e o que houve na terra de liberdade, de perspicácia, de arrojo, de ligeireza e de segurança magistral, quer no próprio pensar, quer no governar, ou no falar e persuadir, nas artes e nas moralidades, só se desenvolveu graças à "tirania de tais leis arbitrárias". Falando com toda seriedade, é bastante provável que precisamente isto seja "natureza" e "natural" — e *não aquele laisser aller*!

Todo artista sabe quão longe da sensação do deixar-se ir está o seu estado "mais natural", quer dizer, o seu livre ordenar, pôr, dispor, criar nos momentos de "inspiração", e quão rigorosa e sutilmente ele obedece então a leis múltiplas que troçam de toda formulação por meio de conceitos precisamente pela dureza e precisão destes — porque o conceito mais rigoroso, comparado com elas, tem algo de vago, multiforme, equívoco.

O essencial "no céu e na terra" é, repito, que se *obedeça,* durante longo tempo e num único sentido: a longo prazo. É assim que se obtém e se obteve sempre algum resultado pelo qual vale a pena viver na terra, por exemplo virtude, arte, música, dança, razão, espiritualidade — qualquer coisa sublime, refinada, louca e divina.

A longa sujeição do espírito, a desconfiada premência na comunicabilidade dos pensamentos, a disciplina que o pensador se impôs para pensar coerente com uma orientação eclesiástica ou cortesã ou sob pressupostos aristotélicos, a persistente vontade espiritual de interpretar segundo um esquema cristão todos os acontecimentos e de redescobrir e justificar o Deus cristão mesmo em todos os acasos — todo esse esforço violento, arbitrário, duro, terrível, contrário à razão, se revelou o meio pelo qual se criou a força, a curiosidade impiedosa e a mobilidade leviana do espírito europeu. Até mesmo admitindo que, dessa forma, se suprimiu, sufocou e corrompeu uma quantidade enorme e insubstituível de força e espírito (pois aqui, como em qualquer lugar, "a natureza" mostrou-se tal qual é, em toda a sua grandiosidade pródiga e *indiferente* que revolta, mas que é aristocrata).

Durante milhares de anos os pensadores europeus só pensaram para demonstrar algo — atualmente, ao contrário, é suspeito qualquer pensador que "pretende demonstrar algo" —, para eles sempre foi coisa assente o que *havia* de resultar como produto do seu pensar mais rigoroso, como, por exemplo, antigamente na astrologia asiática, ou, ainda hoje, na inocente interpretação cristã-moralista dos acontecimentos mais próximos e pessoais como sendo "em honra de Deus" e "para a salvação da alma". Esta tirania, esta arbitrariedade, esta rigorosa e grandiosa estupidez educaram o espírito.

Ao que tudo indica, a escravidão, no sentido mais grosseiro, ou no mais fino, é também o meio indispensável de disciplina e educação espirituais. Vamos considerar sob esse aspecto qualquer moral: é o que nela há de "natureza" que ensina a odiar o *laisser aller,* a excessiva liberdade, e que implanta a necessidade de horizontes limitados, de tarefas mais modestas — que ensina, como condição necessária à vida e ao crescimento, o *estreitamento da perspectiva* e, portanto, num certo sentido, a estupidez "Tu deves obedecer seja a quem for e por muito tempo, *senão* perecerás e perderás o último resto de respeito por ti mesmo". — Eis o que me parece ser o imperativo moral da natureza que, evidente está, não é nem categórico, como o exigia o velho Kant (daí o "senão"), nem se dirige ao indivíduo (que se interessa ela pelo indivíduo!), mas aos povos, as raças, épocas, castas, mas e principalmente a todo o animal "homem", *ao* homem.

189 — As raças trabalhadeiras encontram enorme dificuldade em suportar a ociosidade. Foi um golpe de mestre do instinto *inglês* santificar e tornar o domingo de tal modo aborrecido que o inglês deseja inconscientemente os seus dias de trabalho da semana — como uma espécie de *jejum* inteligentemente engendrado e inter-

calado, como o que se encontra também do Mundo Antigo — conquanto não propriamente a respeito do trabalho, como é óbvio nos povos meridionais. Precisa haver jejuns de muitas espécies. E por toda parte onde reinam instintos e hábitos poderosos, os legisladores devem intercalar dias em que um desses instintos seja acorrentado e aprenda de novo a passar fome.

Vistas de um ângulo mais elevado, gerações e épocas inteiras, quando se apresentam eivadas de qualquer fanatismo moral, aparecem como o equivalente desses períodos de jejum impostos à força, durante os quais um instinto aprende a submeter-se e curvar-se, mas também a *purificar-se* e a *refinar-se.* Igualmente certas seitas filosóficas — por exemplo o estoicismo no meio da cultura helenística e da sua atmosfera sobrecarregada de perfumes afrodisíacos e tornada lasciva — permitem interpretações semelhantes.

Dessa maneira se explica, parcialmente, também o paradoxo da sublimação até ao amor *(amour-passion)* [4], do instinto sexual precisamente no período mais cristão da Europa e apenas sob a pressão de juízos de valor cristãos.

190 — Na moral de Platão há alguma coisa que verdadeiramente não pertence a Platão, mas apenas se encontra na sua filosofia, quase diria apesar de Platão. Trata-se do socratismo, para o qual era, fundamentalmente, demasiado aristocrático. "Ninguém pretende prejudicar a si mesmo e, por isso, todo mal praticado é involuntário. E o indivíduo mau prejudica-se a si próprio. Claro que não o faria se soubesse que o mal é mau. Conseqüentemente, o homem mau só é mau por engano. Esclarecendo-lhe o engano, necessariamente se tornará bom."

Este tipo de silogismo cheira a *plebe.* No agir mal, a plebe só encara as más conseqüências e, no íntimo, acha que "é *estúpido* agir mal". Mas admite, sem mais, "bom" como idêntico a "útil e agradável". Em todo utilitarismo da moral pode, de antemão, admitir-se esta mesma origem e seguir-se-lhe o faro. Raras vezes se errará o caminho.

Platão envidou todos os esforços por introduzir uma interpretação sublime e aristocrática na doutrina do seu mestre, antes de mais,

[4] Expressão de Stendhal, que no seu livro *Do Amor* estabeleceu quatro amores diferentes: o amor-paixão, o amor-prazer, o amor físico e o amor-vaidade. Nova referência no aforismo 260.

para se introduzir ele próprio — ele, o mais audacioso de todos os intérpretes que apanhou na rua todo o Sócrates como um tema ou uma canção populares para os variar até ao infinito e ao impossível. Isto é, em todas suas próprias máscaras e multiplicidades. Gracejando, e ainda por cima com graça homérica. Que é o Sócrates platônico, senão

πρόσθε Πλάτων ὄπιθέν τε Πλάτων μέσση τε Χίμαιρα.[5]

191 — O bem antigo problema teológico da "fé" e do "conhecimento" — ou, mais precisamente, do instinto e da razão — isto é, a dúvida em saber se, na comparação dos conceitos, o instinto merece mais autoridade do que a razão, porque esta quer que se aprecie e se atue segundo motivos, segundo um "porquê" e, portanto, segundo as conveniências e a utilidade — continua a ser o bem antigo problema moral que apareceu pela primeira vez na pessoa de Sócrates e já muito antes do cristianismo dividiu os espíritos. Notamos que o próprio Sócrates com o critério do seu talento — o de um dialético superior — se colocou primeiro do lado da razão. Em verdade, que fez ele toda a sua vida senão rir-se da incapacidade desajeitada dos aristocráticos atenienses, que eram homens de instinto como todos os aristocratas e incapazes de se informarem suficientemente sobre os motivos da sua conduta? E, finalmente, também se riu de si mesmo à vontade. Descobriu nele mesmo, sondando a sua consciência, a mesma dificuldade, a mesma incapacidade. Por que, disse para consigo, separar-se *por isso* dos instintos! Há de ajudá-los a eles e *também* à razão a exercer os seus direitos —, *há de* seguir os instintos, mas persuadir a razão a apoiá-los com bons argumentos. Foi esta a verdadeira *falsidade* daquele grande irônico rico em mistérios. Sócrates convenceu a sua consciência a contentar-se com uma espécie de autoludíbrio. Intimamente ele percebera o que há de irracional nos juízos morais.

Mais inocente nestas coisas e sem a esperteza irônica do plebeu, Platão quis persuadir-se com toda força — a maior força desenvolvida, até agora, por um filósofo! — de que a razão e o instinto se dirigem espontaneamente para *uma única* meta, o bem, "Deus". De

[5] Paródia à *Ilíada*, VI, 181, onde se descreve a Quimera: *Leão à frente, serpente atrás, cabra no meio*. Aqui a *cabra no meio* é Sócrates.

Platão para cá todos os teólogos e filósofos trilham o mesmo caminho — a saber, em questões de moral venceu até agora o instinto, ou "a fé", como dizem os cristãos, ou "o rebanho", como digo eu. Exceção feita a Descartes, pai do racionalismo — e conseqüentemente avô da Revolução —, que apenas concedeu autoridade à razão. A razão todavia é apenas um instrumento, e Descartes era superficial.

192 — Qualquer um que tenha investigado a história de uma ciência particular encontra na sua evolução um fio condutor para a compreensão dos processos mais antigos e comuns de todo o "saber e conhecer". Tanto num quanto noutro desenvolveram-se primeiro as hipóteses prematuras, as fantasias, a boa e estúpida vontade de "ter fé", a ausência de desconfiança e da paciência. Nossos sentidos, só tarde aprendem, e nunca completamente, a ser órgãos sutis, fiéis e cautelosos do conhecimento. Para os nossos olhos é mais fácil recriar, por um dado motivo, uma imagem criada já por várias vezes do que fixar uma impressão nova, diferente. A coisa nova requer mais força, mais "moralidade".

Para o ouvido é penoso e difícil ouvir algo de novo. É com dificuldade que ouvimos uma música estranha. Quando ouvimos sons de uma outra língua, tentamos involuntariamente adotar os sons ouvidos a palavras que nos sejam familiares. Foi assim que o alemão, em tempos, transformou a palavra arcubalista em *Armbrust*[6].

Toda novidade encontra também os nossos sentidos com uma disposição hostil e contrária. Já nos processos "mais simples" da sensualidade, geralmente dominam afetos como o medo, o amor, o ódio, incluindo os afetos passivos da preguiça. Da mesma forma que um leitor, hoje, não lê todas as palavras — e muito menos as sílabas — de uma página, pelo contrário, escolhe, ao acaso, mais ou menos cinco dentre vinte, "adivinhando" o sentido que possivelmente corresponde a estas cinco palavras. Semelhantemente não vemos uma árvore exata e completamente, detalhando as suas folhas, ramos, cor e forma. Muito mais fácil nos é fantasiar algo mais ou menos parecido com uma árvore. Mesmo no meio das

[6] *Arcubalista,* balista com arco, derivou em alemão, a partir da Primeira Cruzada, na palavra *Armbrust,* que significa também balista, mas é composta pelas palavras alemãs *Arm e Brust,* braço e peito.

vivências mais estranhas procedemos da mesma maneira. Inventamos a maior parte da vivência, e dificilmente somos levados a *não* contemplar, como "inventores", qualquer acontecimento. Isto tudo significa que nós somos, até a medula e desde o começo — habituados a mentir. Ou, para me exprimir em termos mais virtuosos e hipócritas, enfim, mais agradáveis: somos muito mais artistas do que nós mesmos o julgamos.

Numa conversa animada vejo muitas vezes o rosto da pessoa com quem estou conversando desnudar-se à minha frente com tanta nitidez e tão bem definido, conforme o pensamento que ela exterioriza, ou que eu julgo ter-lhe provocado, que tal grau de nitidez ultrapassa de longe a *força* da minha capacidade visual. A delicadeza do jogo muscular e da expressão dos olhos *deve,* portanto, ser um produto da minha imaginação. Talvez a pessoa estivesse com um semblante completamente diferente ou mesmo não demonstrava nenhuma expressão.

193 — *Quidquid luce fuit, tenebris agit:* e também inversamente. O que freqüentes vezes nós vivemos em sonhos acaba por fazer parte da economia global da nossa alma da forma como "realmente" vivido.

Graças aos sonhos, somos mais ricos ou mais pobres, temos uma necessidade a mais ou a menos, e acabamos por ser guiados, em plena luz do dia e mesmo nos momentos mais serenos do nosso espírito desperto, um pouco pelos hábitos impostos pelos nossos sonhos. Imaginando que alguém, em seus sonhos, tenha voado muitas vezes e que, logo que começa a sonhar, tenha consciência da sua capacidade para voar como de um privilégio seu, até como de uma felicidade só sua e invejável, essa pessoa julgará poder realizar, com o mais leve impulso, toda espécie de curvas e desvios, conhecerá a sensação de uma certa leveza divina, de um "para cima" sem esforço e tensão, de um "para baixo" sem descida e humilhação — sem *peso!* Então, como é que a pessoa com tais experiências e hábitos de sonho não havia de acabar por encontrar, para o dia claro, a palavra "felicidade" com cor e significado diferentes! Como não havia ela de ansiar pela felicidade de *maneira diferente?* A "elevação", como a descrevem os poetas, comparada com este "voar", será para ela, necessariamente, demasiado terrena, muscular, violenta, demasiado "pesada".

194 — Manifesta-se a diversidade dos homens não somente na diversidade das suas categorias de bens, quer dizer, por considerarem como desejáveis bens diferentes, discordando também a respeito do maior ou menor valor, da hierarquia dos bens reconhecidos por todos eles comumente. Manifesta-se mais ainda no que eles consideram realmente como a *propriedade* e a *posse* de um bem. A propósito de uma mulher, por exemplo, o mais modesto considera como indício suficiente e satisfatório de propriedade e posse o fato de dispor do seu corpo e de o gozar sexualmente. Um outro, com a sua sede de posse mais desconfiada e mais exigente, vê o "ponto de interrogação", o que há de apenas aparente nesta posse, e exige provas mais profundas, principalmente para saber se a mulher não só se lhe entrega, mas também se, por ele, renuncia ao que tem ou gostaria de ter. Só *assim* é que a considera "possuída". Um terceiro, porém, ainda não pára aqui com a sua desconfiança e a sua vontade de possuir, e pergunta-se se a mulher, renunciando a tudo por ele, porventura o não faz por um fantasma de si. Quer primeiro ser bem conhecido, profunda, abissalmente. Para poder ser amado ousa deixar-se adivinhar. Terá a sensação plena da posse da amada somente quando ela já não se iludir a seu respeito, quando ela o amar tanto pela sua maldade diabólica e insaciabilidade oculta, como pela sua bondade, paciência e espiritualidade. Outro desejaria possuir um povo. Para atingir o objetivo servir-se-á de todas as habilidades de um Cagliostro e de um Catilina. Outro ainda, com uma sede de posse mais refinada, dir-se-á "não se deve enganar quando se quer possuir", sentir-se-á irritado e impaciente ao pensar que seja uma sua máscara que comanda o coração do povo. "É preciso, portanto, que me *deixe* conhecer e, antes de mais, que me conheça a mim mesmo!"

No meio das pessoas solícitas e caridosas encontra-se quase regularmente aquela astúcia grosseira que começa por imaginar a seu jeito aquele que se quer ajudar. Pretendem que, por exemplo, ele "mereça" o seu auxílio, requeira precisamente o *seu* auxílio e que se lhes mostre profundamente grato, dedicado e submisso por todo auxílio recebido. Sob estas fantasias dispõem dos necessitados como de uma propriedade sua, pois é esse mesmo desejo de propriedade que as torna solícitas e caridosas. Ficam ciumentas quando nos lhes antecipamos ou chegamos ao mesmo tempo a prestar auxílio a alguém. Os pais fazem involuntariamente do seu filho algo de semelhante a si mesmos. A isso denominam "educação". Não há mãe que, no fundo do seu coração, duvide de ter parido com o seu filho uma propriedade, nem pai que se negue o direito de o poder sujeitar aos *seus* conceitos e juízos de valor. Digo mais, antigamente os pais achavam justo dispor, a seu bel-prazer, da vida e morte do recém-nascido — como entre os antigos germanos.

Imitando o pai, ainda hoje o professor, a classe, o sacerdote, o príncipe vêem em todo novo homem uma indiscutível ocasião de nova posse. Daí se entende que...

195 — Os judeus — povo "nascido para a escravidão", como dizia Tácito[7] e todo o mundo antigo, "povo eleito entre os povos", como eles próprios dizem e crêem[8] — os judeus realizaram aquele milagre da inversão dos valores graças ao qual a vida na terra recebeu, durante uns milênios, um novo e perigoso atrativo: seus profetas fundiram "rico", "ímpio", "mau", "violento", "sensual" numa só palavra e deram pela primeira vez um sentido injurioso à palavra "mundo". Reside nesta inversão de valores — em que convém empregar-se a palavra "pobre" como sinônimo de "santo" e de "amigo" — a importância do povo judaico. A *rebelião dos escravos na moral* começa com os judeus.

196 — É necessário *deduzir* a existência de grande quantidade de corpos escuros ao lado do Sol — de corpos que jamais lograremos ver. Cá entre nós, isto é uma parábola. E pensar que um psicólogo moralista lê toda a escrita estelar apenas como uma linguagem de símbolos e sinais que permite silenciar tantas coisas!

197 — Quase não se entende o animal feroz e o homem feroz (por exemplo César Borgia), mal se entende a "natureza" enquanto se procurar uma "morbidez" na base do mais saudável de todos os monstros e plantas tropicais, ou até um "inferno" que lhes seja inato. Foi assim que fizeram até agora quase todos os moralistas. Os moralistas não deixam transparecer um ódio à selva virgem e aos trópicos? E também que lhes é necessário desacreditar a qualquer preço o "homem tropical", quer como manifestação de doença e degenerescência do homem, quer como seu próprio inferno e seu

---

[7] As considerações de Tácito sobre os judeus encontram-se principalmente em *Histórias*, V, 8: " ... *despectissima pars seruentium*", etc.

[8] A expressão bíblica "povo eleito" deriva do *Salmo* 105, 43.

próprio suplício? Mas por quê? A favor das "zonas temperadas"? A favor dos homens moderados? Daqueles que "têm moral"? Dos medíocres? — Isto para o capítulo "A moral como forma de receio".

198 — O conjunto destas morais que se destinam ao indivíduo para construir a sua "felicidade", como se diz, o que são senão propostas de conduta em relação ao grau de *perigo* em que o indivíduo vive consigo mesmo. São também remédios contra as suas paixões, as suas tendências boas e más, contanto que possuam a vontade de poder e queiram representar o papel de senhor. Pequenas e grandes manhas e artifícios, cheirando a velhos remédios caseiros e sabedoria de velhinhas. Todas elas barrocas e irracionais na forma, porque se destinam a "todos", porque generalizam onde não se deve generalizar, falando todas de um modo incondicional, tomando-se elas próprias por absolutas, todas elas não só temperadas com um grão de sal, mas apenas suportáveis, e por vezes até sedutoras, quando passam a deitar um cheiro exageradamente condimentado e perigoso, a cheirar principalmente ao "outro mundo".

Esta panacéia, de um ponto de vista intelectual, vale pouco e está muito longe de ser "ciência" e mais ainda de ser "sabedoria", mas é, dito segunda e terceira vez, esperteza, esperteza, esperteza, misturada com estupidez, estupidez, estupidez, quer se trate dessa indiferença e frieza de estátua para com a loucura incendiária das paixões que os estóicos aconselhavam e prescreviam como antídoto. Ou, ainda, desse estado de deixar-de-rir e deixar-de-chorar de Espinosa, da destruição dos afetos pela sua análise e vivissecção tão ingenuamente preconizada por ele. Ou daquela redução dos afetos a uma mediania inócua, na qual poderão satisfazer-se o aristotelismo da moral. Ou até da moral como fruição dos afetos, numa intencional diluição e espiritualização pelo simbolismo da arte, sob forma de música, por exemplo, ou de amor a Deus ou ao homem por amor de Deus — porque na religião as paixões voltam a ter direitos de cidadania, contanto que... por fim, mesmo daquele abandono aos afetos condescendente e leviano, ensinado por Hafis [9] e Goethe, esse arrojado soltar de rédeas, daquela *licentia*

---

[9] Hafis, *o que sabe de memória o Corão,* 1319-1390, poeta persa, autor do *Divan* e um dos inspiradores do *Divan do Ocidente e Oriente* de Goethe, que o divulgou na Alemanha.

morum físico-espiritual no caso excepcional de velhos sábios originais e bêbados, nos quais isso "já não representa muito perigo". Esta é outra contribuição para o capítulo "A moral como receio".

199 — Entendendo que, desde que há homens tem havido também rebanhos humanos (clãs, comunidades, tribos, povos, Estados, Igrejas) sempre muito obedientes relativamente ao reduzido número dos mandatários — entendendo, portanto, que a obediência foi até agora melhor e mais longamente praticada e cultivada entre os homens, é natural admitir-se que, de modo geral, cada um possui presentemente a necessidade inata de obedecer, como uma *consciência formal* que ordena: "tu deves absolutamente fazer tal coisa, deves absolutamente deixar de fazer tal outra coisa", enfim, "tu deves". Tal necessidade procura saciar-se e dar um conteúdo à sua forma. Nesse sentido, de acordo com a sua intensidade, impaciência e tensão, como apetite grosseiro sem critério de escolha, aceitará tudo o que lhe gritam aos ouvidos qualquer dos que comandam, sejam eles pais, professores, leis, preconceitos de classe, opiniões públicas.

A curiosa limitação da evolução humana, o que há nela de hesitante, lento, por vezes retrógrado e tortuoso, baseia-se em que o instinto gregário da obediência é o que se transmite mais facilmente por hereditariedade, e isso à custa da arte de mandar. Supondo-se que este instinto atinja os últimos excessos faltarão por fim os governantes, os independentes. Se não for assim, estes sofrerão intimamente de má consciência e precisam primeiro de se iludir, a fim de poderem comandar. Fingem que também eles se limitam obedecer. Realmente, esta é a situação que existe hoje na Europa. Chamo-lhe a hipocrisia moral dos governantes. Não sabem proteger-se da sua má consciência senão fingindo serem os executores de ordens mais antigas ou superiores — dos antepassados, da constituição, do direito, das leis ou até mesmo de Deus —, ou então tomando emprestadas, à maneira de pensar do rebanho, máximas de rebanho, como seja o apresentarem-se como "primeiros servidores do seu povo" [10] ou "instrumentos do bem comum". De outra feita,

---

[10] Alusão à conhecida frase de Frederico o Grande nas suas *Memórias de Brandebourg*. *"Un prince est le premier serviteur et le premier magistrat de l'État."* Cf. *Assim Falava Zaratustra,* III, "Da Virtude Amesquinhadora", 2: "Eu sirvo, tu serves, nós servimos" — assim reza aqui também a hipocrisia dos que dominam — e ai quando o primeiro senhor é *somente* o primeiro servidor!

hoje, o homem de rebanho na Europa apresenta-se como a única espécie de homem autorizada, glorificando as suas qualidades, graças às quais é domesticado, tratável e útil ao rebanho, como sendo as únicas virtudes autenticamente humanas, tais como a sociabilidade, benevolência, consideração pelos outros, aplicação, moderação, indulgência, compaixão.

Todavia para os casos em que não se pode dispensar o chefe e carneiro condutor, fazem-se experiências seguidas de mais experiências, para substituir os que mandam por um somatório acumulativo de homens de rebanho inteligentes. São deste gênero, por exemplo, todas as constituições representativas. O benefício — alívio de uma pressão cada vez mais insuportável — que representa, para estes europeus-animais-de-rebanho, o aparecimento de um senhor absoluto, testemunha-o o efeito enorme que produziu o aparecimento de Napoleão. A história da influência exercida por Napoleão é quase a história da superior felicidade que todo este século conseguiu alcançar nos seus homens e momentos mais valiosos.

200 — O homem de uma era de dissolução e mestiçagem de raças traz no seu organismo, exatamente por isso, a herança de uma ascendência múltipla, ou seja, instintos e escalas de valor opostos, e mais que opostos, que lutam entre si e raras vezes o deixam descansar — este homem das culturas tardias e das luzes refratadas será, de modo geral, um homem mais débil. Seu desejo mais profundo será o de que cesse a guerra que ele mesmo *representa.* Consoante um remédio e uma maneira de pensar tranqüilizantes (por exemplo epicuristas ou cristãs), o remédio afigura-se-lhe sobremaneira como a felicidade do repouso, da tranqüilidade, da saciedade da unidade finalmente conseguida, como o "sábado dos sábados", para falar como o santo retor Agostinho que era, ele próprio, um desses homens.

Se a contradição e a guerra atuam, todavia, numa tal natureza como mais um atrativo e estímulo de vida, e se, por outro lado, ela herdou e criou, além dos seus instintos poderosos e inconciliáveis, uma autêntica mestria e perspicácia na arte de fazer guerra a si mesma, ou seja a arte de se dominar e de se enganar a si mesmo, então surgem aqueles fantásticos seres mágicos, incompreensíveis e inimagináveis, aqueles homens enigmáticos predestinados à vitória e à sedução cujas mais belas expressões são Alcibíades e César (aos quais gostaria de acrescentar aquele primeiro europeu a meu gosto, Frederico II de Hohenstaufen) e, entre os artistas, talvez Leonardo da Vinci. Surgem exatamente nas mesmas épocas em que aparece aquele tipo mais fraco com o seu desejo de repouso. Diria que ambos os tipos se completam e provêm das mesmas causas.

201 — Se a utilidade dominante nos juízos de valor morais for apenas útil para o rebanho, se o olhar só visar a manutenção da comunidade e se considerar imoral precisa e exclusivamente o que parece ser perigoso para a subsistência da comunidade, enquanto assim for não pode haver "moral do amor ao próximo". Considerando que nisso já exista um pequeno e constante exercício de consideração pelos outros, compaixão, justiça, caridade, reciprocidade do auxílio prestado, considerando que também nesse estado da sociedade já estejam ativos todos aqueles instintos que, mais tarde, serão honrosamente designados por "virtudes" de "moralidade", nessa época tais coisas não pertencem, contudo, ao domínio das valorizações morais — são ainda *extramorais*.

Um ato de piedade, por exemplo, no apogeu da época dos romanos, não se considerava nem bom nem mau, nem moral nem imoral. Mesmo se fosse louvado, esse elogio coadunar-se-ia melhor com uma espécie de menosprezo involuntário, logo que fosse comparado com qualquer ato que servisse o interesse da maioria, da *res publica.* Em última análise, o "amor ao próximo" é sempre algo de secundário, de parcialmente convencional e de aparentemente arbitrário em relação ao medo do próximo. Assentado que a estrutura da sociedade pareça estabelecida no conjunto e garantida contra perigos externos, é este medo do próximo que cria outra vez novas perspectivas de valorização moral.

Alguns instintos fortes e perigosos, qual o espírito empreendedor, a temeridade, a vingança, a astúcia, a rapacidade, a ambição do poder, que até então não só tiveram de ser honrados como úteis à comunidade — com nomes diferentes, obviamente, dos anteriormente citados —, mas tiveram mesmo de ser criados e cultivados (porque se precisava deles constantemente no perigo comum contra os inimigos comuns), passam agora a ser sentidos como duplamente perigosos — agora que já lhes falta escoadouro — e a ser acusados gradualmente de imorais e expostos à difamação.

Atualmente são os instintos e as tendências opostas que recebem as honras morais. Tira o instinto de rebanho, progressivamente, as suas conseqüências. Saber qual o grau de perigo para a comunidade, para a igualdade, que há numa opinião, num estado de ânimo e em afetos, numa vontade, num talento, eis a perspectiva moral de momento. Também aqui, e mais uma vez, o temor é o pai da moral.

Os instintos mais elevados e mais fortes, irrompendo passionalmente, arrastam o indivíduo e fazem-no ultrapassar de longe a mediania e a baixeza da consciência do rebanho, que aniquilam a noção da dignidade própria da comunidade, quebrando-lhe a fé em si mesma, despedaçando-lhe a sua espinha dorsal, por assim dizer. Conseqüentemente, melhor será condenar e difamar precisamente estes instintos. A espiritualidade superior e independente, a vontade de solidão, a grande razão são já sentidas como perigosas. Tudo aquilo que faça o indivíduo elevar-se acima do rebanho e amedronte o próximo, passa a ser considerado, a partir de agora, mau. A mentalidade tolerante, modesta, submissa, igualitária, a *mediocridade* dos desejos recebem nome e honras morais.

Afinal, em condições muito pacíficas faltam cada vez mais a ocasião e a necessidade de nos educarmos para a severidade e a dureza. Atualmente toda a severidade, mesmo na justiça, começa a incomodar as consciências. Uma aristocracia e auto-responsabilidade altivas e duras quase são insultos e provocam a desconfiança, "o cordeiro", ou melhor, "a ovelha" são cada vez mais respeitados.

Na história da sociedade há um ponto de fadiga e enfraquecimento doentios em que ela até toma partido pelo que a prejudica, pelo criminoso, e o faz a sério e honestamente. Castigar! Isto parece-lhe injusto de algum modo, mas o certo é que a idéia de "castigo" e do "dever castigar" lhe dói, lhe mete medo. "Não basta tornar o criminoso *inofensivo?* Para que castigar ainda? Castigar é horrível!" Fundado nestas inquirições, a moral de rebanho, a moral do receio vai até às suas últimas conseqüências. A partir do momento em que se pudesse abolir completamente o perigo, o motivo para se ter medo, ter-se-ia também abolido esta moral. Ela já não teria utilidade, *ela própria* já não se consideraria necessária!

Aquele que analisar a consciência do europeu dos dias de hoje terá de extrair, de mil dobras e esconderijos morais, sempre o mesmo imperativo, o imperativo do receio do rebanho. "Nós queremos que algum dia *já nada haja a temer!*" Algum dia, a vontade e o caminho que conduzem *para esse dia* chama-se "progresso" hoje, em toda a Europa.

202 — Reafirmamos desde já, uma vez mais, o que já dissemos

cem vezes, já que os ouvidos não estão hoje em dia dispostos a ouvir tais verdades — as *nossas* verdades. Sabemos muito bem quanto é insultuoso incluir-se hoje o homem, sem rodeios e metáforas, entre os animais. Quase se considera *crime* o fato de empregarmos constantemente, referindo-nos exatamente aos homens de "idéias modernas", as expressões "rebanho", "instintos de rebanho" e outras semelhantes. Que importa! Não podemos proceder de outra forma, [11] pois reside precisamente nisso o nosso novo conhecimento. Viemos a saber que em todos os juízos morais principais há unanimidade na Europa e nos países submetidos à influência européia. *Sabe-se,* evidentemente, na Europa, o que Sócrates julgou não saber e que aquela antiga e famosa serpente prometeu outrora ensinar — "sabe-se" hoje o que é bem e mal. Pois bem, a nossa insistência deve parecer dura e desagradável aos ouvidos. O que aqui *se* julga saber, o que aqui, com o seu louvor e a sua censura, se glorifica a si próprio, se aprova a si próprio, é o instinto do homem animal de rebanho, o qual irrompeu, adquiriu preponderância sobre todos os outros instintos, fazendo-o cada vez mais de acordo com a crescente proximação e semelhança fisiológicas de que ele é um sintoma. *A moral é hoje na Europa uma* moral *de animal de rebanho.* Portanto, na nossa opinião, apenas *uma* espécie particular de moral humana, ao lado ou antes ou depois da qual são possíveis ou deveriam ser possíveis muitas outras morais, principalmente morais *superiores.* No entanto, esta moral resiste com todas as suas forças a tal "possibilidade", a tal "deveriam". Essa moral diz teimosa e implacavelmente "eu sou a própria moral, e não há moral fora de mim!" Tudo isso com o auxílio de uma religião que se sujeitava aos mais sublimes desejos do animal de rebanho lisonjeando-os, chegou a ponto de encontrar, mesmo nas instituições políticas e sociais, uma expressão cada vez mais visível desta moral: o movimento *democrático* é o herdeiro do movimento cristão.

Assim se vê que a cadência deste movimento seja ainda demasiado lenta e sonolenta para os mais impacientes, para doentes e

---

[11] Paráfrase da parte final, escrita por Nietzsche no plural, da frase atribuída a Lutero, e muito popular na Alemanha: *"Hier stehe ich! Ich kann nicht anders,* aqui me afirmo! Não posso proceder de outro modo", que Nietzsche repetidas vezes cita nas suas obras. Ao que parece, trata-se da sua resposta na Dieta de Worms, em 18 de abril de 1521, à pergunta sobre se queria retratar-se. Terminaria por *"Goth helfe mir!* Valha-me Deus!"

maníacos do citado instinto, provam-no os uivos cada vez mais histéricos, o ranger de dentes cada vez mais franco dos cães-anarquistas que agora correm pelas vielas da cultura européia. Isso aparentemente em oposição aos democratas e ideólogos revolucionários pacificamente trabalhadores, em maior oposição aos filósofos cretinos e patetas e aos entusiastas da fraternidade que se intitulam socialistas e querem a "sociedade livre", mas que estão na realidade profunda e instintivamente contra toda forma de sociedade que não seja a do rebanho *autônomo* (indo até à negação dos conceitos de "senhor" e "servo" — *ni dieu, ni maitre,* diz uma fórmula socialista). Agrupados numa resistência tenaz a toda pretensão individual, a todo direito particular e privilégio (o que, no fundo, significa resistência a *todos* os direitos, porque quando todos forem iguais, já ninguém precisa de "direitos"), unidos na desconfiança perante a justiça punitiva (como se esta fosse uma violência contra o mais fraco, uma injustiça para com a conseqüência *necessária* de toda a sociedade anterior), e igualmente unidos na religião da compaixão, da solidariedade onde quer que se sinta, viva, sofra (descendo até ao animal, subindo até "Deus": — o excesso de compaixão por "Deus" faz parte de uma época democrática); unidos todos no grito e na impaciência da compaixão, no ódio mortal ao sofrimento enquanto tal, na incapacidade quase feminina de poder presenciá-lo como espectador, de poder *fazer* sofrer; unidos no obscurecimento e no amolecimento involuntários sob cuja influência a Europa parece ameaçada de um novo budismo; unidos na sua fé na moral da compaixão *comunitária,* como se esta fosse a moral em si, o cume, o cume *alcançado* pelo homem, a única esperança do futuro, a consolação do presente, a grande remissão de todas as culpas de outrora; enfim, unidos todos eles na sua crença na comunidade como sendo ela a *salvadora,* no rebanho, portanto, a crença em "si"...

203 — Nós que acreditamos de outra forma, nós para quem o movimento democrático não é apenas uma forma de decadência da organização política, mas uma forma de decadência, quer dizer, uma diminuição do homem, a sua mediocrização e desvalorização, para onde devemos dirigir nossas esperanças? Só pode ser para os *novos filósofos,* não há outra saída. Para espíritos suficientemente fortes e originais que provoquem valorizações opostas e que transvalorizem, invertam os "valores eternos". Para os precursores, para os homens do futuro que, no presente, atem o nó que obrigue a

vontade de milhares de anos a seguir caminhos novos. Para ensinar ao homem o seu futuro, como sendo vontade sua, dependente, portanto, de uma vontade humana, e preparar grandes e arrojadas tentativas e experiências de criação e de seleção destinadas a acabar com esse terrível domínio do absurdo e do acaso a que até agora se chamou "história", o contra-senso da "maioria" mais não é que a sua derradeira forma. Para tal será preciso, numa altura qualquer, um novo tipo de filósofos e de chefes, comparados com os quais parecerão pálidos e anões todos os espíritos ocultos, terríveis e benévolos que houve na terra. É a imagem de chefes desses que paira diante dos *nossos* olhos. Poderei dizê-lo em voz alta, ó espíritos livres?

As circunstâncias que se deveriam em parte criar, em parte aproveitar para a sua criação; os meios e provas possíveis mediante os quais uma alma cresceria até uma altura e poder tais que compreenderia a obrigação de realizar tais tarefas; uma transvalorização de todos os valores sob cuja pressão e martelo novos se temperaria uma consciência — isso transformaria em bronze um coração que suportasse o peso de tal responsabilidade. De outra feita, a necessidade de tais chefes, o perigo terrível da ausência deles ou sua corrupção ou degeneração — aí residem os *nossos* cuidados e preocupações, bem o sabeis, ó espíritos livres?!, são estes os pensamentos e as trovoadas pesadas e longínquas que atravessam o céu da nossa vida.

Raras dores há como as sentidas quando, uma vez, se viu, se adivinhou, se sentiu como um homem extraordinário se desviou do seu caminho e degenerou. Principalmente aquele que tem a rara capacidade de saber discernir o perigo global da *degenerescência* do "próprio homem", aquele que, como nós, reconheceu a monstruosa casualidade que até agora desempenhou o seu papel quanto ao futuro do homem — papel esse em que não interveio nem uma mão, nem mesmo um dedo de "Deus"! — aquele que adivinha a fatalidade oculta na estúpida inocência e credulidade das "idéias modernas" e, mais ainda, em toda a moral cristã-européia. Esse sofre de uma angústia a nenhuma outra comparável, pois que abrange com um só olhar tudo o que, com uma reunião e um acréscimo favoráveis de forças e deveres, se poderia *fazer do homem,* ele sabe, com todo o saber da sua consciência, como o homem está ainda inesgotado para as grandes possibilidades, e quantas vezes já o tipo homem se encontrou perante decisões misteriosas e caminhos novos. Sabe ainda melhor pelas suas dolorosas recordações contra que obstáculos miseráveis embateu até agora habitualmente, se quebrou, se quedou, se afundou e se amesquinhou um ser de categoria superior na sua evolução. *A degenerescência global do homem* até àquilo que é considerado pelos cretinos e boçais socialistas como o seu "homem do futuro" — seu ideal! — Essa degenerescência e amesquinhamento do homem até ao perfeito animal de rebanho — ou, como eles diriam, até ao homem da "sociedade livre" —, essa bestialização do homem até converter-se em animúnculo dos direitos iguais e reivindicações igualitárias é possível não haja dúvida!

Qualquer um que tiver refletido nesta possibilidade até às suas últimas conseqüências sente uma náusea que os outros homens desconhecem — e talvez pressinta também uma nova *tarefa*!

CAPÍTULO VI

Nós, os eruditos

204 — Percebendo que a moralização corria o risco de também aqui revelar-se o que sempre foi, ou seja, um destemido *montrer ses plaies*, segundo Balzac, ousarei opor-me a uma inconveniente e funesta inversão de categorias que hoje ameaça estabelecer-se, sub-repticiamente e como que com a consciência tranqüila, entre a ciência e a filosofia. Com base na *experiência* — e experiência, ao que me parece, significa sempre triste experiência! — acho que se deve ter o direito de opinar sobre esse alto problema da categoria, para não falar das cores como um cego ou contra a ciência como as mulheres e os artistas ("ah, esta malvada ciência!, suspiram o seu instinto e o seu pudor, "ela descobre sempre o que há *por detrás* das coisas!"). A declaração de independência do homem científico, sua emancipação da filosofia, é um dos efeitos mais sensíveis da ordem e desordem democráticas. A autoglorificação e auto-exaltação do erudito está hoje em pleno florescimento primaveril, com o que não queremos dizer que, neste caso, o auto-elogio tenha um cheiro agradável. [1]

"Libertemo-nos de todos os senhores!" — assim o instinto plebeu almeja também aqui. Mas a ciência, depois de se ter defendido com pleno sucesso da teologia, a quem fora submissa durante muito tempo, prepara-se agora com toda a arrogância e incompreensão para ditar leis à filosofia e fazer, por seu turno, o papel de "senhor" — que digo eu! —, o papel de *filósofo*.

---

[1] Referência ao provérbio alemão "*Eigenlob stinkt,* o auto-elogio cheira mal".

A minha memória — a memória dum homem de ciência, se me permitem! — está repleta de ingenuidades arrogantes que ouvi pronunciar a jovens naturalistas e velhos médicos a respeito da filosofia e dos filósofos — para não falar dos mais cultos e mais presunçosos de todos os sábios, os filólogos e os pedagogos que, por profissão, são ambas as coisas. Às vezes era o especialista, que por conhecer demasiado sua arte instintivamente e por princípio opunha resistência a todos os objetivos e aptidões sintéticas. Às vezes era o trabalhador aplicado que respirara um pouco do perfume do *otium* e da aristocrática exuberância na economia psíquica do filósofo, sentindo-se, com isso, lesado e diminuído. Às vezes era ainda aquele daltonismo do utilitarista que na filosofia nada vê senão uma série de sistemas refutados e um dissipante gasto de energia do qual ninguém "aproveita". Às vezes se evidenciava o medo de um misticismo oculto e de uma correção das fronteiras do conhecimento. Às vezes o desprezo por este ou aquele filósofo que, sem querer, se generalizava em desprezo pela própria filosofia em geral.

Afinal, e com demasiada freqüência, percebi em jovens eruditos, por detrás do arrogante menosprezo da filosofia, a nefasta conseqüência de um filósofo a quem se deixara de obedecer, sem que, positivamente, se tivesse conseguido libertar da influência das suas apreciações desdenhosas sobre outros filósofos. Daí resultou uma indisposição geral em relação a toda filosofia. (Exemplo claro me parece ser o efeito de Schopenhauer sobre a Alemanha mais jovem: devido à sua raiva desinteligente contra Hegel chegou a separar a última geração de alemães do seu elo com a cultura alemã, cultura essa que, ponderando bem, representara uma elevação e uma sensibilidade divinatória do sentido histórico: mas precisamente neste ponto, o próprio Schopenhauer era pobre, inimpressionável, antialemão até à genialidade.)

Em suma, visto de uma óptica geral, terá sido o lado humano, demasiado humano, quer dizer, a mesquinhez dos filósofos modernos o que mais radicalmente minou o respeito pela filosofia e abriu as portas ao instinto plebeu. Carece admitir francamente até que grau falta ao nosso mundo moderno toda a espécie dos Heráclitos, Platões, Empédocles e de todos esses outros régios e soberbos eremitas do espírito. É preciso reconhecer como um bom homem de ciência pode, com todo direito, sentir-se de tipo e raça melhor, em face dos representantes da filosofia que hoje, graças à moda, tanto são respeitados como desprezados — na Alemanha, por exemplo, os dois leões de Berlim, o anarquista Eugen Dühring e o amalgamista Eduard von Hartmann [2]. E, principalmente, o espetáculo desses filósofos mixordeiros que se autodenominam "filósofos da realidade" ou "positivistas", que é capaz de lançar uma perigosa desconfiança na alma dum jovem erudito e ambicioso. Tais filósofos são, na melhor das hipóteses, eles mesmos, eruditos e especialistas, à evidência! — mas todos eles ficam vencidos e são *reconduzidos* ao domínio da ciência, homens que, no passado, se impuseram algo mais a si mesmos, sem terem direito a esse "mais" e à responsabilidade que ele comporta. Agora, honesta, furiosa, vingativamente, representam com palavras e obras a descrença na tarefa de direção e de supremacia da filosofia. Afinal: como podia deixar de ser assim!

Atualmente a ciência está florescendo e traz estampada no rosto a boa consciência, ao passo que aquilo a que pouco a pouco desceu toda a filosofia alemã recente, esse resíduo atual de filosofia, desperta a desconfiança e a indisposição, senão a troça e a compaixão. Filosofia reduzida a "teoria do conhecimento" nada mais é, realmente, do que uma tímida epoquística [3] e doutrina de abstinência. Uma filosofia que não ultrapassa o limiar e se recusa a ela própria o direito a entrar no mundo da ciência. Esta é uma filosofia a dar os últimos estertores, moribunda, agonizante, algo que causa dó. Como é que essa filosofia poderia *dominar!*

205 — Positivamente, os perigos que ameaçam o desenvolvimento do filósofo são tão múltiplos hoje que se chega a duvidar de que esse fruto possa algum dia amadurecer. Cresceu em largura e altura o edifício da ciência até à imensidade e, com isso, também a probabilidade de o filósofo, quando aprendiz, se cansar ou se deixar prender e "especializar" algures. Assim, já não atinge a sua altura, isto é, uma visão de conjunto, um panorama, a possibilidade

---

[2] Cf. *A Genealogia*, III, 14, onde E. Dühring é classificado como o apóstolo berlinense da vingança. Eduard von Hartmann, 1842-1906, filósofo alemão cuja principal obra é *A Filosofia do Inconsciente,* 1869. O epíteto de Nietzsche amalgamista refere-se ao intento de Hartmann de fundir Hegel (o espírito), Schelling (o inconsciente) e Schopenhauer (a vontade).

[3] *Epochistik*, palavra criada por Nietzsche a partir do grego *ènoxíl*, inibição, suspensão do juízo usado pelos céticos antigos. Segundo Sexto Empírico, a *ècoXíl* consiste num *estado de repouso mental no qual não afirmamos nem negamos.*

de *olhar para baixo*. Ou só atinge as culminâncias tarde demais, quando já passou a sua melhor altura e o seu maior vigor. Em outras ocasiões chega lá ferido, embrutecido, degenerado, de forma que já pouca importância têm o seu olhar, o seu juízo de valor global. A delicadeza da sua consciência intelectual é o que talvez o faça hesitar no caminho e demorar-se. Teme ser arrastado ao diletantismo, de ser centopéia ou polvo, sabe muito bem que quem perde o respeito por si mesmo também já não comanda, já não conduz enquanto homem de conhecimento. A menos que se quisesse tornar em grande ator, Cagliostro filósofo e vigarista dos espíritos, em suma, em sedutor. Em última análise, esta é uma questão de gosto, se não for mesmo uma questão de consciência. Para redobrar a dificuldade do filósofo, acresce que ele exige de si não um juízo, um sim ou não sobre as ciências, mas sim sobre a vida e o valor da vida, que lhe custa acreditar que este juízo seja um direito ou mesmo um dever seu, tendo de procurar, a partir das experiências mais complicadas — talvez as mais perturbadoras e mais destruidoras — hesitando, duvidando, emudecendo freqüentemente, ao procurar o seu caminho para esse juízo e para essa crença.

Realmente, durante muito tempo não compreendeu o filósofo e confundiu-o, quer com o homem de ciência e o erudito ideal, quer com o entusiasta e ébrio de Deus, religiosamente inspirado, dessensualizado, "desmundanizado".

Quando hoje se ouvir louvar alguém dizendo que vive "como um sábio" ou "como um filósofo", isso quase quer dizer apenas que ele vive "prudentemente e à parte".

Sabedoria: parece ser, para a plebe, uma espécie de fuga, um meio hábil de se descartar de um mau jogo. No entanto, o verdadeiro filósofo — não é essa a nossa opinião, meus amigos? — vive de um modo "não filosófico" e "não sábio", principalmente de maneira não razoável e sente o fardo e o dever de mil tentativas e tentações da vida. Arrisca-se constantemente, joga este jogo ingrato...

206 — Em comparação com um gênio, ou seja, com um ser que, ou *fecunda* ou *dá à luz*, ambas as expressões tomadas no seu sentido mais lato, o erudito, o homem de ciência mediano, tem sempre algo de velha solteirona. Pois que, como esta, nada sabe das duas funções mais valiosas do homem. Por certo, concede-se a ambos, ao erudito e à solteirona, como que por indenização, a respeitabilidade — sublinha-se, nestes casos, a respeitabilidade —

na obrigatoriedade desta concessão mistura-se-lhe igual dose de aborrecimento. Analisemos em minúcias: que é o homem de ciência? Inicialmente, um tipo de homem sem nobreza, ou seja, que não domina, que não possui autoridade, que não é auto-suficiente. Até tem espírito trabalhador, sujeita-se pacientemente a andar no seu posto na fila, é uniforme e comedido nas suas capacidades e aspirações, tem o instinto do que é o seu semelhante e do que ele necessita, por exemplo, dessa dose de independência e de prado verde sem o qual não há sossego para o trabalho, essa pretensão à honra e ao reconhecimento (que prioritariamente e acima de tudo pressupõe identificação, possibilidade de se reconhecer) — essa auréola do bom nome, essa constante confirmação do seu valor e da sua utilidade, com a qual tem constantemente de ser vencida a desconfiança íntima do fundo do coração de todos os homens dependentes e animais de rebanho. Obviamente, o erudito também tem as doenças e defeitos de uma espécie não aristocrática. Imbuído de inveja mesquinha, tem um olho de lince para detectar o lado fraco das naturezas cuja altura não consegue atingir. É confiado, mas apenas como alguém que se deixa levar pela corrente, mas não *fluir como uma corrente.* Exatamente frente ao homem da grande corrente ele permanece frio e fechado. Seus olhos parecerão, então, um lago liso e aborrecido no qual já não ondula qualquer entusiasmo, qualquer simpatia. O pior e o mais perigoso de que é capaz um erudito provém do instinto de mediocridade inerente à sua espécie. É desse jesuitismo da mediocridade que trabalha instintivamente para o aniquilamento do homem invulgar e tenta quebrar ou, em outras palavras, distender todo o arco tenso. Evidentemente, distendê-lo com cuidado, sem fazer doer, *distender* com carinhosa compaixão, esta é a verdadeira arte do jesuitismo, que sempre soube apresentar-se como religião da compaixão.

207 — Por mais reconhecimento que se dedique ao espírito objetivo — e quem não teria estado já alguma vez mortalmente farto de todo subjetivismo, e da sua maldita ipsissimosidade [4] —, deve-se contudo aprender a ter cautela com essa gratidão e acabar com o exagero com que, atualmente, se celebra a renúncia e despersonalização do espírito como fim em si, como salvação e transfigu-

---

[4] *Ipsissimosität* é criação de Nietzsche, do latim *ipsissimus,* mesmíssimo, superlativação de *ipse*, o mesmo.

ração. Isso costuma acontecer principalmente no seio da escola pessimista que, aliás, tem boas razões para render, por seu lado, honrarias supremas ao "conhecimento desinteressado". Qual o pessimista, o homem objetivo já não pragueja, nem injuria, o erudito *ideal* no qual, após mil malogros e semimalogros, o instinto científico chega um dia a florir e a prosperar, esse homem é certamente um dos instrumentos mais preciosos que existem. Conquanto é preciso que esteja na mão de alguém mais poderoso. Porque é apenas um instrumento, digamos *um espelho* — não é um "fim em si". O homem objetivo é de fato um espelho. Habituado a submeter-se a tudo o que quer ser conhecido, sem outro prazer que o proporcionado pelo conhecimento, pelo "reflexo", ele espera que algo aconteça, e então estende-se docemente, para que não se percam, na sua superfície e pele, nem mesmo as pegadas leves e o fugaz roçar de seres fantasmagóricos. O que ainda resta dele de "pessoa" parece-lhe meramente casual, muitas vezes arbitrário, mais vezes ainda perturbador. A tal ponto que se tornou veículo e reflexo de formas e acontecimentos alheios. Então, procura com esforço recordar-se de "si", e bastantes vezes erra ao fazê-lo. Chega a confundir-se facilmente com outros, engana-se quanto às próprias necessidades, e só neste caso é indelicado e negligente. Talvez o atormente a saúde, ou a mesquinhez e o ar fechado da mulher e do amigo ou a falta de companheiros e de companhia. Sim, obriga-se a pensar sobre o seu tormento. Mas, em vão! Já os seus pensamentos se afastam para o caso mais geral e amanhã saberá tão pouco como sabia ontem qual o remédio de que necessita. Perdeu a possibilidade, e também o tempo, de se tomar a sério. É sereno, não por falta de preocupações, mas por não poder tocar e manejar as suas preocupações. A receptibilidade habitual para todas as coisas e acontecimentos, a hospitalidade amável e franca com que acolhe tudo o que lhe vem ao encontro, a sua benevolente indiferença, o perigoso desprendimento pelo sim e pelo não: ah, muitas vezes tem de pagar caro essas suas virtudes! — e enquanto ser humano, facilmente se torna o *caput mortitum* dessas virtudes. Se se lhe requerer amor e ódio, refiro-me a amor e ódio como os entendem Deus, a mulher e o animal, ele fará o que puder e dará o que puder. Porém, não nos devemos espantar que não seja muito. Que ele se mostre, exatamente aqui, falso, frágil, problemático e caduco. Seu amor é produto da vontade, seu ódio é artificial, *un tour de force*, uma pequena vaidade e um ligeiro exagero. É que ele só é autêntico enquanto pode ser objetivo. Só é "natureza" e "natural" no seu totalismo sereno. Sua alma refletora e que incessantemente é polida, não sabe já afirmar, nem negar. Eis que não comanda, nem destrói. *Je ne méprise presque rien* — diz ele com Leibniz [5]. É importante verificar bem toda a importância do *presque!* Não é homem modelo também. Tampouco precede nem segue ninguém. Afasta-se demasiado de tudo para ter razões para tomar partido entre o bem e o mal. Quando o confundem durante tanto tempo com o *filósofo*, com o déspota e educador cesariano da cultura, dão-lhe honras demasiado altas e não vêem o que é nele o essencial. Ele é um instrumento, algo de escravo, conquanto certamente o tipo mais sublime de escravo, mas, em si nada próprio — *presque rien!*

O homem objetivo é um instrumento, um instrumento de medição precioso, frágil, um espelho primoroso que se deve tratar bem e honrar. Conquanto não seja um objetivo, não seja um fim nem um princípio, não é homem complementar no qual se justifique a existência restante, nem é conclusão, e muito menos é início, geração e causa primeira, não tem nada de rude, de poderoso, de apoiado em si, que queira ser senhor. Ao contrário, é apenas um molde tênue, soprado, fino, móvel, que deve esperar por um conteúdo que lhe "dê forma". É normalmente um homem sem conteúdo nem substância, um homem "sem eu". Conseqüentemente também não tem valor para as mulheres, *in parenthesi*.

208 — Caso um filósofo dá hoje a entender que não é cético — espero que isso se tenha subentendido na descrição do espírito objetivo que acabo de fazer — ninguém gosta de o ouvir. Examinam-no com certa apreensão, querer-se-ia perguntar-lhe tanta coisa... Sim, entre os ouvintes medrosos que abundam agora, ele é considerado perigoso a partir daí. Têm a sensação de que o seu repúdio do ceticismo provoca ao longe um ruído agourento e ameaçador como se se estivesse a experimentar um novo explosivo, uma

---

[5] O contexto em que se insere esta frase de Leibniz é o seguinte: "Eu não desprezo quase nada, e ninguém é menos crítico do que eu. Parece raro: mas eu aprovo quase tudo o que leio, pois sei bem que as coisas se podem conceber de formas muito diferentes e, por isso, enquanto leio, encontro muitas coisas que protegem ou defendem o autor".

dinamite do espírito, talvez uma nova Nihilina [6] russa recém-descoberta, um pessimismo *bone voluntatis* que não só nega, exige um não, mas — horrorosa idéia! — *pratica* o não. Contra essa espécie de "boa vontade" — vontade de negação real e efetiva da vida — todos sabem que não há hoje melhor soporífero e calmante do que o ceticismo, o suave doce e embalador sedativo que é o ceticismo. Os médicos dos dias de hoje receitam o próprio Hamlet como remédio contra o "espírito" e suas agitações subterrâneas. "Não temos já os ouvidos cheios de maus ruídos?, diz o cético, amigo do sossego e espécie de polícia de segurança. Este não subterrâneo é terrível! Ficai quietas, ó toupeiras pessimistas!" É que o cético, essa criatura delicada, assusta-se com muita facilidade. Sua consciência está adestrada para estremecer e sentir como que uma mordedura quando ouve qualquer não e mesmo quando ouve um sim duro e decidido. Sim e não! Isto vai contra a sua moral. Por outro lado, gosta de agraciar a sua virtude com uma nobre continência, dizendo, por exemplo, com Montaigne: "Que sei eu?" Ou com Sócrates: "Sei que nada sei". Ou: "Não tenho coragem, aqui não se me abre qualquer porta". Ou: "Suponho que estivesse aberta, para que havia de entrar logo?" Ou: "Para que servem todas as hipóteses precipitadas?" Possivelmente, não formular quaisquer hipóteses é sinal de bom gosto. É sempre necessário endireitar o que está torto. [7] Tapar sempre qualquer buraco com qualquer estopa? Isso não pode esperar? O tempo não tem tempo? Ó gente endiabrada, não podeis *esperar*? O incerto tem também os seus encantos! A própria Esfinge é também uma Circe e Circe também era filósofa". [8] — Dessa maneira se consola um cético. Positivamente ele precisa de alguma consolação.

O ceticismo é a expressão espiritual de uma determinada e complexa constituição psicológica que, na linguagem corrente, se

---

[6] "Niilina": *Nihilin;* neologismo formado a partir de *nihil* ("nada", em latim), aparentado a "niilismo, niilista". A utilização de um sufixo que é próprio da terminologia científica faz pensar numa substância química passível de ser isolada. Numa outra obra, Nietzsche fala da "virtude livre de moralina" (*Ecce Homo*, "Por que sou tão inteligente", § 1).

[7] Cf. *Miqueas*, 3, 9: "Escutai vós os que tornais torto todo o direito". Em *Assim Falava*, II, "Nas Ilhas Afortunadas": "Deus é um pensamento que torna torto tudo o que é direito".

[8] Na *Odisséia* (canto X), Circe é a feiticeira que transforma os companheiros de Ulisses em porcos, mediante uma poção mágica.

chama debilidade de nervos e estado mórbido. Aparece sempre que, de um modo decidido e súbito, raças ou classes separadas durante muito tempo se misturam. Na nova geração que como que herda no sangue medidas e valores diferentes, tudo é inquietação, perturbação, dúvida, tentativa. As melhores forças inibem, as próprias virtudes não se deixam crescer e fortalecer umas às outras, no corpo e na alma faltam o equilíbrio, o centro de gravidade, a segurança perpendicular. Todavia o que mais adoça e degenera nestes mestiços é a vontade. Já que nem conhecem a independência da resolução, a sensação corajosa de prazer no querer — duvidam, até mesmo em sonhos, da "liberdade da vontade".

Nossa Europa de hoje, teatro de uma tentativa disparatadamente súbita de misturar radicalmente as classes, e, conseqüentemente, as raças é, por isso mesmo, cética de alto a baixo, ora animada desse ceticismo móvel que, impaciente e ávido, salta de ramo em ramo, ora triste como uma nuvem sobrecarregada de pontos de interrogação e, freqüentemente, mais que farta da sua vontade! Paralisia da vontade: onde não se encontra esta doença hoje! E quantas vezes não se encontra disfarçada! Sedutoramente enfeitada! A fim de esconder esta doença existem as vestes mais vistosas e mentirosas. Por exemplo: a maioria do que hoje se expõe nas vitrinas como "objetividade", "espírito científico", *"L'art pour l'art"* [9], "conhecimento puro, independente da vontade", é apenas ceticismo enfeitado e paralisia da vontade. Garanto a certeza do diagnóstico desta doença européia. A doença da vontade está espalhada irregularmente pela Europa. É vista com mais intensidade e com aspectos mais variados onde a cultura existe já há mais tempo. Desvanece-se à medida que "o bárbaro" ainda — ou de novo — faz valer os seus direitos sob as vestes esfarrapadas da cultura ocidental!

Sem dúvida que é na França de hoje, como se pode tanto deduzir como palpar com as mãos, que a vontade adoeceu mais gravemente. Logo a França, que teve sempre uma habilidade magistral para inverter as reviravoltas mais nefastas do seu espírito em algo de encantador e sedutor, mostra hoje bem a sua preponderância cultural sobre a Europa como vitrina e escola de todos os encantos do ceticismo. A força de querer, de querer uma vontade durante muito

---

[9] *A arte pela arte*, divisa criada em 1836 pelo filósofo francês V. Cousin, 1792-1867 e difundida por Th. Gautier, 1811-1872, no prólogo da sua novela *Mademoiselle de Maupin*. V. aforismo 254.

tempo, é já um pouco mais forte na Alemanha, e na Alemanha do norte um pouco mais do que na do centro. Consideravelmente mais forte na Inglaterra, Espanha e Córsega, ali ligada à fleuma, aqui à dureza dos crânios — para não falar da Itália, que é demasiado jovem para poder já saber o que quer e que tem primeiro de demonstrar que é capaz de querer —, mas é mais forte e mais espantosa nesse imenso império intermédio onde a Europa como que reflui para a Ásia, na Rússia. Aqui, a força de querer está depositada e armazenada, desde há muito, aqui a vontade — não se sabe se de negação, se de afirmação — está ameaçadoramente à espera de ser libertada, para pedir emprestada aos físicos da atualidade a sua palavra predileta. Não deverão ser precisas apenas guerras na Índia e complicações na Ásia para a Europa ficar aliviada do seu maior perigo, mas revoltas internas, a desintegração do Império em pequenos corpos e sobretudo a introdução do disparate parlamentar, para além da obrigação de toda a gente ler o seu jornal ao pequeno-almoço. Aqui não faço valer o meu desejo; mais me conviria o caminho oposto, ou seja, um tal aumento da ameaça representada pela Rússia que a Europa tivesse de resolver tornar-se igualmente ameaçadora, isto é, ganhar uma única vontade, por meio de uma nova casta que dominasse a Europa, uma longa e formidável vontade própria que se impusesse objetivos para milênios. Creio que dessa forma terminaria finalmente a longa comédia da sua divisão em pequenos Estados e, igualmente, as suas múltiplas ambições tanto dinásticas como democráticas. A época da política miúda chegou ao fim. O século que se anuncia já traz consigo a luta pelo domínio da terra, a obrigatoriedade de praticar uma política de respeito.

209 — Até que ponto esse período bélico, em que nós Europeus entramos claramente, pode mostrar-se favorável de certa forma, talvez, ao desenvolvimento de um outro tipo mais forte de ceticismo, é um problema a respeito do qual não me quero exprimir, por enquanto, senão por uma parábola que os amigos da história alemã por certo hão de compreender. Esse pouco escrupuloso entusiasta por granadeiros belos e altos que, como rei da Prússia,[10] deu a vida

---

[10] Alusão a Frederico Guilherme I, 1688-1740, rei da Prússia, chamado *o rei sargento*, pai de Frederico, o Grande. O conflito deste com seu pai que Nietzsche refere foi tão grande que, após uma tentativa de fuga, o filho foi encarcerado em 1730, em Küstrin, e o seu amigo Katte executado.

a um gênio militar e cético — e com isso, no fundo, a esse novo tipo de alemão que acaba de surgir vitorioso no horizonte —, esse bizarro e louco pai de Frederico, o Grande, tinha, num único ponto, garra de gênio, sabia o que então faltava na Alemanha, e que essa espécie de falta era cem vezes mais inquietante e urgente do que, por exemplo, a falta de cultura e de etiqueta social — a sua antipatia contra o jovem Frederico provinha da angústia de um profundo instinto. Na ocasião havia falta de homem e ele suspeitava, com um desgosto amargo, que o seu próprio filho não era suficientemente homem. Estava enganado. Quem todavia, no seu lugar, não se teria enganado? Via no seu filho uma presa do ateísmo, do *esprit,* do desprendimento voluptuoso de franceses espirituosos. Via, nos bastidores, a grande sanguessuga, a aranha do ceticismo, adivinhava a miséria incurável de um coração já não suficientemente duro nem para o bem nem para o mal, de uma vontade quebrada que já não comanda, que já não pode comandar. Entretanto, já ia crescendo no seu filho aquele novo tipo de ceticismo, mais duro e mais perigoso — sabe-se lá *até que ponto* favorecido exatamente pelo ódio do pai e pela melancolia glacial de uma vontade tornada solitária? —, o ceticismo da virilidade temerária, parente mais próxima do gênio da guerra e da conquista e que entrou pela primeira vez na Alemanha na figura do grande Frederico. Tal ceticismo despreza mas, apesar disso, atrai. Mina e apossa-se. Não crê, mas não se perde por isso. Dá liberdade perigosa ao espírito, mas refreia firmemente o coração. É a forma alemã do ceticismo que, como fredericianismo prolongado e espiritualizado até ao sublime submeteu a Europa, por muito tempo, à dependência do espírito alemão e da sua desconfiança crítica e histórica.

Graças ao indomável e tenaz caráter viril dos grandes filólogos e críticos da história alemães (que, bem-encarados, foram igualmente, todos eles, artistas da destruição e da desagregação) estabelecia-se pouco a pouco, e a despeito de todo romantismo na música e filosofia, um novo conceito do espírito alemão no qual se destacava decididamente a tendência para o ceticismo viril. Seja, por exemplo, como intrepidez do olhar, como bravura e dureza da mão analisadora, seja como vontade tenaz para perigosas viagens de descobrimentos, para intelectualizadas expedições ao pólo norte sob céus desertos e perigosos. Boas razões devem existir para que os homens humanitários, ardentes e superficiais se benzam precisamente em face desse espírito. *Cet esprit fataliste, ironique, méphistophélique* como lhe chama, não sem arrepios, Michelet. Todavia se se quiser sentir como é distinto este medo do "homem" no espírito alemão pelo qual a Europa foi despertada do seu "sono dogmático", [11] recorde-se o antigo conceito que teve de ser vencido por meio dele — e que não foi ainda há muito tempo que uma mulher virilizada pôde ousar, numa arrogância desenfreada, recomendar os alemães à simpatia da Europa, como uns patetas brandos, bondosos, fracos de vontade e poéticos. [12] Que finalmente se compreenda bem profundamente o espanto de Napoleão ao ver Goethe. Ele revela o que, durante séculos, se entendeu por "espírito alemão". *"Voilà un homme!"* [13] — o que queria dizer: mas isto é um *homem!* E eu apenas esperava encontrar um alemão!"

210 — Portanto, admitindo que qualquer traço na imagem dos filósofos do futuro deixa adivinhar que eles são, porventura, céticos no sentido atrás indicado, só se teria caracterizado algo neles — e *não* eles próprios. Nesse sentido, teriam o direito de pedir que lhes chamassem críticos. E por certo serão homens de experiências. Pelo nome com que ousei batizá-los já sublinhei expressamente a

---

[11] Nietzsche usa a expressão de Kant *dogmatischer Schlummer* com que este, em *Prolegômenos*, "Introdução", classifica a sua situação filosófica anterior à leitura de Hume. O texto de Kant é o seguinte: "Confesso-o com franqueza: a advertência de David Hume foi precisamente aquilo que, há muitos anos, interrompeu pela primeira vez a minha sonolência dogmática, e que deu uma direção completamente diferente às minhas investigações no campo da filosofia especulativa".

[12] *A mulher masculinizada* a que Nietzsche se refere é a escritora francesa baronesa de Staël, 1766-1817, que com a sua obra *De l'Allemagne,* 1810, criou em França a imagem de uma Alemanha habitada por pensadores alheios ao mundo e por poetas sonhadores. Em *Assim Falava*, III, "Da Virtude Amesquinhadora", 2: "Há aqui poucos homens: por isso se masculinizam as suas mulheres". Cf. aforismos 232 e 233.

[13] O encontro de Goethe com Napoleão teve lugar em Erfurt, a 2 de outubro de 1808, e nele ambos falaram do *Werther*, do *Maomé* de Voltaire, e do teatro clássico. A cena e as palavras exatas de Napoleão, tal como as narra Goethe nas suas memórias, desenrolaram-se deste modo: "Às doze da manhã estava marcada entrevista com o imperador... Apresentam-me... O imperador está sentado numa grande mesa redonda, almoçando... O imperador indica-me por sinais que me aproxime. Eu mantenho-me em pé, à devida distância. Logo me fita atentamente e me diz: *Vous êtes um homme!* Eu inclino-me..."

experimentação e o prazer da experimentação. Fiz e pronto! Por que eles, como críticos de corpo e alma, gostam de servir-se da experiência num sentido novo, mais vasto, talvez mais perigoso? Na sua paixão de conhecimento, devem eles ir mais longe com experiências arrojadas e dolorosas, do que o que possa aprovar o gosto brando e adocicado dum século democrático? — Não há dúvida. Esses vindouros serão os que menos poderão dispensar aquelas qualidades severas e despreocupadas que distinguem o crítico do cético, ou seja, a segurança nos juízos de valor, o manejamento consciente de uma unidade de método, a coragem alertada, o estar sozinho e saber responsabilizar-se. Sim, eles não negam, em sim, a existência de um prazer em dizer não e em dissecar as coisas e de uma certa crueldade judiciosa que sabe manejar a faca, firme e delicadamente, mesmo com o coração sangrando. Serão *mais duros* (e provavelmente nem sempre só para consigo mesmos) do que o poderiam desejar as pessoas humanitárias, não lidarão com a "verdade" para que ela lhes "agrade" ou os "eleve" e "entusiasme". Ao contrário, dificilmente acreditarão que será exatamente a verdade que proporciona tais prazeres ao sentimento. Estes espíritos rigorosos sorrirão quando alguém disser à frente deles: "Este pensamento eleva-me: como não há de ser verdadeiro?" Ou: "Aquela obra encanta-me: como não há de ser bela?" Ou: "Aquele artista engrandece-me: como não há de ser grande?" E provavelmente não tenham apenas um sorriso, mas um autêntico nojo face a todas estas manifestações entusiásticas, idealistas, afeminadas, hermafroditas. Quem conseguisse segui-los até às câmaras secretas do seu coração dificilmente aí descobriria a intenção de conciliar os "sentimentos cristãos" com o "gosto antigo" ou menos ainda com o "parlamentarismo moderno" (intenção que parece ocorrer mesmo entre os filósofos do nosso século muito inseguro e, por conseguinte, muito conciliador). Não apenas a disciplina crítica e todos os hábitos que levam à pureza e ao rigor em coisas do espírito serão exigidos a si mesmos por estes filósofos. Poderiam exibir-se como adorno próprio deles, mas nem por isso quererão que lhes chamem críticos. Parecer-lhes-á afronta não pequena à filosofia que se decrete, como hoje se faz com tanto gosto. "A própria filosofia é crítica e ciência crítica — e nada mais!" Que esta apreciação da filosofia seja aplaudida por todos os positivistas de França e da Alemanha (e até é possível que tenha lisonjeado o coração e gosto de Kant: recordem-se os títulos das suas obras principais). Nossos novos filósofos dirão, apesar disso, os críticos são instrumentos do filósofo e, exatamente por isso, por serem instrumentos, estão longe de ser filósofos!" Também o grande chinês [14] de Königsberg era apenas um grande crítico...

211 — Tenho insistido para que deixe de confundir, de uma vez por todas, os filósofos com os trabalhadores filosóficos e, em geral, os homens de ciência — em que precisamente aqui se dê com rigor "a cada um o que é seu" e não se dê demasiado a estes e pouco àqueles. Pode ser necessário à educação do verdadeiro filósofo o fato de ele próprio ter escalado uma vez todos estes degraus em que ficam parados — e *têm de* ficar parados os seus servidores, os trabalhadores científicos da filosofia. O próprio filósofo deve ter sido, talvez, crítico e cético e dogmático e historiador e, além disso, poeta e colecionador e viajante e adivinhador de enigmas e moralista e vidente e "espírito livre" e quase todas as coisas para percorrer o âmbito de valores e sentimentos valorativos humanos e *poder* olhar com muitos olhos e consciências da altura para qualquer distância, da profundidade para qualquer altura do recanto para qualquer longinqüidade. Isso tudo são apenas condições prévias da sua tarefa. Mas esta tarefa requer algo diferente — exige que ele *crie valores*.

Aqueles trabalhadores filosóficos, segundo o nobre modelo de Kant e Hegel, têm de constatar e que formular qualquer vasto conjunto de valorizações, ou seja, *postulados* de outrora, criações de valores, que se tornaram predominantes e foram chamadas, durante um certo tempo, "verdades" — seja no campo do *lógico*, seja no do *político,* moral ou no *artístico.* Constitui tarefa destes

---

[14] Nesta estranha fórmula culmina, por assim dizê-lo, a sempre viva relação, misto de admiração e de insatisfação, de Nietzsche face a Kant. Desde os tempos (1868) em que quis fazer uma tese de doutoramento sobre o tema "O conceito do orgânico a partir de Kant", influenciado pela leitura atenta do Kant de K. Fischer, passando pela magnífica homenagem que lhe rende n'*A Origem da Tragédia*, 18, até aos sarcasmos de *A Alegre Sabedoria*, 335 (Kant como uma raposa que, tendo conseguido romper as grades da sua jaula, volta a entrar nela por engano), e aos desta própria obra, af. 5 e 11, Nietzsche elogia e censura constantemente o filósofo de Königsberg. O que aqui pode significar chinês fica esclarecido pel'*A Alegre Sabedoria,* 377, onde *chinesice* equivale a mediocridade. Cf. af. 267 de *Para Além* e af. 11 de *O Anticristo*.

investigadores tornar bem visíveis, bem concebíveis, manuseáveis, apreensíveis, todos os acontecimentos e valorizações, abreviar o que for longo, até o próprio "tempo", e *dominar* todo o passado. Tarefa enorme e maravilhosa ao serviço da qual certamente se poderá satisfazer todo orgulho delicado, toda vontade tenaz. *Porém os verdadeiros filósofos são os que comandam e legisla,* dizem. "Deve ser assim!" Somente eles é que determinam o "para onde"? e o "para quê"? do homem, dispondo para isso do trabalho prévio de todos os trabalhadores filosóficos, de todos os dominadores do passado — eles é que agarram com mão criadora o futuro e tudo o que é e foi serve-lhes de meio, de instrumento, de martelo. O seu "conhecer" é *criação*, a sua criação é legislação, a sua vontade de verdade é — *vontade de poder*. — Existirão hoje tais filósofos? Já alguma vez os houve? Terá de existir tais filósofos?...

212 — Parece-me crer cada vez mais que o filósofo, como um homem necessário do amanhã e do depois de amanhã, esteve sempre e sempre teve de estar em oposição ao seu hoje. Seu inimigo sempre foi o ideal de hoje. Até o momento todos estes extraordinários promotores dos homens a que chamam filósofos e que, eles próprios, raras vezes se viram como amigos da sabedoria, mas antes como tolos insuportáveis e perigosos pontos de interrogação — acharam que a sua tarefa, dura, involuntária, inevitável, a grandeza da sua tarefa, consistia em serem eles a má consciência da sua época. Manuseando o bisturi para dissecar as virtudes da sua época, revelaram o que era o seu próprio segredo, ou seja, conhecer uma nova grandeza do homem, um novo caminho ainda não trilhado que o levasse ao seu engrandecimento. Denunciavam quanta hipocrisia, comodismo, deixar-se ir e deixar-se cair, quanta mentira se escondia por debaixo do tipo mais honrado da moralidade contemporânea, quantas virtudes estavam já *ultrapassadas*. Disseram inúmeras vezes: "Temos de ir precisamente para onde hoje *vós* vos sentis menos à vontade".

Em presença de um mundo de "idéias modernas" que pretendesse confinar cada um no seu canto, na sua "especialidade", um filósofo, se hoje pudesse haver filósofos, seria obrigado a situar a grandeza do homem, o conceito de "grandeza", exatamente na sua complexidade e diversidade, na sua múltipla totalidade. Determinaria até o valor e a categoria, segundo a capacidade de cada um poder suportar e aceitar coisas diferentes, pela amplitude que cada um pudesse dar à sua responsabilidade. Hodiernamente o gosto e a virtude da época enfraquecem e diluem a vontade, nada é tão atual como a fraqueza da vontade. Por conseguinte, no ideal do filósofo terão que fazer parte do conceito "grandeza" precisamente a força de vontade, a dureza e a capacidade para amplas resoluções. E isso com o mesmo direito com que a doutrina inversa e o ideal de uma humanidade simplória, abnegada, humilde e altruísta se adaptavam a uma época inversa que, tal como o século XVI, sofria da sua energia de vontade acumulada e das torrentes e furacões do egoísmo. No tempo de Sócrates, entre homens de instintos fatigados, entre atenienses conservadores que se deixavam ir — "para a felicidade", segundo eles diziam, para o prazer, segundo o que faziam — e que ainda continuavam a empregar as antigas expressões pomposas às quais a sua vida desde há muito lhes não dava direito, talvez a ironia tenha sido necessária à grandeza da alma, essa maliciosa certeza socrática do velho médico e plebeu que impiedosamente retalhou a própria carne como a carne e o coração do "aristocrata", com um olhar que dizia bem compreensivelmente: "nada de fingimentos comigo! aqui — somos todos iguais!" Contrariamente hoje, enquanto na Europa só o animal de rebanho recebe e dispensa honrarias, enquanto a "igualdade de direitos" se poderia transformar muito facilmente em igualdade na injustiça, quer dizer, em guerra generalizada a tudo o que é raro, singular, privilegiado no homem superior, a alma superior, o dever superior, a responsabilidade superior, a plenitude de poder criador e o dom soberano de dominar — hoje, o ser-se aristocrático, o querer viver-se à parte, o poder-se ser diferente, o estar-se só e viver-se por si próprio fazem parte do conceito "grandeza". Então o filósofo denunciará algo do seu próprio ideal ao estipular: "Será o maior aquele que conseguir ser o mais solitário, o mais escondido, o mais afastado, o homem para além do bem e do mal, o senhor das suas virtudes e transbordante de vontade. A isto claramente se chamará grandeza. Poder-se ser a um tempo múltiplo e inteiro, tão amplo como pleno". E voltamos a perguntar: será hoje *possível* a grandeza?

213 — É difícil discernir o que é um filósofo, por que não é profissão que se possa ensinar. Só se pode "sabê-lo", por experiência — ou ter o orgulho de *não* o saber. No entanto, como hoje todo mundo fala de coisas a respeito das quais não *pode* ter experiência alguma, esta regra aplica-se antes de tudo e da pior maneira aos

filósofos e à situação do filósofo. Pouquíssimos os conhecem, pouquíssimos são aqueles que têm o direito de os conhecer, e todas as opiniões populares a seu respeito estão erradas. Nesse contexto, por exemplo, essa coexistência genuinamente filosófica da espiritualidade arrojada e exuberante que corre rápido e de um rigor e necessidade dialéticas que não dão um passo em falso, é desconhecida por experiência própria da maioria dos pensadores e dos eruditos, e, por isso, não obteria quem dela falasse perante eles. Toda necessidade é por eles concebida como obrigação, como penoso seguir-para-diante e ser-se obrigado. O próprio pensar é, para eles, algo lento, vacilante, quase uma maçada e, freqüentemente, algo "digno do suor dos nobres" [15] — mas de jeito nenhum algo de ligeiro, de divino, de próximo da dança da alegria exuberante! "Pensar" e "tomar a sério", "tomar a peito" uma coisa — para eles é igual. Assim é que eles o "viveram". — Os artistas talvez já tenham, nesse ponto, um sentido mais delicado. Parece que sabem muitíssimo bem que é precisamente quando já nada fazem "arbitrariamente" e tudo necessariamente que o seu sentimento de liberdade, de percepção, de plenitude, de pôr, dispor e de configurar criadoramente atinge o apogeu — que então, enfim, necessidade e "liberdade da vontade" se unificam neles. Há, em suma, uma hierarquia de estados psíquicos que está em conformidade com a hierarquia dos problemas.

E os problemas supremos repudiam impiedosamente todo aquele que ousa aproximar-se deles sem estar predestinado para a sua resolução pelo alto nível e poder da sua espiritualidade. Para que serve isso se sabichões hábeis ou bons mecânicos e empiristas desajeitados procuram aproximar-se deles, como hoje acontece tantas vezes, e se introduzem à força, por assim dizê-lo, nesta "corte das cortes"! No entanto, pés tão rudes não devem nunca pisar semelhantes tapeçarias. Disso já cuidou a lei primordial. Para estes intrusos inoportunos os portões permanecem fechados, por mais que neles batam com as cabeças e se firam! É condição imprescindível ter-se nascido para esse mundo superior. Diria com mais exatidão, é preciso ter-se sido *criado* para ele. O direito à filosofia — tomada a palavra no sentido maior — possui-se apenas

[15] Frase de F. G. Klopstock, 1724-1803, que várias vezes na sua ode *O lago de Zurich*, diz que a imortalidade do poeta é "digna do suor dos nobres".

CAPÍTULO VII

As nossas virtudes

214 — Nossas virtudes? — É possível que também nós tenhamos nossas virtudes, conquanto obviamente não sejam aquelas virtudes ingênuas e robustas por amor das quais honramos, mas também afastamos de nós os nossos avós. Nós, os europeus de depois de amanhã, primogênitos do século XX — com toda a perigosa curiosidade, a nossa complexidade e arte de nos mascararmos, a nossa madura e como que adocicada crueldade do espírito e dos sentidos — talvez tenhamos, *se* é que as temos, as virtudes que aprenderam a dar-se bem com as nossas mais secretas e mais íntimas tendências, com as nossas mais urgentes necessidades. Pois bem, procuremo-las então nos nossos labirintos! Aí, como se sabe, tanto nós perdemos e tanto se perde.

Há coisa mais bela do que *procurar* as suas próprias virtudes? Isto já não quer dizer quase *acreditar* na sua própria virtude? Pensando bem, "acreditar na sua virtude" não será, lá no íntimo, o mesmo que no passado se chamava a "boa consciência", esse venerável e comprido rabicho feito de conceitos que os nossos avós penduraram na parte de trás da cabeça e, muitas vezes, também na da sua razão? Parece pois que, por menos que nos julguemos antiquados e ancestralmente honrados, há uma coisa em que continuamos a ser os dignos netos desses avós, nós os últimos europeus de boa consciência, pois também usamos ainda o seu rabicho. — Ah! Se soubésseis quão depressa, quão depressa e urgente tudo vai mudar!...

215 — Assim como no reino das estrelas há por vezes dois sóis que determinam a trajetória de um só planeta, assim como, em

certos casos, brilham à volta de um só planeta sóis de cores diferentes, ora com luz avermelhada, ora com luz verde, para depois o atingirem de novo simultaneamente, inundando-o de muitas cores. Também assim nós, homens modernos, graças à mecânica complicada do nosso "céu estrelado", somos determinados por *diferentes* morais. Nossas ações brilham alternadamente com diversos matizes, raras vezes são unívocas — e acontece freqüentemente que cometemos ações *multicores.*

216 — Amar aos inimigos? Parece-me que isso se aprendeu bem, já que se faz hoje de mil maneiras, em pequena e em grande escala. Algumas vezes acontece até algo de mais elevado e mais sublime: aprendemos a *desprezar* quando amamos e principalmente quando amamos melhor. E tudo isso inconscientemente, sem barulho, sem pompa, com esse pudor e esse mistério da bondade que proíbe a palavra solene e a fórmula-virtude.

A moral como atitude atualmente não combina com o nosso gosto. Também aí há um progresso. Assim como foi um progresso dos nossos pais ser-lhes, finalmente, contrária ao bom gosto a religião como atitude, incluindo a inimizade e a acritude voltairiana contra a religião (e tudo o mais que, antigamente, fazia parte da mímica dos livre-pensadores). É a sonoridade na nossa consciência, a dança no nosso espírito com a qual não se harmoniza nenhuma ladainha puritana, nenhum sermão de moral e probidade.

217 — Devemos nos acautelar com aqueles que atribuem grande valor a que os julguemos capazes de ter tato moral e sutileza em matéria de diferenciações morais. Jamais eles nos perdoarão se alguma vez se enganarem frente a *nós* (ou mais ainda, *sobre nós*). Tornar-se-ão inevitavelmente os nossos difamadores e detratores instintivos, mesmo que continuem a ser ainda nossos "amigos". — Bem-aventurados os que esquecem facilmente, pois conseguirão "digerir" também os próprios disparates.

218 — Os psicólogos da França — e onde mais existirão psicólogos hoje? — não esgotaram ainda o prazer amargo e multiforme na *bêtise bourgeoise*, como se... enfim, com esta atitude eles denunciam alguma coisa. Por exemplo, o honrado burguês de Ruão, Flauberg, por fim não via, não ouvia e não saboreava já outra coisa, pois esse era o seu modo de auto-tormento e crueldade mais refinada.

Pois bem, para variar — já que isso começa a aborrecer —, recomendo outra coisa para saborearmos: a manha inconsciente com que todos os cérebros bons e espíritos tacanhos da mediania reagem contra os espíritos superiores e suas tarefas, essa fina e complexa manha jesuítica que é mil vezes mais refinado do que a inteligência e o gosto desta classe média nos seus melhores momentos — até mesmo mais fina que a inteligência das suas vítimas. Isso prova uma vez mais que, entre todos os tipos de inteligência que até agora foram descobertos, o "instinto" é o mais inteligente. Afinal, estudai, ó psicólogos, a filosofia da "regra" em luta com a "exceção". Tereis um espetáculo digno dos deuses e da malícia divina. Ou, em outras palavras, fazei a vivissecção do "homem bom", do *homo bonae voluntatis*... em vós!

219 — A vingança predileta dos espíritos tacanhos são o julgamento e a condenação morais para com os que são menos tacanhos, além de uma espécie de indenização por terem sido maldotados pela natureza, e finalmente uma oportunidade de eles próprios obterem espírito e tornarem-se finos. Eis que até a maldade espiritualiza. Bem no íntimo dos sentimentos agrada-lhes que exista um padrão que ponha ao seu nível os abundantemente dotados de bens e privilégios de espírito. Lutam pela "igualdade de todos perante Deus" e para isso é que quase precisam da fé em Deus. Entre eles estão os mais fortes adversários do ateísmo. Enfurecê-los-ia quem lhes dissesse "uma alta espiritualidade não pode ser comparada com a honradez e a respeitabilidade de qualquer espécie de homem apenas moral". Acautelar-me-ei para não o fazer. Ao contrário, prefiro lisonjeá-lo com o meu postulado segundo o qual uma alta espiritualidade existe apenas como último produto de qualidades morais. Sendo uma síntese de todos esses estados que se atribuem aos homens "puramente morais" que os adquiriram, um por um, por uma longa disciplina e treino, talvez em muitas cadeias de gerações. Dizendo ainda que a elevada espiritualidade é justamente a espiritualidade da justiça e desse benevolente rigor que se sabe estar incumbido de manter, no mundo, a hierarquia mesmo entre as coisas — e não entre os homens tão-somente.

220 — No momento em que o louvor do "desinteressado" é tão popular, importa tomar-se consciência, não sem algum risco talvez, *do que*, para o povo, é motivo de interesse, e quais são, afinal, as

coisas com que o homem vulgar se importa profundamente. Incluindo as pessoas cultas, os próprios eruditos e, se não estou enganado, creio que também os filósofos.

Verifica-se então que a maior parte do que interessa e encanta os gostos mais delicados e mais refinados, as naturezas superiores, aparece ao homem médio como totalmente "desprovido de interesse". Se, apesar disso, nota uma certa dedicação, chama a isso *désintéressé* e admira-se que seja possível agir "desinteressadamente". Inúmeros filósofos souberam dar a essa admiração do povo uma expressão sedutora e misticamente supraterrena (provavelmente por não terem conhecido empiricamente a natureza superior!) — em vez de apresentarem a verdade nua e bastante fácil de que a ação "desinteressada" é uma ação *muito* interessante e interessada, contanto que... "E o amor?" Como? Até uma ação por amor havia de ser "altruísta"? Mas, ó seus patetas! — "E o elogio do que se sacrifica?" — Aquele que de fato fez sacrifícios sabe que pretendia e recebeu algo em troca — talvez algo de si em troca de algo em si — sabe que deu aqui, para ter mais ali, talvez para ser mais ou, pelo menos, para se sentir como "mais". Porém aqui está um domínio de perguntas e respostas em que um espírito mais delicado não gosta de se demorar. De tal maneira a verdade precisa reprimir aqui o bocejo se tiver que responder. Por último, a verdade é uma mulher e, como tal, não se deve violá-la.

221 — Disse um moralista pedante e doutrinário, sucede que eu respeito e distingo um homem altruísta. Porém, não pelo fato de o ser, mas por me parecer que ele tem o direito de ser útil a outrem à sua própria custa. Em suma, põe-se sempre o problema de se saber quem é ele e quem é aquele. No caso de alguém, por exemplo, que estivesse predestinado e feito para mandar, a autonegação e a humilde retirada não seriam virtudes, mas o desperdício de uma virtude — assim me parece a mim.

Qualquer moral altruísta que se considera absoluta e se dirige a toda gente, não peca só contra o bom gosto, antes é uma instigação a pecados de omissão, mais uma sedução sob a máscara da filantropia. E exatamente por isso uma sedução e uma lesão dos homens superiores, raros, privilegiados. É preciso se obrigar as morais a curvarem-se, antes de mais nada, perante a hierarquia. Deve-se censurar-lhes a sua arrogância — até acabarem por perceber que é imoral dizer-se: "O que é justo para um, é-o para o outro". — Dessa forma falava o meu moralista e pedante *bonhomme*. Teria ele merecido que o escarnecessem quando, deste modo, intimava as morais a terem moralidade? Porém não convém ter-se muita razão quando se quer ter do nosso lado os que riem. É mesmo um índice de bom gosto um grãozinho de não-razão.

222 — Em qualquer lugar em que hoje se pregue a piedade — e ouvindo bem, outra religião já não é pregada mais — deve o psicólogo ter os ouvidos bem atentos: através de toda vaidade, de todo barulho próprio destes pregadores (como de quaisquer pregadores), ele ouvirá um som rouco, arquejante, autêntico de *autodesprezo*. Faz parte, *se não é mesmo a causa!* daquele obscurecimento e afeamento da Europa que está já em crescimento há um século (e cujos primeiros sintomas estão documentados numa carta profunda de Galiani a Madame d'Epinay). O homem das "idéias modernas", esse altivo macaco, está extremamente descontente consigo mesmo. Isso é positivo. Ele padece. Sua vaidade permite apenas que ele "compadeça"...

223 — O europeu, que é um homem mestiço — em geral um plebeu razoavelmente feio — precisa absolutamente de um disfarce. Necessita da ciência histórica como guarda-roupa. Naturalmente sabe que nenhuma indumentária lhe fica bem. Veste e volta a vestir-se. Contemple-se o século XIX nas suas preferências efêmeras e nas diferentes mascaradas de estilo. Principalmente nos seus momentos de desespero, por "nada estar sob medida". Nulamente se enverga a máscara de romântico ou clássico, de cristão ou florentino, de barroco ou "nacional", *in moribus et artibus*: "nada assenta"! Todavia o "espírito", em especial o "espírito histórico", descobre ainda uma vantagem neste desespero: reexperimenta sempre, veste, adapta, tira, arrecada, mas acima de tudo estuda um novo farrapo do passado e do estrangeiro. Constituímos a primeira época erudita *in puncto* de "disfarces", isto é, os das morais, dos artigos de fé, dos gostos artísticos e das religiões. Estamos preparados, como nunca se esteve, para o carnaval de grande estilo, para a mais espiritual gargalhada e exuberância carnavalesca, para a elevação transcendental do supremo disparate e do escárnio aristofânico do mundo. Provavelmente descobriremos, precisamente aqui, o domínio do nosso *invento*, esse domínio em que também nós ainda podemos ser originais, como parodistas da História Universal

e bobos de Deus. Conquanto do presente nada tenha futuro, é possível que pelo menos o nosso riso tenha ainda algum futuro!

224 — *O sentido histórico* (ou a propriedade de adivinhar celeremente a hierarquia de valorizações segundo as quais um povo, uma sociedade, um homem viveram o "instinto divinatório" das relações destas valorizações, da relação entre a autoridade dos valores e das forças efetivas), este sentido histórico que nós europeus reclamamos como particularidade nossa, veio até nós no séquito daquela encantadora e tola semibarbárie em que a Europa foi precipitada pela mistura democrática das classes e raças. Somente o século XIX é que conhece este sentido como o seu "sexto sentido". Duramente justapostas e sobrepostas, todas as formas e modos de viver, todas as civilizações do passado desembocam em nós "almas modernas", graças a esta mistura, os nossos instintos refluem agora em todas as direções, nós mesmos somos uma espécie de caos. Como já disse, o "espírito" acaba por descobrir nisto a sua vantagem.

Devido à nossa semibarbárie no corpo e nos desejos temos acessos secretos a todas as partes, acessos que uma época aristocrática nunca possuiu, principalmente os acessos ao labirinto das culturas incompletas e a toda semibarbárie que jamais houve na terra. Na medida em que a parte mais considerável da cultura humana foi, até agora, semibarbárie, o "sentido histórico" quase significa sentido e instinto para tudo, gosto e paladar para tudo. Com isso, imediatamente demonstra ser um sentido não aristocrático. Voltamos, por exemplo, a estimar Homero. Talvez constitua o nosso progresso mais feliz o sabermos saborear Homero, que os homens de uma cultura aristocrática (por exemplo os franceses do século XVII, como Saint-Evremond [1], que lhe censura o *esprit vaste*, e até mesmo aquele que é o seu epílogo, Voltaire) não sabem

---

[1] Charles de Marguetel de Saint-Denis, senhor de Saint-Evremond, 1610-1703, cortesão, militar e literato francês, é um dos precursores de Voltaire e de Montesquieu, e o crítico literário mais importante da sua época. Nas suas *Dissertations sur la tragédie*, 1685, diz a propósito do termo vasto: "Sobre Homero, direi que é maravilhoso quando é puramente natural: justo nos caracteres, natural nas paixões, admirável no bem conhecer e bem expressar o que depende da nossa natureza. Quando o seu espírito vasto se debruçou sobre a natureza dos deuses, falou tão extravagantemente que Platão expulsou-o da República como a um louco".

nem sabiam compreender tão facilmente — e mal ousavam provar. O sim e o não muito precisos do seu paladar, o seu nojo sempre pronto a aparecer, a sua reserva hesitante a respeito de tudo quanto fosse heterogêneo, o seu medo da falta de gosto da própria curiosidade impulsiva e, de um modo geral, aquela má vontade de toda cultura nobre e auto-suficiente em confessar a existência de um novo desejo, de uma insatisfação em relação ao que é nosso, da admiração pelo que é dos outros. Tudo isto os põe em situação desfavorável frente às melhores coisas do mundo que não são propriedade sua ou não possam vir a ser presa sua, e nenhum sentido é mais incompreensível para esses homens do que precisamente o sentido histórico e a sua submissa curiosidade plebéia.

Não é diferente o que se passa a respeito de Shakespeare, essa espantosa síntese de gosto hispano-mouro-saxônico, de que um ateniense do grupo de amigos de Ésquilo se teria rido às gargalhadas se é que não se teria enojado a valer. Nós porém aceitamos exatamente esse múltiplo colorido selvagem, essa mistura do mais terno, mais grosseiro e mais artificial, com uma secreta familiaridade e cordialidade, gozamo-lo como refinamento da arte a nós reservado, e deixamo-nos perturbar tão pouco pela proximidade e pelas exalações nojentas da plebe inglesa em que se agita a arte e o gosto de Shakespeare quanto, por exemplo, na Chiaja de Nápoles onde, com todos os nossos sentidos despertos, seguimos o nosso caminho, encantados e de boa vontade, por mais que fedam as cloacas dos bairros da populaça. Nós, homens do "sentido histórico", temos, como tal, as nossas virtudes, isso é incontestável — somos pouco exigentes, altruístas, modestos, valentes, cheios de autodomínio, plenos de dedicação, muito gratos, muito pacientes, muito afáveis. Com tudo isto, provavelmente não tenhamos muito "bom gosto". Afinal, confessemos: o que, a nós, homens do "sentido histórico", custa mais a compreender, sentir, saborear, amar, o que, realmente, nos encontra preconcebidos e quase hostis é precisamente o que há de perfeito e de mais amadurecido em toda cultura e arte, o que há de aristocrático nas obras e nos homens, o seu instante de mar calmo e de auto-suficiência alciônica, a condição dourada e fria que mostram todas as coisas perfeitas. Talvez a nossa grande virtude do sentido histórico esteja necessariamente em oposição ao bom gosto, ou, pelo menos, ao melhor dos gostos, e não consigamos evocar em nós, senão desajeitadamente, senão hesitantemente, apenas sob constrangimento essas pequenas, curtas e supremas vicissitudes e transfigurações da vida humana que surgem uma vez por outra. Esses momentos e milagres em que uma grande força parou voluntariamente perante o incomensurável e o infinito em que se gozava de um excesso de prazer delicado na súbita dominação e petrificação, no sentir-se imobilizado firmemente num solo ainda trêmulo. Admitamos que a medida nos é estranha. Aquilo que nos atrai é exatamente o infinito, o desmesurado. Assim como os cavaleiros no cavalo desenfreado, largamos as rédeas perante o infinito, nós, homens modernos, semibárbaros que somos — e sentimos a *nossa* felicidade apenas onde também nos sentimos mais — *em perigo*.

225 — Hedonismo, pessimismo, utilitarismo, eudemonismo — todas estas maneiras de pensar que medem o valor das coisas pelo prazer e pelo sofrimento que elas proporcionam, ou seja, por circunstâncias acessórias e fatores concomitantes, são maneiras de pensar superficiais e ingenuidades, para as quais todo o que sabe que possui força *criadora* e consciência de artista não olhará sem escárnio, nem sem compaixão. Compaixão por vós! Certamente não é a compaixão como a entendeis. Não pode ser a compaixão pela "miséria social", pela "sociedade" e seus doentes e vítimas, por viciosos e arruinados à partida, que jazem em torno de nós. Menos ainda a compaixão pelas camadas de escravos insatisfeitos, oprimidos, revoltados, que ambicionam o domínio a que eles chamam "liberdade". — A *nossa* compaixão é uma compaixão superior, de horizontes mais vastos. Nós vemos como o *homem* se amesquinha, como *vós* o amesquinhais! Claro que há momentos em que olhamos justamente a *vossa* compaixão com uma angústia indescritível, em que nos defendemos dessa compaixão, em que achamos a vossa seriedade mais perigosa do que qualquer leviandade. Desejais, se possível — e não existe "possível" mais insensato —, *abolir o sofrimento*. E nós? Parece que *nós* preferíamos torná-lo mais intenso ainda e pior do que jamais fora! O bem-estar da forma como o entendeis — não é um objetivo, antes nos parece ser um *fim*, um estado que logo torna o homem ridículo e desprezível —, que faz *desejar* a sua perdição.

A disciplina do sofrimento, do *grande* sofrimento — não sabeis que foi só *esta* disciplina que criou, até agora, todas as sublimações do homem? Essa tensão da alma no infortúnio que lhe inculca a força, os seus estremecimentos frente ao grande cataclismo, o seu engenho e a sua coragem para enfrentar, agüentar, interpretar, aproveitar a desgraça e tudo o que jamais lhe foi dado de profundo, de mistério, de máscara, de espírito, de astúcia, de grandeza — não lhe foi dado isso sob sofrimento, sob a disciplina do sofrimento exagerado? Estão reunidos no homem *criatura* e *criador*. No homem há matéria, fragmento, abundância, barro, excremento, disparate, caos. Todavia no homem há também o criador, o escultor, a dureza de martelo, a contemplação divina do sétimo dia. Percebeis esta antítese? Percebeis que a vossa compaixão é pela "criatura no homem", pelo que deve ser formado, quebrado, forjado, rasgado, queimado, ardido, purificado — pelo que necessariamente tem de *sofrer* e *deve* sofrer? E a *nossa* compaixão — não percebeis para quem se dirige a nossa compaixão contrária, quando se defende da vossa compaixão como do pior de todos os amolecimentos e fraquezas? — Compaixão, portanto, *contra* compaixão! — Porém, digamo-lo uma vez mais, há problemas superiores a todos os problemas do prazer e sofrimento e compaixão. Sem dúvida que toda filosofia que se limita apenas a isso é uma ingenuidade.

226 — *Nós, os imoralistas!* — Este mundo que tem tudo a ver conosco, no seio do qual nós temos que temer e que amar, este mundo quase invisível, inaudível, do mandar delicado, do obedecer delicado, um mundo do "quase" em todos os aspectos, escabroso, insidioso, agudo, delicado — sim, está bem-defendido de espectadores grosseiros e da curiosidade familiar! Estamos trancafiados numa vigorosa rede e numa camisa-de-forças de deveres e não *podemos* libertar-nos. É justamente nisso que somos "homens do dever", nós também! É verdade que, algumas vezes, dançamos nas nossas "cadeias" e entre as nossas "espadas". Não é menos verdade que, mais freqüentemente, gememos debaixo delas e somos impacientes com toda a secreta dureza do nosso destino. No entanto, seja o que for que façamos, os patetas e a aparência visível dizem contra nós "estes são homens *sem* deveres" — temos sempre contra nós os patetas e a aparência visível!

227 — A honestidade — vá lá que seja essa a nossa virtude da qual não nos podemos libertar, nós, espíritos livres —, pois bem, vamos trabalhar nela, com toda a malícia e amor e não vamos cansar-nos de nos "aperfeiçoarmos" na nossa virtude, a única que nos restou. Que o seu brilho paire, um dia, como um crepúsculo dourado, azul, sarcástico, sobre esta cultura que está a envelhecer e

a sua seriedade surda e sinistra! Caso, apesar disso, a nossa honestidade, um dia, se cansar e suspirar e esmorecer e nos achar demasiado duros, preferindo uma vida melhor, mais fácil e delicada, como um vício agradável, então permaneçamos *duros*, nós, derradeiros estóicos! e enviemos em seu auxílio tudo quanto dispomos de diabólico — a nossa repulsa pelo grosseiro e pelo casual, o nosso *nitimur in vetitum* [2], a nossa coragem de aventureiros, a nossa curiosidade aguda e requintada, a nossa mais sensível, mais oculta, mais espiritual vontade de poder e de superação do mundo, vontade essa que, cheia de cobiça, divaga exaltada por todos os reinos do futuro. Corramos em auxílio do nosso "Deus", com todos os nossos "demônios"! Talvez que, por isso, não nos reconheçam e nos confundam. Que importa! Dirão: "A sua 'honestidade' — é o seu demonismo e nada mais!" Que importa! Mesmo que tivessem razão, não têm sido, até agora, todos os deuses diabos rebatizados e santificados? Em última instância, o que sabemos nós de nós? Sabemos como o espírito que nos guia quer que se lhe *chame*? (é uma questão de nomes). Quantos espíritos habitam em nós?

Nossa honestidade, ó espíritos livres — cuidemos para que ela não venha a ser a nossa vaidade, adorno e pompa, a nossa limitação, a nossa estupidez! Toda virtude tende para estupidez, toda estupidez para virtude. "Estúpido até à santidade", diz-se na Rússia. Cuidemos de que, por honestidade, não nos tornemos santos e enfadonhos! Não será a vida cem vezes curta demais para que nela nos aborreçamos? Seria necessário acreditar-se na vida eterna, para...

228 — Perdoem-me a descoberta de que, até agora, toda filosofia da moral foi enfadonha e fez parte dos soporíferos — e que, a meu ver, a "virtude" por nada foi tão prejudicada como pelo enfado provocado pelos seus apologistas. Com isso não quero negar a utilidade geral destes. Importa muito que o menor número possível de pessoas reflita sobre a moral. Portanto, importa muitíssimo que a moral não acabe, um dia, por se tornar interessante! Estejam descansados todavia! Hoje a situação é a mesma de sempre. Não

---

[2] Citação de Ovídio, *Amores*, 3, 4, 17, repetida por Nietzsche em muitas outras ocasiões. O contexto de Ovídio é: *"Nitimur in vetitum semper cupimusque negata; sic interdictis imminet aeger aquis"* (lançamo-nos sempre para o proibido e desejamos o que se nos nega; assim o doente aproxima-se das águas proibidas). Para Nietzsche chegou quase a ser um lema.

vejo ninguém na Europa que tenha (ou *dê*) a idéia de que a reflexão sobre a moral pudesse ser perigosa, capciosa, sedutora — que pudesse conter fatalidade! Vejam, por exemplo, como os incansáveis e inevitáveis utilitaristas ingleses trilham, pesada e gravemente, as pegadas de Bentham [3] (uma parábola de Homero di-lo mais claramente), assim como este trilhava já as pegadas do venerável Helvetius (não, não era homem perigoso, esse Helvetius) [4]. — Nada de pensamento novo, nenhuma variante, nenhum desenvolvimento de um pensamento antigo, nem sequer uma verdadeira história do que se pensou no passado.

Em suma, uma literatura *impossível*, desde que se não saiba temperá-la com um pouco de malícia. É que também nestes moralistas (que devem ser lidos com reserva, se é que *devem* ser lidos), se infiltrou aquele velho vício inglês que se chama *cant* e que é uma *tartuferia moral* desta vez oculta sob a nova aparência da cientificidade. Também não lhes falta uma resistência oculta aos remorsos de que, obviamente, sofrerá uma raça de antigos puritanos, apesar de se ocupar da moral cientificamente. (Um moralista não é a antítese de um puritano? Em outras palavras, como pensador que concebe a moral como problemática, como coisa questionável, enfim, como um problema? Moralizar não seria imoral?) No final das contas, todos eles querem que se dê razão à moralidade inglesa. Desde que com ela se sirva melhor a humanidade, ou o "proveito geral" ou a "felicidade da maioria", não!, a felicidade da *Inglaterra,* querem demonstrar a toda força que a aspiração à felicidade inglesa, quero dizer ao *comfort* e *fashion* (e, em última palavra, a um lugar no parlamento) é, ao mesmo tempo, o verdadeiro caminho para a virtude, e até querem demonstrar que toda virtude até agora existente consistia exatamente nesta aspiração.

Nenhum destes torpes animais de rebanho de consciência inquieta (e que se propõem a defender a causa do egoísmo como causa do bem-estar geral) quer saber ou farejar que o "bem-estar

---

[3] J. Bentham, 1748-1832, filósofo e economista inglês, fundador do utilitarismo como sistema de moral.

[4] C. A. Helvetius, 1715-1771, filósofo suíço do Iluminismo, defensor do sensualismo em teoria do conhecimento e do hedonismo em moral. No seu exemplar de *Para Além*, Nietzsche acrescentou a *esse Helvetius* as seguintes palavras: *"ce senateur Pococurante*, para dizê-lo com Galiani". Cf. *Lettres à Mme. D'Epinay.*

geral", não é um ideal, um alvo, um conceito definível, mas sim e apenas um vomitório — que o que é justo para um, é muito capaz de não *poder* ser justo para o outro, que a exigência de uma moral para todos é um prejuízo precisamente para os homens superiores, enfim, que há uma *ordem hierárquica* entre os homens e, por conseguinte, também entre as morais. Trata-se de um tipo de homem modesto e medíocre em seus fundamentos, o destes ingleses utilitaristas e, como já disse, conquanto sejam enfadonhos, pode muito bem ter-se em conta a sua utilidade. Devia-se mesmo *encorajá-los,* como se tentou parcialmente com os versos seguintes:

> Salve, bravos carroceiros,
> Sempre "quanto mais, melhor",
> Cada vez mais entorpecidos de cabeça e de joelhos,
> Sem entusiasmo, sem graça,
> Irremediavelmente medíocres,
> *Sans génie et sans esprit!*

229 — Nas épocas tardias, que poderiam orgulhar-se do seu humanitarismo, vê-se ainda tanto medo, tanta superstição receosa do "animal feroz e cruel", cuja sujeição constitui precisamente o orgulho dessas épocas mais humanas, que mesmo as verdades mais tangíveis deixam de ser expressas, durante séculos e como que por acordo, porque aparentam querer ressuscitar aquele animal feroz, finalmente morto. Creio que me arrisco um pouco ao deixar escapar uma dessas verdades. Possam outros captá-la e dar-lhe a beber tanto "leite do piedoso pensar"[5] que ela volte a ficar arrumada no seu cantinho, sossegada e esquecida. — Precisamos reaprender a crueldade e abrir os olhos. Finalmente, deve-se aprender a impaciência, para que não continuem a andar por aqui, virtuosa e insolentemente, enganos imodestos e grosseiros do tipo dos que, por exemplo, foram alimentados pelos filósofos velhos e novos a respeito da tragédia.

Quase tudo a que chamamos "cultura superior" se baseia na espiritualização e no aprofundamento da *crueldade.* — Esta é a minha tese. Aquele "animal selvagem" nem chegou a ser morto, vive, floresce, apenas foi divinizado. O que constitui a volúpia dolorosa da tragédia é a crueldade. O que tem produzido efeito

---

[5] *"Die Milch der frommen Denkart"* é um conhecido verso de Schiller em *Wilhelm Tell,* IV, III, Cf. *A Genealogia,* III, 5.

agradável na chamada compaixão trágica e, realmente, em tudo que seja sublime, até aos estremecimentos supremos e mais delicados da metafísica, recebe a sua doçura exclusivamente dos seus ingredientes. O romano na arena, o cristão no êxtase da cruz, o espanhol contemplando as fogueiras ou as touradas, o japonês dos nossos dias que se aglomera para assistir à tragédia, o operário dos subúrbios de Paris que tem a nostalgia das revoluções sangrentas, a wagneriana que, com a vontade suspensa, "se deixa inundar" por *Tristan und Isolde* — o que todos eles gozam e aspiram beber com misterioso ardor, são as beberagens bem temperadas da grande Circe "crueldade". Efetivamente, para isso deve-se banir a psicologia cretina de outrora que da crueldade apenas sabia ensinar que ela surge ante o enormíssimo sofrimento *alheio*. Há um gozo enorme, enormíssimo, também no próprio sofrimento, no fazermo-nos-sofrer-a-nós-mesmos — e sempre que o homem se deixa arrastar para a autonegação, no sentido *religioso* ou a automutilação, como aconteceu com os fenícios ou com os ascetas, ou em geral para a dessensualização, renúncia da carne, a contrição, ao espasmo puritano de penitência, para a vivissecção da consciência e para o *sacrifízio dell'intelleto* de Pascal, aí é atraído e impelido secretamente pela sua crueldade, por esses perigosos arrepios da crueldade voltada *contra nós mesmos*. Afinal, considere-se que mesmo o cognoscente, ao forçar o seu espírito ao conhecimento *contra* a tendência do próprio espírito e, muitas vezes, também contra os desejos do seu coração — ou seja, dizer que não, onde lhe apetecia dizer que sim, amar, adorar — age como artista e como glorificador da crueldade. Já o tomar-se algo profundamente a sério é uma violação, um querer-fazer-sofrer a vontade básica do espírito que incessantemente tende para a aparência e para a superfície. Em todo querer-conhecer há já uma gota de crueldade.

230 — Talvez seja bastante difícil compreender sem explicação o que se disse atrás a respeito de uma "vontade básica do espírito". Então, permita-se-me tecer um esclarecimento. — Esse algo imperioso a que o povo chama "espírito" quer ser senhor e sentir-se senhor, em si e à sua volta. Denota vontade de partir da multiplicidade para a simplicidade, uma vontade restritiva, escravizadora, sequiosa de mando e realmente dominadora. Suas necessidades e capacidades são nesse ponto as mesmas que as estabelecidas pelos fisiólogos para tudo o que vive, cresce e se multiplica. Manifesta-se a força do espírito ao apropriar-se de coisas estranhas numa forte

tendência de assemelhar o novo ao antigo, de simplificar o complexo, de desprezar ou rejeitar o totalmente contraditório. Ao mesmo tempo que sublima, destaca, falsifica arbitrariamente determinadas características e traços do que lhe é estranho, de qualquer pedaço de "mundo exterior". Dessa forma, é sua intenção incorporar "experiências" novas, enquadrar coisas novas em quadros antigos — o crescimento, portanto. De certo modo, com mais exatidão ainda, a sensação de crescimento, a sensação de força aumentada. Esta mesma vontade é servida por um instinto aparentemente oposto do espírito, uma decisão que irrompe subitamente para a ignorância, para o isolamento voluntário, um fechar das próprias janelas, um dizer-que-não íntimo a esta ou àquela coisa, um não-deixar-aproximar, uma espécie de estado de defesa contra muita coisa cognoscível, um contentamento com a escuridão, com o horizonte limitado, um dizer-que-sim e uma aprovação da ignorância. Como tudo isto é necessário conforme o grau do seu poder apropriador, da sua "força digestiva" em sentido figurado — e, de fato, é ao estômago que o "espírito" mais se assemelha. Aqui também entra a ocasional vontade do espírito em se deixar iludir, talvez com um leviano pressentimento de que as coisas *não* são deste e sim doutro modo, de que apenas as admitimos como tal, um prazer na incerteza e na anfibologia, um gozo íntimo, cheio de júbilo, com a estreiteza e o mistério arbitrários de um recanto, com a vizinhança demasiado próxima, com a fachada, com o ampliado, o reduzido, o deslocado, o embelezado, um gozo íntimo com a arbitrariedade destas manifestações de poder. Por fim entra aquela prontidão, não insuspeita, do espírito, em iludir outros espíritos e mascarar-se perante eles, aquela pressão e ímpeto constantes de uma força criadora, configuradora e transmutadora.

O espírito goza nelas a sua multiplicidade de máscaras e a sua astúcia, goza também a sensação da sua segurança, já que é exatamente pelas suas artes de Proteu que ele está mais defendido e mascarado! *É contra esta* vontade de aparência, de simplificação, de máscara, de capa, enfim, de superfície — pois toda superfície é uma capa — que atua aquela sublime tendência do cognoscente que concebe e quer conceber as coisas profunda, múltipla e essencialmente. Como uma espécie de crueldade da consciência e do gosto intelectuais que todo pensador corajoso reconhecerá em si desde que, como convém, tenha endurecido e aguçado longamente o seu olhar para ver-se a si mesmo e se tenha habituado a uma disciplina rigorosa e também a palavras rigorosas. Então dirá: "há algo de cruel na tendência do meu espírito". Os virtuosos e as pessoas amáveis tentam dissuadi-lo disso!

Realmente, seria mais simpático se, em vez de crueldade, nos acusassem, nos atribuíssem, em voz baixa e elogiosamente, uma "honestidade excessiva" — a nós, espíritos livres, muito livres. Dessa forma soará talvez um dia a nossa glória póstuma! Por enquanto — que, até lá, há muito tempo — talvez fôssemos nós mesmos os menos inclinados a adornar-nos com o ouropel de tais expressões morais. Toda nossa atividade passada estragou-nos precisamente este gosto e a sua alegre exuberância.

Veja que palavras bonitas, cintilantes, altissonantes, solenes: honestidade, amor da verdade, amor da sabedoria, sacrifício pelo conhecimento, heroísmo do homem veraz. Nelas há algo que faz crescer o orgulho. No entanto nós, eremitas e marmotas, há muito que no segredo de uma consciência de eremita nos convencemos de que também esta digna parada de palavras pertence aos velhos ornamentos, às velhas ninharias, ao velho ouropel da mentira própria da inconsciente vaidade humana, e que também sob essas cores e pinturas tão lisonjeiras é necessário reconhecer o terrível texto original *homo natura*. Retroverter pois o homem para a natureza, tornar-se senhor das muitas interpretações e segundos sentidos vaidosos e entusiastas, que até agora foram escritos e pintados por sobre aquele eterno texto original *homo natura*. Fazer com que o homem, de futuro, esteja perante o homem, como já hoje, endurecido na disciplina da ciência, esta perante a outra natureza com destemidos olhos de Édipo e tapados ouvidos de Ulisses, surdo perante as melodias atraentes dos velhos passarinheiros metafísicos que, durante demasiado tempo, lhe flautearam: "Tu és mais! Tu és superior! Tu és de outra origem!" Isso pode ser uma tarefa estranha e louca, mas é uma tarefa. E quem haverá de o negar? Por que a escolhemos, a essa tarefa louca? Ou, perguntando doutro modo: "Por quê, em suma, conhecimento?" Todo mundo fará a mesma pergunta. Quanto a nós, assim apertados, nós que já o perguntamos por cem vezes a nós mesmos, não encontramos, nem encontraremos resposta melhor que...

231 — A aprendizagem nos modifica, faz o mesmo que toda alimentação que também não "conserva" apenas — como bem sabe o fisiólogo. No íntimo de nós mesmos, muito "lá no íntimo", há, em verdade, qualquer coisa rebelde a toda instrução, um granito de *fatum* espiritual, de decisões predestinadas e de resposta a perguntas

escolhidas e pré-formuladas. A cada problema fundamental ouve-se inevitavelmente dizer "isso sou eu". Por exemplo, a respeito do homem e da mulher, um pensador não pode aprender nada de novo mas apenas aprender até ao fim — prosseguir até ao fim na descoberta do que, para ele, era "coisa assente" a esse respeito. Por vezes encontram-se certas soluções de problemas que alimentam precisamente a nossa grande fé. Talvez de ora em diante lhes chamemos as nossas "convicções". Futuramente só se verá, nessas convicções, pegadas que conduzem ao autoconhecimento, indicadores que conduzem ao problema que nós somos ou, mais exatamente, à grande estupidez que somos, ao nosso *fatum* espiritual, ao *incorrigível*, que se encontra totalmente "lá no íntimo". Depois desta atitude simpática que acabo de assumir em relação a mim mesmo, talvez me seja mais facilmente permitido dizer francamente algumas verdades sobre a "mulher em si". Principalmente porque agora já se sabe antecipadamente que são apenas — as *minhas* verdades.

232 — A mulher quer emancipar-se. Para atingir esse desiderato começa a esclarecer os homens sobre a "mulher em si". Sem dúvida que isto constitui um dos piores progressos no sentido do geral *afeamento* da Europa. Quanta coisa não se revelará nestas tentativas desajeitadas do cientificismo e autodesnudamento femininos! A mulher tem tantas razões para ficar envergonhada! Há tanto pedantismo na mulher, tanta superficialidade, doutrinarismo, presunção mesquinha, pequenez desenfreada e imodesta! Preste atenção no seu convívio com crianças! Até agora, só o medo ao homem refreou e reprimiu essas fraquezas. Ai de nós no dia em que o "eternamente-aborrecido na mulher"[6] — e ela é rica nisso! — ouse aparecer! Se ela começar a desaprender, radicalmente e por princípio, a sua inteligência e a sua arte, a da graciosidade, a de brincar, de dissipar cuidados, de aliviar as penas e de as tornar de ânimo leve, o seu delicado jeito para desejos agradáveis! Agora já se ouvem vozes femininas que, por Santo Aristófanes!, assustam. Explica-se ameaçadoramente

---

[6] "*Das Ewig-Langweilige am Welbe*" é evidente paródia dos versos finais do *Fausto* de Goethe, baseada na similitude entre *weiblich*, feminino, e *langwlich*, aborrecido:

Das Ewig-Weibliche
Zieht uns hinan.
(O eterno feminino
impele-os para o alto).

e com clareza de médico o que, em primeira e última análise, a mulher *quer* do homem.

Não revela um supremo mau gosto o fato de a mulher se preparar desta maneira para ser científica? Até os dias de hoje, a tarefa do esclarecimento era, felizmente, assunto para o homem, dom masculino. Ficava-se "entre nós".

Tem-se o direito de pôr reservas a tudo o que as mulheres escrevem sobre "a mulher" e de desconfiar que a mulher, afinal, *queira* esclarecimentos a seu próprio respeito — e que *possa* querê-lo... Precisa ver se, com isto, ela não procura para si um novo *adorno.* — O adornar-se não faz parte do eterno feminino? — Ora, então pretende assustar. Talvez, assim, pretenda dominar. Não quer a verdade, todavia. Que importa, à mulher, a verdade! Desde a origem, nada é mais estranho, mais avesso, mais odioso à mulher do que a verdade. A sua grande arte é a mentira, o que mais lhe interessa é a aparência e a beleza. Confessemo-lo entre nós homens: nós honramos e amamos na mulher exatamente essa arte e esse instinto. Nós que temos uma vida difícil e, para nos aliviarmos, gostamos de nos juntar a seres sob cujas mãos, olhares e tolices ternas, a nossa seriedade, a nossa gravidade, a nossa profundidade quase nos aparecem como uma tolice.

Pergunto por fim: alguma vez uma mulher concedeu profundidade a um cérebro de mulher, justiça a um coração de mulher? Não é verdade que, feitas as contas, a "mulher" foi, até agora, mais desprezada pela própria mulher — e de forma alguma por nós? — Nós, os homens, desejamos que a mulher não continue a desacreditar-se pelo esclarecimento. Foi preocupação e solicitude do homem pela mulher o fato de que a Igreja decretasse: *mulier taceat in ecclesia!*[7].

---

[7] Citação que provém de Paulo, Coríntios, I, 14, 34: *"Mulieres in ecclesiis taceant"* (que se calem as mulheres nas igrejas), mas que é mais conhecida no singular, como a usa Nietzsche, e tal como fora celebrizada por Goethe, num dos seus *Zahme Xenien*, "Epigramas Suaves", livro VII:

Was Werden das für Zeiten:
In Ecclesia mulier taceat;
Jetzt da eine Jeclich e Stimme hat
was will Ecclesia bedeuten?
(Que tempos aqueles:
In Ecclesia mulier taceati
Agora, quando qualquer mulher tem voz
que significará Ecclesia?)

Foi em proveito da mulher que Napoleão deu a entender à demasiado loquaz Madame de Staël: *mulier taceat in politicis* [8]! — Creio que é um verdadeiro amigo das mulheres quem hoje lhes disser: *mulier taceat de muliere!*

233 — Denota contradição dos instintos — além de revelar mau gosto — o fato de uma mulher citar como argumento a seu favor precisamente madame Roland, ou madame de Staël, ou monsieur George Sand [9], como se assim demonstrasse algo *a favor* da "mulher em si". Para os homens, as três mulheres citadas são mulheres *ridículas* por excelência — nada mais! — e precisamente os melhores *contra-argumentos* involuntários contra a emancipação e a auto-suficiência femininas.

234 — A estupidez na cozinha! A mulher como cozinheira! A horripilante insensatez com que cuida da alimentação da família e do dono da casa! A mulher não percebe o que a comida *significa,* e quer ser cozinheira! Se a mulher fosse um ser pensante, cozinhando já há milhares de anos, teria obviamente feito as maiores descobertas fisiológicas, e ter-se-ia tornado mestra na arte de curar! Devido as más cozinheiras, pela falta total de bom senso na cozinha é que foi mais retardada, mais prejudicada a evolução do homem. Veja que isso pouco melhorou nos nossos dias. Que sirva de aviso para as jovens meninas.

---

[8] São conhecidos os conflitos entre Napoleão e a baronesa de Staël. Em 1802 desterrou-a de Paris, irritado pelas suas contínuas intromissões em política, e em 1810 mandou destruir a primeira edição do *De L'Allemagne*, que foi reimpresso em Londres em 1813.

[9] As três mulheres que Nietzsche cita eram consideradas no seu tempo como símbolos de emancipação feminina. Madame Roland, 1754-1793, foi a esposa de um político girondino, nos tempos da revolução. Levada pelo estudo da Antigüidade à causa da República exerceu em Paris, desde 1791, uma grande influência sobre os chefes girondinos. Ao fracassar este partido, foi condenada à morte e guilhotinada. É sua a frase, ao subir ao cadafalso: "Ó liberdade, quantos crimes se cometem em teu nome!" Quanto à terceira mulher, sarcasticamente chamada por Nietzsche *monsieur*, George Sand é pseudônimo da escritora francesa Aurore Dupin, 1804-1876, célebre tanto pelos seus amores como pelos seus escritos. Nas suas novelas defende o direito da mulher ao amor extraconjugal. Em *O Crepúsculo dos Ídolos*, Nietzsche ataca-a violentamente — V. "Incursões de um Intempestivo", 1 e 6.

235 — Há expressões, frases espirituosas, há sentenças, uma vertente de palavras nas quais de repente se cristaliza toda uma cultura, toda uma sociedade. Lembro-me daquelas palavras ocasionais de madame de Lambert a seu filho: *"mon ami, ne vous permettez jamais que de folies, qui vous feront grand palisir"* [10]! — Que se frise: são as palavras mais maternais e mais inteligentes que jamais se dirigiram a um filho.

236 — Do que Dante e Goethe pensaram a respeito da mulher — aquele, cantando *"ella guardava suso, ed io in lei"*, este, traduzindo-o por "o eterno feminino" atrai-nos *para cima* [11]. Não duvido de que toda mulher mais nobre se defenderá desta opinião, já que ela acredita exatamente isso sobre o eterno masculino...

237 — *Sete sentençazinhas femininas* [12].

Sempre que um homem se acerca de nós logo voa o aborrecimento.

* * *

Idade, ah, e ciência dão força também à fraca virtude.

* * *

Vestida de negro e calada, toda mulher tem aspecto de — inteligente.

* * *

A quem estou grata, quando feliz? A Deus! — e à minha modista.

---

[10] A. T. de Lambert, 1647-1733, escritora e moralista francesa, escreveu a frase citada na sua obra *Avis d'une mère a son fils,* 1726. A citação exata é: *"Mon ami, ne vous permettez jamais que des folies qui vous fassent plaisir"*.

[11] Dante, *Paraíso*, I, 64 e II, 22; Goethe, *Fausto* II, vv. 12 110-12 111: *"das Ewig-Weibliche zieht uns hinan"*.

[12] Nestas sete sentenças imitam-se sete provérbios alemães.

* * *

Jovem: caverna florida. Velha: dela sai um dragão.

* * *

Nome nobre, perna bonita, e ainda um homem: oh, se ele fosse meu!

* * *

Poucas falas, sentido profundo — gelo em que cai a burra!

237a — Os homens trataram até agora as mulheres como pássaros que, vindos das alturas, se perderam e vieram refugiar-se ao pé deles. Enfim, como algo de mais delicado, mais vulnerável, mais selvagem, mais esquisito, mais doce, com mais alma — mas algo que se deve engaiolar, para que não fuja.

238 — Quanto ao problema fundamental "homem e mulher", enganar-se, negar aqui o mais profundo antagonismo e a necessidade de uma tensão eternamente hostil, sonhar aqui, talvez, com direitos iguais, com educação igual, com exigências e obrigações iguais, é um sinal típico de superficialidade, e um pensador que, nesta questão perigosa, se mostrou superficial — superficial no instinto! Pode ser considerado como suspeito, mais ainda, como denunciado, como descoberto. Talvez será demasiado "curto" em todos os problemas essenciais da vida, também da vida futura, e não poderá descer a nenhuma profundidade. Opostamente, um homem que possua profundidade de espírito como de ambição e também essa profundidade da benevolência que é capaz de rigor e de dureza e que facilmente se confunde com estas, não pode tomar, a respeito da mulher, senão uma posição *oriental.* Ele tem de conceber a mulher como propriedade, como objeto que possa encerrar-se sob ferrolho, como algo predestinado à servidão e que só nela encontra a sua plenitude. Neste ponto tem de aceitar a prodigiosa razão da Ásia, a superioridade de instinto da Ásia, como outrora o fizeram os gregos, esses melhores herdeiros e discípulos da Ásia, que, como se sabe, desde Homero até à época de Péricles, como o

progresso da cultura e o acréscimo da força física, passo a passo, se foram tornando *mais rigorosos* para com a mulher, numa palavra, mais orientais.

Quão necessário, *quão* lógico, quão humanamente desejável isso foi. Que cada mulher medite sobre isso!

239 — Por parte dos homens, em nenhuma época o sexo fraco foi tratado com tanto respeito como na nossa. Isso é uma conseqüência da nossa tendência e do nosso gosto fundamentalmente democráticos, assim como a falta de respeito pela velhice. Admirar de quê, pois, que ela abuse dessa estima? Quer-se mais, aprende-se a exigir, acaba-se por achar quase uma ofensa a homenagem rendida, preferir-se-ia a competição de direitos, mesmo a luta. Enfim, a mulher perde o pudor. Acrescentemos desde já que perde também o gosto. Parece que desaprende a temer o homem. Todavia a mulher que "desaprende o temor" abandona os seus instintos mais femininos.

Cremos ser bastante justo e compreensível que a mulher ouse avançar quando o que no homem inspira receio, ou mais claramente, quando o *homem* no homem já não é desejado, nem cultivado. Mais difícil de compreender é que por isso mesmo a mulher degenere. É o que acontece atualmente. Não tenhamos ilusões a esse respeito! Em qualquer lugar onde o espírito industrial venceu o espírito militar e aristocrático, a mulher aspira à autonomia econômica e jurídica de um caixeiro. "A mulher como caixeira" está afixado no portão da sociedade moderna em formação. Deste modo, apoderando-se de novos direitos, aspirando a ser "patrão", inscrevendo o "progresso" da mulher nas suas bandeiras e bandeirolas, ela realiza com nitidez assustadora o contrário: *a mulher perde influência*.

Na Europa, desde a revolução francesa, a influência da mulher *decresceu* à medida que cresceu em direitos e exigências. A "emancipação da mulher", na medida em que é reivindicada e promovida pelas próprias mulheres (e não apenas por cretinos masculinos), resulta deste modo como um curioso sintoma do crescente enfraquecimento e embotamento dos instintos mais femininos. Há *estupidez* neste movimento, uma estupidez quase masculina, de que uma mulher às direitas — que é sempre uma mulher inteligente — se devia envergonhar. Perder o faro dos meios que conduzem mais seguramente à vitória; desleixar a prática na arte das armas mais apropriadas; perder a linha perante o homem, talvez mesmo "até ao livro" em que antigamente se adotavam as boas maneiras e a submissão refinada e astuta; minar, com um atrevimento virtuoso, a fé do homem num ideal totalmente diferente, oculto na mulher, em qualquer coisa de eterna e necessariamente feminino; dissuadir o homem, expressa e loquazmente, de que a mulher devia ser mantida, cuidada, poupada como um animal doméstico bastante delicado, estranhamente selvagem e freqüentemente agradável; juntar desajeitadamente e com indignação tudo o que lembrava a escravidão e a servidão que tinha e ainda tem a posição da mulher na ordem atual da sociedade (como se a escravidão fosse um contra-argumento e não, opostamente, uma condição de toda cultura superior, de toda elevação da cultura) — que significa tudo isto senão uma desintegração do instinto feminino, uma perda de feminilidade?

Ressalta evidente que há muitos amigos idiotas e corruptores da mulher, entre os burros eruditos do sexo masculino, que aconselham a mulher a desfeminizar-se desta maneira e a imitar todas parvoíces de que sofre o "homem" na Europa, a "virilidade" européia — que queriam fazer com que a mulher descesse até à "cultura geral", mesmo até à leitura dos jornais, e à politiquice. Aqui e além até se pretende fazer das mulheres livre-pensadores e literatos. Como se uma mulher sem piedade não fosse, para um homem profundo e ímpio, algo de completamente repugnante ou de ridículo. Por quase toda parte, estragam os seus nervos com o mais doentio e perigoso de todos os tipos de música (a nossa música alemã mais recente) e tornam-nas todos os dias mais histéricas e mais incapazes para a sua primeira e última profissão, a de dar à luz crianças saudáveis [13]. Querem-nas "cultivar", ainda mais e, como dizem, tornar forte o sexo fraco por meio da cultura. Como se a História não ensinasse com a maior insistência que o "cultivo" do homem e o enfraquecimento, ou seja, o debilitamento, dispersão, amolecimento da força de vontade se acompanharam sempre par a par e que as mulheres mais poderosas e de maior influência (ultimamente, a mãe de Napoleão) deviam o seu poder e a preponderância sobre os homens exatamente pela sua força de vontade — e não aos mestres-escolas!

---

[13] Óbvia referência às entusiastas adeptas e seguidoras de Wagner, as wagnerianas.

O que na mulher inspira respeito e muitas vezes medo é a sua natureza, "mais natural" que a do homem, a sua genuína e astuciosa agilidade de animal feroz, a sua garra de tigre sob a luva, a sua ingenuidade no egoísmo, a impossibilidade de a educar e o seu instinto selvagem, as suas paixões e as suas virtudes inconcebíveis, vastas, inconstantes... Apesar do medo, o que faz com que tenhamos pena desta gata "mulher" perigosa e bela é que ela parece ser mais sofredora, mais vulnerável, mais necessitada de amor e mais condenada à desilusão do que qualquer outro animal.

Temor e compaixão: foi com estes sentimentos que até agora o homem se encontrou frente à mulher, já com um pé na tragédia, que dilacera na medida em que encanta. Como? Isso ter-se-ia acabado agora? Estaria desaparecendo *o encanto* da mulher? Surge lentamente a mulher entediante? Ó Europa! Europa! Conhece-se o animal com chifres que para ti sempre foi o mais atraente, que representou sempre a ameaça para ti [14]! A tua velha fábula podia mais uma vez tornar-se "história" — mais uma vez uma grande estupidez poderia apoderar-se de ti e arrastar-te! Nenhum deus estaria escondido sob ela, não!, apenas uma "idéia", uma "idéia modernista"!

[14] O animal com cornos é o touro branco em que Zeus se transformou para raptar Europa.

CAPÍTULO VIII

Povos e pátrias

240 — Ouvi, novamente pela primeira vez [1], a abertura dos Meistersinger, de Richard Wagner. Trata-se de uma arte pomposa, sobrecarregada, pesada e tardia que se orgulha em supor vivos ainda, como premissas da sua compreensão, dois séculos de música. Constitui uma honra para os alemães que tal orgulho não se tenha enganado. Que seivas e forças, que estações e climas se encontram aqui misturados! Faz pensar num ar ora antiquado, ora estranho, acre e demasiado verde. Chega a ser tão arbitrário como pomposamente tradicional, por vezes trocista, mais vezes ainda rude e grosseiro. Esparge fogo e coragem e ao mesmo tempo tem a casca mole e amarelenta dos frutos que amadurecem demasiado tarde. Desliza largo e cheio. De repente surge um momento de inexplicável hesitação, como que uma lacuna que se abre entre causa e efeito, uma pressão que nos faz sonhar, quase um pesadelo, e de novo volta a fluir, larga e extensa, a velha corrente de agrado, de múltiplo prazer, em que numa velha e nova felicidade, *largamente* se mistura a felicidade que o artista sente em si mesmo, da qual não pretende esconder o seu conhecimento surpreso e feliz por serem magistrais os meios que empregou, meios artísticos novos, recém-adquiridos e ainda não experimentados por ninguém, como parece querer dar-nos a entender. Observadas as coisas em conjunto, não há aqui

---

[1] O paradoxo alude à sua momentânea recaída na patrioteirice de que fala no capítulo seguinte. A audição das aberturas de *Tristan und Isolde* e de *Meistersinger* por Nietzsche ocorreu em Leipzig, a 28 de outubro de 1868, e foi o motivo imediato da sua conversão à música de Wagner.

beleza, nem sul, nada de meridional, nada da fina luminosidade do céu, nenhuma graciosidade ou dança, nem sequer vontade de lógica. Nota-se mesmo uma certa deselegância, ainda por cima sublinhada, como se o artista nos quisesse dizer: "era essa a minha intenção". Umas vestes pesadas, algo de voluntariamente bárbaro e solene, uma confusão cintilante de preciosidades e rendas doutas e veneráveis. Alguma coisa de alemão no melhor e pior sentido da palavra, algo que é, à maneira alemã, complexo, informe e inesgotável. Um certo poderio e uma plenitude alemãs da alma que não receiam esconder-se sob os requintamentos da decadência, que talvez seja aí que se sente mais à vontade. Um verdadeiro e genuíno símbolo da alma alemã, que é simultaneamente jovem e senil, hipermadura e hiper-rica ainda de futuro. Este tipo de música exprime melhor a minha opinião a respeito dos alemães, pois eles são de anteontem e de depois de amanhã — *ainda não têm hoje.*

241 — Nós, "os bons europeus". Pois que também temos horas em que nos permitimos um efusivo patrioteirismo, um salto e uma recaída em velhos amores e estreitezas — acabo de ter um acometimento —, horas de efervescência nacional, de aflições patrióticas ou toda espécie de antiquadas inundações sentimentais. Espíritos mais lentos do que nós talvez precisem para digerir aquilo que em nós se limita a horas e termina em horas, necessitam de meio ano uns, de meia vida humana outros, conforme a rapidez e a força da sua digestão e do seu "metabolismo". Digo mais, posso imaginar raças apáticas e hesitantes que, mesmo na nossa apressada Europa, precisariam de meio século para vencer tais acessos atávicos de patrioteirismo e de apego à terrinha e para regressar à razão, ou seja ao "bom europeísmo".

Divagando sobre esta possibilidade, acontece-me que sou testemunha de uma conversa entre dois velhos "patriotas" — evidentemente ambos ouviam mal e falavam mais alto devido a isso. "*Aquele* [2] percebe tanto de filosofia como um camponês ou um estudante de corporação — disse um deles —, ainda é inocente. Mas que importa isso hoje! Estamos na era das massas. Prostram-se de barriga para baixo perante tudo que seja massivo. O mesmo

[2] Este diálogo é mais uma das freqüentes e veladas alusões a Bismarck na obra de Nietzsche.

acontece *in politics*. Um estadista que lhes constrói uma nova torre de Babel, uma monstruosidade qualquer de império e poder, é "grande" para eles. Que importa que nós, os mais cautelosos e mais reservados, não abandonemos por enquanto a velha convicção de que apenas a grandeza de pensamento dá grandeza a uma ação e a uma causa. No caso de um estadista conduzir seu povo à situação de, doravante, ter de fazer a "grande política" para a qual, por natureza, está maldotado e preparado, de tal maneira que este povo tenha necessidade de sacrificar as suas velhas e seguras virtudes por uma nova e duvidosa mediocridade; supondo que um estadista condene o seu povo a "fazer política" em geral enquanto o tal povo tinha, até agora, coisas melhores para fazer e pensar e, no âmago da sua alma, não tenha conseguido libertar-se de uma repulsa cautelosa pela inquietação, pelo vazio e pelas ruidosas reuniões dos povos propriamente politiqueiros; supondo que tal estadista instigue as paixões e desejos adormecidos do seu povo, transforme em vergonha a sua timidez e o seu prazer em se manter espectador, o inculpe do seu estrangeirismo e do seu secreto infinito, lhe deprecie as suas mais decididas tendências, lhe inverta a consciência, lhe estreite o espírito e "nacionalize" o gosto — como! Um estadista que fizesse tudo isso, do qual o seu povo deveria penitenciar-se todo o futuro, no caso de ter futuro, tal estadista seria *grande?*" "Sem dúvida nenhuma! — respondeu-lhe violentamente o outro velho patriota. — Senão não teria sido capaz de o fazer. Talvez fosse uma loucura pretender uma coisa dessas! Talvez tudo o que é grande não tenha sido no seu início mais do que uma loucura!" — "Abuso de palavras! — retorquiu gritando o seu interlocutor. — Forte! forte! forte e louco! Grande nunca!" — O ânimo dos velhos acaloraram-se visivelmente, gritando um para o outro as suas "verdades". Conquanto eu, na minha felicidade e no meu para-além, ponderei que, em breve, dominará o forte outro mais forte. Digo também que para a superficialização espiritual de um povo há uma compensação, que é realizada por um outro que se torna profundo.

242 — Dê-se o nome de "civilização", "humanização" ou "progresso" àquilo em que se procura agora o traço distintivo do europeu. Dê-se-lhe o nome simplesmente, sem louvor nem censura, com uma fórmula política, o movimento democrático da Europa. Por detrás de todas as fachadas morais e políticas que se indicam com fórmulas dessas, está realizando-se um imenso processo fisioló-

gico que se intensifica cada vez mais — o processo de uma assemelhação dos europeus, a sua ascendente libertação das condições sob as quais se formam raças vinculadas a um clima e a uma classe, a sua crescente independência de todo o *milieu determinado* que, durante séculos, se queria gravar na sua alma e no corpo com exigências sempre iguais, a saber, a lenta aparição de um tipo de homem essencialmente supranacional e nômade, o qual fisiologicamente falando, possui como distinção típica um máximo de capacidade e de força de adaptação. Tal processo de *evolução do europeu*, que pode ser retardado no seu ritmo por grandes recaídas, mas que, talvez precisamente por isso, ganhará em veemência e em profundidade — dele faz parte o ainda impetuoso *Sturm und Drang* [3] do "sentimento nacional", assim como o anarquismo nascente. Talvez esse processo venha a ter resultados com que provavelmente não contem os seus ingênuos promotores e panegiristas, os apóstolos das "idéias modernas".

Estas novas condições sob as quais se processará (falando em termos generalizantes), um nivelamento a uma mediocretização do homem — um homem animal de rebanho útil, trabalhador, multiplamente utilizável e obediente —, são no mais elevado grau, próprias para dar origem a homens excepcionais do tipo mais perigoso e mais atraente. Isso porque ao passo que aquela faculdade de adaptação que experimenta condições sempre variadas e que, com cada geração, quase em cada decênio, começa um novo trabalho, torna impossível o poderio do tipo. Enquanto que a impressão global causada por tais europeus do futuro será provavelmente a de trabalhadores aptos para muitas tarefas, charlatães, pobres de vontade e muito dóceis, que precisam do senhor, do chefe, como do pão quotidiano. Portanto, enquanto a democratização da Europa levará à produção de um tipo preparado para a escravatura no sentido mais disfarçado, o homem forte, nos casos únicos e excepcionais, deverá tornar-se mais forte e mais rico do que nunca, graças à falta de preconceitos da sua educação, graças à imensa variedade da sua exercitação, da sua arte e dissimulação. Em outras palavras: a democratização da Europa é, ao mesmo tempo, uma instituição

---

[3] Não se trata aqui do célebre movimento cultural e literário do pré-romantismo alemão, mas do sentido comum dessa expressão, extraída do título de um drama escrito em 1776 pelo escritor F. M. von Klinger, 1752-1831, para indicar um movimento espiritual especialmente violento.

involuntária para a criação de *tiranos,* entendida esta palavra em todos os sentidos, inclusive no mais espiritual.

243 — Prazerosamente ouço dizer que o nosso Sol se dirige rapidamente para a constelação de *Hércules.* Tenho esperanças de que o homem da Terra imite, nisso, o Sol! E nós na vanguarda, nós, os bons europeus! [4]

244 — Durante um certo tempo dava-se habitualmente aos alemães, como sinal de distinção, o epíteto de "profundos". Neste momento em que o tipo de maior êxito do novo germanismo ambiciona honrarias totalmente diferentes e talvez sinta, em tudo o que tem profundidade, a falta de "arrojo", quase é oportuno e patriótico duvidar-se se não terá sido enganoso aquele antigo elogio. Afinal, se a profundeza alemã, no fundo, não terá sido coisa diferente e pior — e algo que, graças a Deus, se vai perdendo com êxito. Façamos, então, a tentativa de rever as nossas idéias sobre a profundeza alemã. Para isso basta dissecar um pouco a alma alemã.

A alma alemã, primordialmente, é múltipla, de origem vária, mais composta de elementos justapostos e sobrepostos do que propriamente estruturada. Reside na sua origem a razão disso. Um alemão que se atrevesse a afirmar "duas almas habitam, ai!, no meu peito" [5] ofenderia muito a verdade ou, mais exatamente, ficaria a uma distância de muitas almas para trás da verdade. Sendo um povo da mais monstruosa mistura e amálgama de raças, talvez até com uma preponderância de elementos pré-arianos, como "povo do meio" em todos os sentidos, os alemães são mais incompreensíveis mais complexos, mais contraditórios, mais desconhecidos, mais incalculáveis, mais surpreendentes, mesmo mais terríveis do que os outros povos são para si próprios. Por isso escapam a qualquer definição e tornaram-se o desespero dos franceses. É uma característica dos

---

[4] Na Grécia antiga, Hércules personificava a fortaleza do corpo e da vontade.

[5] Dois famosos versos pronunciados por Fausto na cena "Frente à Porta da Cidade", no início do *Fausto* de Goethe vv. 1112-1113:

"Zwei Seelen wohnen, ach! in meiner Brust,
Die eine will sich von der andern trennen.
(Duas almas habitam, ai, no meu peito,
uma quer separar-se da outra)".

alemães o fato de neles nunca morrer a pergunta "que é ser alemão[6]?"

Kotzebue[7] certamente conhecia bem os seus alemães. "Nós fomos compreendidos", diziam-lhe estes, jubilosos. Todavia também *Sand* julgou conhecê-los bem. Jean Paul sabia o que fazia ao protestar furiosamente contra as lisonjas e exageros mentirosos, porém patrióticos, de Fichte[8]. No entanto é provável que Goethe tenha pensado a respeito dos alemães diferentemente de Jean Paul, conquanto lhe tenha dado razão a respeito de Fichte. Afinal, o que foi que Goethe pensou sobre os alemães? Sobre muitas coisas à sua volta, ele nunca falou com nitidez e sempre soube guardar um respeitoso silêncio. Verossimilmente tinha boas razões para o fazer. É verdade que não foram as "guerras de libertação"[9] que lhe deram alegria, nem tão pouco a revolução francesa. O acontecimento que o

---

[6] Esta pergunta foi o título de um famoso artigo de Wagner publicado nos *Bayreuther Blätter* em fevereiro de 1878. Respondera-lhe Nietzsche no af. 323 de *Humano, Demasiado Humano,* II, "Opiniões e Sentenças Misturadas": "Essa pergunta será respondida na prática por todo bom alemão precisamente pela superação das suas propriedades alemãs". V. também afor. 357 de *A Alegre Sabedoria,* intitulado "Sobre o Velho Problema: o que é ser alemão", e cf. *A Genealogia*, III, 27.

[7] A. von Kotzebue, 1761-1819, político e escritor alemão. Fundou o *Semanário Literário* em 1818, onde ridicularizou as idéias liberais, assim como os ideais patrióticos das associações estudantis. Acusado por estas de ser um agente ao serviço da Rússia foi morto à punhalada em Mannheim em 1819, precisamente por Karl L. Sand (1795-1820), a quem Nietzsche em seguida se refere, estudante de teologia da Universidade de Iena e membro da associação estudantil dessa cidade. Este seria condenado à morte e executado pela sua ação que provocou igualmente as *Resoluções de Karlsbad*, de agosto de 1819, obra de Metternich, que impuseram uma estrita vigilância às Universidades, repressão das associações estudantis politizadas e rigorosa censura.

[8] Nietzsche reporta-se aos *Discursos à Nação Alemã,* de J. G. Fichte, 1762-1825, catorze lições pronunciadas por este filósofo na Universidade de Berlim, entre 15 de dezembro de 1807 e 20 de março de 1808. Esta obra é um expoente, na literatura alemã, da *Vaterländerei,* patrioteirice, que Nietzsche tanto critica. Fora já contestada pelo escritor Jean Paul, 1763-1825, que, com o seu *Friedenspredigt an Deutschland* (Sermão de Paz para a Alemanha), também publicado em 1808, defendeu uma Alemanha cosmopolita e aberta ao mundo.

[9] *Freiheitskriege,* palavra alemã que designa as três campanhas de 1813, 1814 e 1815 que libertaram a Alemanha do domínio francês e influíram decisivamente na queda do império de Napoleão.

levou a repensar o seu *Fausto*, mesmo todo problema do homem, foi o aparecimento de Napoleão. Há palavras de Goethe que condenam com uma dureza impaciente, própria de um estrangeiro, aquilo que os alemães consideram como digno do seu orgulho. Pois que chega a definir o célebre Gemüt [10] alemão como "indulgência para com fraquezas alheias e próprias". Não terá razão ao afirmá-lo?

É característica dos alemães o fato de raras vezes não se ter razão ao falar sobre eles. A alma alemã tem galerias e corredores dentro de si, nela há cavernas, esconderijos, masmorras. Sua desordem tem muito do encanto do misterioso. O alemão conhece bem os caminhos tortuosos para o caos. Igualmente como toda coisa ama o seu símbolo, também o alemão ama as nuvens e tudo o que é pouco claro, que devém, crepuscular, úmido e toldado. O incerto, o inacabado, o que se transforma, o que está em crescimento, qualquer que seja a sua índole, tudo isso ele sente como "profundo". O próprio alemão não *é*, ele *devém*, ele "desenvolve-se". Por isso o "desenvolvimento" é o achado e a descoberta alemã por excelência, no grande reino das fórmulas filosóficas [11]. Um conceito dominante que, aliado à cerveja alemã e à música alemã, se esforça por germanizar toda a Europa. Os estrangeiros quedam espantados e sentem-se atraídos pelos enigmas que lhes propõe a natureza contraditória da alma alemã (que Hegel sistematizou e Richard Wagner ultimamente transpôs para a música). "Bondoso e malévolo", essa coexistência, insensata em relação a qualquer outro povo, justifica-se felizmente demasiadas vezes na Alemanha. É só viver por pouco tempo entre os suábios! O sábio alemão pesadão, a sua falta de gosto em sociedade, coaduna-se assustadoramente bem com uma acrobacia mental e com uma audácia ligeira da qual já todos os deuses aprenderam a temer. Pretendendo-se a demonstração de "alma almã", *ad oculos* olhe-se para dentro do gosto alemão, das artes e costumes alemães. Que indiferença campesina para com o

---

[10] Goethe, *Maximen und Reflexionen*, 340: "Durante um lapso de tempo de trinta anos os alemães não deveriam pronunciar a palavra *Gemüth* (caráter), dessa forma se iria engendrando outra vez o *Gemüth;* hoje este significa apenas indulgência para com as fraquezas, tanto próprias como alheias".

[11] Alusão a Hegel e ao termo tão repetido por este, *Entwicklung*. Cf. *A Alegre Sabedoria*, afor. 357.

"gosto"! Como coexistem, lado a lado, o mais nobre e o mais vil! Quão desordenada e rica é toda esta economia anímica.

O alemão arrasta o peso da sua alma. Arrasta o peso de todas as suas vivências. Têm dificuldade para digerir os seus acontecimentos, nunca consegue "arrumá-los". A profundidade alemã não passa freqüentemente de uma "digestão", difícil e arrastada. Semelhante aos doentes crônicos, todos os dispépticos têm uma tendência para o comodismo, assim o alemão gosta da "franqueza" e da "probidade". Quão cômodo não é ser-se franco e probo! Talvez seja hoje o traje mais perigoso e mais feliz que o alemão sabe usar, esse ar familiar, afável, esse pôr as cartas na mesa da *honestidade* alemã. Sem dúvida que é a sua arte mefistofélica propriamente dita, com ela pode "chegar ainda longe"! O alemão deixa-se ir, olha com os seus olhos alemães leais, vazios — e imediatamente o estrangeiro o confunde com o seu roupão! Em outras palavras: seja a "profundidade alemã" o que se quiser — cá muito entre nós, acaso não nos permitimos rirmo-nos dela? Agimos bem continuando a honrar também para o futuro a sua aparência e bom nome e em não vendermos ao desbarato a nossa velha fama de povo da profundidade, em troca do "arrojo" prussiano e do engenho e areia berlinenses. É inteligente para um povo *fazer-se* profundo, desajeitado, bondoso, honesto, pouco esperto. Poderia até ser profundo! Finalizando: devemos honrar o nosso nome — não é em vão que nos chamamos o *"tiusche" Volk, o Täusche-Volk*[12]...

245 — Findaram-se os bons "velhos tempos". Com Mozart soou o canto do cisne. Que felizes somos *nós* por ainda sentirmos o seu rococó, a sua "boa sociedade", o seu entusiasmo terno, o seu prazer infantil, no que é chinês e cheio de arabescos, a sua delicadeza do coração, o seu desejo do gracioso, do apaixonado, do dançante, do sentimental até à lágrima, a sua fé no sul, ainda tocarem qualquer resíduo dentro de nós! Ah, um dia isso acabará! Mas quem duvidaria de que, mais cedo ainda, acabará a compreensão e o gosto por Beethoven! Que não era senão o acorde final de uma transição e quebra e não, como Mozart, o acorde final de um grande e secular gosto europeu. Beethoven é o acontecimento intermédio entre uma

[12] Ironia com uma arbitrária relação entre a palavra *alemão,* em médio-alto alemão *tiusch,* e *täuschen,* enganar, que em médio-alto alemão se dizia *tiuschen.*

alma velha e demasiado madura que constantemente se quebra, e uma alma futura, demasiado jovem, que está constantemente a *emergir*. Sobre a sua música se estende aquela luz crepuscular própria da eterna perda e do eterno errabundo abrigar de transbordante esperança, a mesma luz em que se banhava a Europa quando com Rousseau tinha sonhado, quando dançou em torno da árvore da liberdade da Revolução e, finalmente, quase adorou Napoleão.

Quão depressa empalidece já hoje justamente este bom sentimento, como já é difícil hoje saber algo deste sentimento! Como soa estranha ao nosso ouvido a linguagem dos Rousseau, Schiller, Shelley, Byron, os quais conjuntamente exprimiram em palavras esse mesmo destino da Europa que Beethoven tinha sabido cantar!

A música alemã que veio depois já pertence ao romantismo, ou seja, a um movimento historicamente ainda mais curto, mais fugaz, mais superficial do que o foi aquele grande entreato, aquela transição da Europa de Rousseau para Napoleão e para a aparição da democracia.

Weber! Mas o que são para nós hoje o *Freischütz* e o *Oberon!* Ou o *Hans Heiling* e o *Vampyr,* de Marschner! [13] Ou o próprio *Tannhäuser,* de Wagner! Tudo isto é música passada, embora ainda não esquecida. Todas as músicas do romantismo não eram, além do mais, suficientemente aristocrática, suficientemente música para se impor também noutros lugares que não fossem o teatro e em frente da multidão. Diga-se logo, era música de segunda categoria que pouco interesse despertava entre verdadeiros músicos.

Já outra coisa se passava com Felix Mendelssohn, esse mestre alciônico que, por amor da sua alma mais diáfana, mais pura e mais feliz, foi rapidamente amado e também rapidamente esquecido. Consolidou-se como o belo incidente da música alemã.

Com referência a Robert Schumann, que tudo via sob um prisma sério e desde o início foi tomado também a sério — ele é o último que fundou uma escola —, não consideramos hoje uma sorte, um alívio, uma libertação o fato de ter sido superado esse romantismo schumanniano? Schumann, refugiando-se na "Suíça

---

[13] Crítica aos compositores Karl Maria von Weber, 1786-1826, pré-romântico e iniciador dos temas da ópera romântica como a lenda, o medievalismo, os poderes sobrenaturais, o popularismo, e H. Marschner, 1795-1861, compositor romântico, os dois predecessores de Wagner, que os seguiu nesse movimento.

saxônica" [14] da sua alma, meio Werther, meio Jean Paul, nada tendo certamente de Beethoven! Nada de Byron! A sua música do *Manfred* é um engano e um mal-entendido que chegam à injustiça [15]. Schumann, com o seu gosto que, no íntimo, era um gosto pequeno (quer dizer, uma propensão perigosa, entre os alemães duplamente perigosa, para o lirismo calmo e a embriaguez do sentimento), esquivando-se constantemente, encolhendo-se e retraindo-se timidamente, um nobre mimalho que se deleitava em felicidade e dor anônimas, uma espécie de menina e *noli me tangere* [16] desde o princípio. Pois este Schumann já era apenas um acontecimento alemão na música, já não europeu como o foi Beethoven, como, mais extensamente ainda, o tinha sido Mozart. Com ele a música alemã estava ameaçada pelo seu maior perigo, o de perder a *voz para a alma* da Europa e cair num mero patrioteirismo.

246 — Os livros escritos em alemão são um verdadeiro martírio para quem tiver um *terceiro* ouvido! É com indignação tamanha que estaca perante este pântano de sons sem harmonia, de ritmos sem dança, que roda lentamente e a que, entre alemães, se chama um "livro"! E o alemão que *lê* livros então! Como os lê preguiçosa, contrariadamente, como os lê mal! Quantos alemães sabem e exigem de si saberem que em cada frase boa há arte, arte que quer ser adivinhada na medida em que a frase quer ser compreendida! Qualquer mal-entendido sobre o seu ritmo por exemplo, e a própria frase estará mal-entendida! Que não deva haver dúvidas quanto às sílabas decisivas para o ritmo, que se sinta como intencional e como encanto a quebra da simetria demasiado rigorosa, que se preste um ouvido apurado e paciente a cada *staccato*, a cada *rubato* que se adivinhe o sentido na seqüência das vogais e dos ditongos e em quão terna e ricamente elas tomam cor e podem mudar de cor na sua seqüência. Dentre os alemães que lêem livros, quem tem

---

[14] "Suíça saxônica": região montanhosa perto de Dresden, na Saxônia, leste da Alemanha.

[15] Nietzsche tinha-se vingado deste *saxão enjoativo*, como o denomina em *Ecce Homo*, "Porque Sou Tão Inteligente", 4, ao compor a sua *Manfted-Meditation* (Meditação sobre o Manfredo), "Obra para Piano a Quatro Mãos", precisamente uma anti-abertura da obra de Schumann.

[16] Célebres palavras de Jesus ressuscitado a Maria de Magdala, em João, 20, 17, que se havia rojado aos seus pés para beijá-los — não me toques.

suficiente boa vontade para reconhecer, desta maneira, deveres e exigências e escutar tanta arte e intenção na linguagem? É que, no final das contas, "não se tem ouvido para isto". E assim não se ouvem as mais intensas antíteses do estilo, e a mais sublime mestria de arte é *desperdiçada* como música para surdos.

Eram esses os meus pensamentos quando notei quão grosseira e inadvertidamente se confundiam, um com o outro, dois mestres da arte da prosa, um a quem as palavras vão gotejando hesitantes e frias como desde o teto, de uma úmida caverna — pois ele conta com a sua ressonância e o seu eco sufocados — e outro que maneja a sua língua como uma espada flexível e que, desde o braço até aos dedos dos pés, sente a perigosa felicidade da lâmina trêmula e afiadíssima que quer destroçar, sibilar, cortar...

247 — A pouca afinidade que o estilo alemão tem a ver com a harmonia e com o ouvido, mostra-o o fato de que precisamente os nossos bons músicos escrevem mal. O alemão não lê em voz alta, não lê para o ouvido, mas apenas com os olhos. Ao ler, pôs os ouvidos na gaveta. O homem de outrora, quando lia — e raras vezes o fazia — recitava para ele próprio ouvir, em voz alta. Ficava admirado quando alguém lia em voz baixa e perguntava em segredo quais as razões para isso. Em voz alta quer dizer com todos os crescendos, inflexões, modificações do som e variações de ritmo com que o mundo *público* da antigüidade se deleitava. Daí que as leis do estilo da escrita eram as mesmas que as do estilo oratório. As leis deste dependiam em parte do espantoso desenvolvimento, das refinadas necessidades do ouvido e da laringe, em parte da intensidade, duração e poder dos pulmões antigos. No sentido dos antigos, um período é sobretudo um todo fisiológico, na medida em que se resume a uma só expiração. Períodos desses, que aparecem em Demóstenes, em Cícero, crescendo por duas vezes e decrescendo por outras duas vezes, e tudo isso num só sopro. Constituíam-se em deleites para os homens *antigos* que, devido à sua própria formação, sabiam apreciar a virtude que neles há, o raro e o difícil da sua recitação. N*ós*, no íntimo, não temos direito ao período *grande*, nós, modernos, nós, dispnéicos em todos os sentidos! É que estes antigos eram, todos eles, diletantes da oratória, por conseguinte conhecedores, por conseguinte críticos. Foi com isso que impeliram os seus oradores até ao extremo.

Semelhantemente no século passado, quando todos os italianos e italianas sabiam cantar, o virtuosismo do canto atingiu o auge (conjuntamente também a arte da melódica).

Na Alemanha houve (com exceção dos últimos tempos, em que uma oratória de tribunos agita tímida e desajeitadamente suas asas juvenis), no íntimo, uma espécie apenas de oratória pública e mais ou menos artística. É aquela que se fazia do púlpito. Apenas o pregador sabia, na Alemanha, quanto pesa uma sílaba, uma palavra, em que sentido é que uma frase golpeia, salta, se precipita, corre, flui. Ele era o único a ter consciência nos seus ouvidos, muitas vezes má consciência, pois não faltam razões para justamente o alemão raras vezes atingir a habilidade na oratória, e quase sempre tarde demais. A obra-prima da prosa alemã é pois justamente a obra-prima do seu maior pregador. A *Bíblia* foi até agora o melhor livro alemão. Comparado com a *Bíblia* de Lutero, quase todo o resto é apenas "literatura". Coisa que não cresceu na Alemanha e que por isso não lançou nem lança raízes nos corações alemães, conforme o fez a *Bíblia*.

248 — Os gênios são de dois tipos: um que rapidamente fecunda e quer fecundar outros, e outro que prefere ser fecundado e parir. Igualmente há entre os povos geniais aqueles a quem coube o problema feminino da gravidez e a missão secreta de formar, amadurecer e aperfeiçoar. Por exemplo, os gregos foram um povo desta espécie, assim como os franceses — e outros que têm de fecundar e ser a causa de novas ordens de vida — como os judeus, os romanos e talvez, perguntando-se com toda a modéstia, os alemães?

Povos atormentados e extasiados com febres de origem desconhecida e irresistivelmente impelidos para fora de si mesmos, apaixonados e ávidos de raças estranhas (aqueles que se "deixam fecundar") e, com tudo isso, ávidos de domínio, como tudo o que se sabe cheio de força geradora e, portanto, escolhido "pela graça de Deus".

Estes dois tipos de gênio procuram-se como o homem e a mulher. E semelhantemente também se dão mal mutuamente — tal e qual o homem e a mulher.

249 — Cada povo tem sua própria tartufice e a denomina sua virtude. — Ninguém conhece bem suas próprias qualidades — nem o pode conhecer.

250 — O que a Europa deve aos judeus? — Deve muito, de

bom e de ruim. Deve principalmente uma coisa que é ao mesmo tempo das melhores e das piores: o grande estilo na moral, a terrível majestade de infinitas exigências, de infinitos significados, todo romantismo e todo caráter sublime das problemáticas morais. Por conseguinte, justamente a parte mais atraente, mais capciosa e mais selecionada daqueles jogos de cor e daquelas seduções, que nos incitam a viver, em cuja cintilância arde hoje ainda o céu da nossa cultura européia, o seu céu crepuscular, que talvez se apague. Nós, os artistas entre os espectadores e filósofos, sentimos por isso, para com os judeus — gratidão.

251 — Devemos nos conformar quando, por sobre o espírito de um povo que sofre, que *quer* sofrer da febre nervosa nacional e da ambição política, passam variadas nuvens e perturbações ou, para resumir, pequenos acessos de estupidificação. Por exemplo, atualmente nos alemães vemos umas vezes a estupidez antifrancesa, outras a antijudaica, outras a antipolaca, outras a românica-cristã, outras a wagneriana, outras a teutônica, outras a prussiana (atentem-se a esses pobres historiadores, esses Sybel e Treitzschke [17] e as suas cabeças tão bem atadas), e os outros cujo nome não interessa, e, seja lá como quer que se chamem todos estes pequenos enevoamentos do espírito e da consciência alemães.

Que se me perdoe por também eu, numa certa e arriscada estadia em terreno muito infectado, não ter ficado totalmente imune à doença e já ter começado, como todo mundo, a meditar sobre coisas que não me dizem respeito. É o primeiro sinal da infecção política. Por exemplo, sobre os judeus, prestem atenção. Eu ainda não encontrei um só alemão que goste dos judeus. Por mais categórica que seja a repulsa do anti-semitismo propriamente dito por parte de todos os cautelosos e políticos, tal cautela e tal política não se dirigem porventura contra o próprio tipo de sentimento, mas apenas contra a sua perigosa imoderação, em especial contra a expressão insípida e vergonhosa deste sentimento desmedido. Não

[17] H. von Sybel, 1817-1895, historiador e político alemão, discípulo de Ranke, fundador em 1859 da famosa *Historische Zeitschrift*, e H. G. von Treitzschke, 1834-1896, também historiador e político, professor da Universidade de Berlim, cronista do reino, deputado e, ao contrário do primeiro, partidário de Bismarck. Cf. *Ecce Homo*, "As Intempestivas", 2.

nos iludamos a esse respeito. Que a Alemanha tem quantidade *suficiente* de judeus, que o estômago alemão, o sangue alemão têm dificuldade (e a terão por muito tempo) em digerir esse *quantum* de "judeu" — como fez o italiano, o francês, o inglês, graças a uma digestão mais completa — é a nítida expressão e a linguagem de um instinto geral que se deve escutar e de acordo com o qual se deve agir. "Não deixar entrar nem mais um judeu! Principalmente fechem-se-lhes as portas na fronteira do leste (e também na fronteira da Áustria! [18]), isso é o que ordena o instinto de um povo cuja índole é ainda fraca e indefinida, de forma que facilmente poderia esbater-se, ser apagada por uma raça mais forte.

Os judeus são, indubitavelmente, a raça mais forte, mais rija, mais pura que vive atualmente na Europa. Sabem impor-se mesmo nas piores condições (creio que até melhor do que em condições favoráveis), graças a certas virtudes que hoje se pretende transformar em vícios, graças sobretudo a uma fé resoluta que não precisa de se envergonhar frente às "idéias modernas". Os judeus se modificam quando são modificados, como o império russo faz às suas conquistas — como um império que dispõe de tempo diante de si e não é de ontem — quer dizer, seguindo o princípio de "o mais devagar possível!". Um pensador em cuja consciência pese a responsabilidade pelo futuro da Europa, contará, em todos os projetos que fizer sobre este futuro, com os judeus e também com os russos, como sendo os dois fatores por enquanto mais seguros e mais prováveis no grande jogo e conflito das forças. O que hoje, na Europa, se chama "nação" e que no fundo é mais uma *res facta* do que *nata* (e que por vezes se assemelha até se confundir com uma *res ficta et picta*), e é, de qualquer forma, algo em devir, uma coisa jovem, facilmente modificável, ainda não é raça e muito menos algo *aere perennius* [19] como é característico dos judeus. Essas "nações" deviam ter muita cautela com toda concorrência e hostilidade nascidas da precipitação. Resta evidente que os judeus, se quisessem — ou, se fossem obrigados a tal, como os anti-semitas o parecem querer —, *poderiam* ter desde já a preponderância e, muito literalmente, o domínio sobre a Europa. Igualmente seguro é que eles *não* o pretendem nem fazem projetos

[18] Jogo de palavras entre *Oesterreich*, Áustria, e *Oestreich*, Império do leste.

[19] Horácio, *Odes,* III, 30, 1, citado também em *O Anticristo*, 58.

nesse sentido. Ao contrário, por enquanto querem e desejam, até com alguma insistência, ser integrados e absorvidos na Europa, pela Europa. Creio que estão sequiosos por se fixarem seja onde for e serem admitidos, respeitados, acabarem com a vida nômade, com o "judeu errante" [20]. Devia-se atender a esta aspiração e comprazer esse impulso (pois eles talvez já exprimam um abrandamento dos instintos judaicos).

Talvez para isso fosse útil e conveniente expulsar do país os vociferadores anti-semitas. Dever-se-ia acolher os judeus com toda cautela, com critério seletivo. Conforme se vê fazer a aristocracia inglesa. É claro que quem poderia lidar com eles sem a menor desvantagem seriam os tipos mais fortes e já mais vinculados ao novo germanismo, por exemplo o oficial nobre da Marca [21]. Teria múltiplo interesse ver se era possível enxertar, cruzar, em complemento da arte hereditária do comando e da obediência — tradicional e clássica na província que acabo de citar — o gênio do dinheiro e da paciência (e, acima de tudo, um pouco de espírito e de espiritualidade, de que bastante carece o referido lugar).

Todavia neste ponto convém interromper a minha jovial alemanice e o meu solene discurso. Eis que já estou a tocar o que para mim é sério, no "problema europeu" conforme eu o entendo, na criação de uma nova raça que venha a governar a Europa.

252 — Os ingleses não constituem uma raça filosófica. Bacon significa um ataque ao espírito filosófico enquanto tal, Hobbes, Hume e Locke um rebaixamento e uma desvalorização do conceito de "filósofo" por mais de um século. *Contra* Hume ergueu-se e levantou-se Kant. Locke, de quem Schelling podia dizer *"Je méprise Locke"*. Na luta contra a tendência mecanicista dos ingleses para estupidificar o mundo estiveram de acordo Hegel e Schopenhauer (com Goethe), esses dois gênios irmãos hostis na filosofia, que se

---

[20] *Ewiger Zude*: ao pé da letra "judeu eterno", figura lendária chamada *Ahasvero* na Alemanha, a quem Jesus teria condenado à errância até ao Juízo Final por lhe ter negado o descanso junto à sua porta quando subia para o Calvário.

[21] Termo genérico para designar as fronteiras do Reich, aqui empregue para evocar especificamente a fronteira por excelência, a do leste, ou seja, a Marca de Brandeburgo, a Prússia, donde procediam os *Junkers*, a maioria dos oficiais do exército alemão.

afastaram para os dois pólos opostos do espírito alemão e se tratavam injustamente, como só irmãos cabalmente o fazem!

O que falta na Inglaterra, e sempre faltou, sabia-o muito bem esse semicomediante retórico, de mau gosto e turbulento, Carlyle [22], que tentava esconder sob máscaras passionais o que sabia a respeito de si mesmo. Faltava a Carlyle verdadeiro *poder* de espiritualidade, verdadeira *profundidade* no olhar espiritual, em suma, filosofia. Uma característica dessa raça não-filosófica é que venha a prender-se rigorosamente ao cristianismo. Diria que *precisa* da sua disciplina de "moralização" e humanização. O inglês, mais melancólico, mais sensual, mais forte de vontade e mais brutal que o alemão, é precisamente por ser o mais vulgar dos dois, também mais religioso do que o alemão. Por isso tem *mais necessidade* ainda do cristianismo. Para as narinas mais apuradas, esse mesmo cristianismo inglês tem ainda um cheiro autenticamente inglês de *spleen* e de devassidão alcoólica contra os quais, com boas razões, é utilizado como medicamento. Quer dizer, veneno mais sutil contra outro mais grosseiro. Realmente, uma intoxicação mais leve já é, em povos toscos, um progresso, um passo para a espiritualização. O caráter tosco e a seriedade rústica dos ingleses são mais suportavelmente mascarados, ou antes, explicados e reinterpretados na linguagem mímica cristã e nas rezas e entoação dos salmos. Para aquele rebanho de bêbados e devassos que outrora aprendia a grunhir moralmente sob a violência do metodismo e atualmente o aprende com o "Exército da Salvação", um espasmo de penitência será, em verdade, o máximo que de "humanismo" conseguirá atingir. É lícito e justo conceder-lhe isso. No entanto, o que ofende, mesmo no inglês mais humano, é a sua falta de música, falando em linguagem metafórica (e sem metáfora). Nos movimentos da sua alma e do seu corpo, o inglês não tem compasso, nem dança, mais ainda, nem sequer o desejo de compasso, de dança, de "música". Ouçam-no falar. Prestem atenção no *caminhar* das mais belas inglesas. Em país algum da terra, não há mais belas pombas e cisnes. Para finalizar: ouçam-na cantar. Acho que estou exigindo demais...

---

[22] Thomas Carlyle, 1795-1881, historiador da literatura e filósofo escocês, será criticado novamente por Nietzsche em *O Crepúsculo*, "Incursões de um Intempestivo", 1 e 12 e em *Ecce Homo*, "Por que Escrevo Tão Bons Livros", 1.

253 — Determinadas verdades são melhor reconhecidas por cabeças medíocres por lhes serem mais adequadas, há verdades que possuem encantos e forças sedutoras apenas para espíritos medíocres. Esta afirmação talvez desagradável impõe-se-nos precisamente hoje em dia, desde que o espírito de uns ingleses respeitáveis, mas medíocres — cito Darwin, John Stuart Mill e Herbert Spencer — começa a preponderar na região média do gosto europeu. Realmente, quem duvidaria da utilidade de, por um certo tempo, reinarem tais espíritos? Cairia em erro quem considerar que os espíritos de alta estirpe, que voam à parte, seriam especialmente hábeis em averiguar, colecionar e esquematizar muitos pequenos fatos vulgares. Contrariamente eles, como exceções, não estão em posição favorável em relação às "regras". Em último caso, têm mais que fazer do que apenas conhecer, em outras palavras, *serem* algo de novo, *significarem* algo de novo, *representarem* valores novos. Creiam que o abismo entre saber e poder é talvez maior, mesmo mais inquietante do que se pensa. Aquele que pode realizar algo em grande estilo, o criador, terá de ser possivelmente um ignorante, ao passo que, por outro lado, para descobertas científicas à maneira de Darwin uma certa estreiteza, secura e cuidado aplicado, enfim, um caráter inglês, seguramente que não disporá mal. Por fim, não esqueçamos que os ingleses já uma vez causaram, com a sua profunda mediocridade, uma depressão global do espírito europeu. Aquilo a que se chama "as idéias modernas" ou "as idéias do século dezoito" ou também "as idéias francesas" — aquilo, pois, contra o que o espírito alemão se insurgiu com profundo nojo —, isso era de origem inglesa, não cabe duvidar. Os franceses apenas foram os macacos imitadores e comediantes destas idéias, também os seus melhores soldados e, também e infelizmente, as suas primeiras e mais radicais vítimas. Eis que com a anglomania condenável das "idéias modernas", a *âme française* diluiu-se e emagreceu tanto que hoje nos recordamos quase com incredulidade dos seus séculos dezesseis e dezessete, da sua profunda força passional, da sua engenhosa aristocracia. E tem que se segurar com ambas as mãos esta afirmação de justiça histórica e defendê-la com unhas e dentes contra o instante e a aparência visível. A noblesse européia — do sentimento, do gosto, dos costumes, enfim, tomada a palavra em todo sentido elevado — é obra e invenção da França, a vulgaridade européia, o plebeísmo das idéias modernas — é obra da *Inglaterra.*

254 — Ainda agora a França é a sede da cultura mais espiritual e refinada da Europa e da alta escola do bom gosto. Conquanto seja preciso saber encontrar esta "França do bom gosto". Seus integrantes mantém-se bem ocultos. Pode ser pequena a quantidade daqueles em que ela ainda encarna e vive, ainda por cima homens que não se mantenham sobre pernas muito fortes, em parte fatalistas, melancólicos, doentes, em parte enervados e artificiosos, os que tenham, enfim, a ambição de se esconder. Há algo de comum a todos eles: fecham os ouvidos perante a tola estupidez e a loquacidade barulhenta do *bourgeois* democrático. Realmente, hoje e em primeiro plano revolve-se uma França estupidificada e grosseira. Recentemente, no enterro de Vítor Hugo, celebrou uma verdadeira orgia de mau gosto e, ao mesmo tempo, de auto-admiração [23]. E há outra coisa ainda que lhes é comum: uma boa vontade de se defenderem da germanização espiritual e uma ainda maior incapacidade de o fazer! Talvez Schopenhauer esteja agora mais em sua casa, na sua pátria, nesta França do espírito que é também uma França do pessimismo, do que jamais o esteve na Alemanha. Isto para não falar de Heinrich Heine, que já há muito tempo entrou na carne e no sangue dos líricos mais espirituosos e mais exigentes de Paris, ou de Hegel, que hoje exerce uma influência quase tirânica na figura de Taine, quer dizer, do primeiro historiador vivo.

Naquilo que se refere a Richard Wagner, quanto mais a música francesa aprenda a configurar-se segundo as reais necessidades da *âme moderne*, mais ela se wagnerizara, é lícito predizê-lo — já agora o faz bastante! Entretanto há três coisas que, ainda hoje, os franceses podem apresentar com orgulho como sua herança e patrimônio e como característica ainda existente de uma velha superioridade cultural sobre a Europa, apesar de toda a voluntária ou involuntária germanização e plebeização do gosto. A primeira é a capacidade de ter paixões artísticas, de se entregar à "forma" para as quais se inventou, além de mil outras, a frase *l'art pour l'art*. Coisas dessas não faltaram na França desde há três séculos para cá e tornaram possível sempre de novo, graças ao respeito pelo "pequeno número", uma espécie de música de câmara da literatura que

---

[23] O funeral de Vítor Hugo foi de uma extrema grandiosidade. Realizado em 1 de junho de 1885, contemporâneo pois da redação de *Para Além*, o féretro ficou exposto sob o Arco do Triunfo e foi em seguida trasladado para o Panteão Nacional; o governo francês decretou honras fúnebres de caráter nacional.

em vão se procurará no resto da Europa. A segunda coisa em que os franceses podem fundamentar uma superioridade sobre a Europa, é a sua antiga e múltipla cultura *moralista*, que faz com que se encontre em média, mesmo nos pequenos *romanciers* dos jornais e casuais *boulevardiers* de Paris, uma sensibilidade e curiosidade psicológicas de que na Alemanha, por exemplo, não se tem a menor idéia (e muito menos a coisa!). Para isso, falta aos alemães um par de séculos de caráter moralista a que, como já disse, a França não se poupou. Por esta razão, quem chamar "ingênuos" aos alemães transforma uma insuficiência em elogio.

Como oposto da inexperiência e inocência alemãs *in voluptate psychologica* que são parentes bastante próximas do enfado que caracteriza o convívio entre alemães — e como expressão mais feliz duma curiosidade e engenho genuinamente franceses neste mundo de frêmitos delicados, podemos considerar Henri Beyle, esse curioso antecipador e precursor que percorreu, com um ritmo napoleônico, a sua Europa, muitos séculos da alma européia, como um explorador e descobridor dessa alma. Foram precisas duas gerações para, de qualquer modo, o alcançar, para adivinhar tardiamente alguns dos enigmas que o atormentavam e encantavam, a esse estranho epicurista e homem-interrogação que foi o último grande psicólogo da França.

Ainda há um terceiro título de superioridade: na índole dos franceses está presente uma medianamente conseguida síntese do norte e do sul que os faz compreender muitas coisas e lhes manda fazer outras que um inglês nunca compreenderá. Seu temperamento, periodicamente virado para e desviado do sul, no qual de tempos a tempos transborda o sangue provençal e lígure, preserva-os da terrível monotonia do cinzento, nórdico e dos conceitos fantasmas e da anemia devidos à falta de sol. Nossa doença *alemã* do gosto, contra cujo excesso, atualmente e com grande decisão, se receitaram sangue e ferro, quero dizer, a "grande política" [24] (seguindo uma medicina perigosa que me ensina a esperar e esperar mas até agora ainda não me ensinou a ter esperança).

Atualmente também continua a haver na França uma pré-compreensão e um ir ao encontro daqueles homens mais raros e mais

[24]Nova alusão a Bismarck que declarara no parlamento a 30 de setembro de 1862: "Não é com discursos nem com acordos da maioria que se decidem as grandes questões da época — esse foi o erro de 1848 e 1849 —, mas sim com ferro e sangue".

raramente satisfeitos que são demasiado complexos para se contentarem com um patrioteirismo qualquer e sabem amar no norte o sul, no sul o norte dos mediterrânicos natos, "os bons europeus". Para eles é que Bizet compôs a sua música, esse último gênio que viu uma nova beleza e sedução, que descobriu um fragmento de *sul da música*.

255 — Necessita-se ter muita cautela em relação à música alemã. Dado que alguém ame o sul como eu amo, como uma grande escola de convalescença no campo mais espiritual como no mais físico, como uma indomável plenitude e transfiguração solar que se estende sobre uma existência autônoma e confiante em si mesma, uma tal pessoa aprenderá a ter cuidado com a música alemã, pois esta, ao estragar-lhe de novo o gosto, também lhe estraga a saúde. Esse homem meridional, não por origem, mas pela *fé,* caso sonhe com o futuro da música, também sonhará com a sua libertação do norte e terá que sentir nos seus ouvidos o prelúdio de uma música mais profunda, mais poderosa, talvez mais maldosa e misteriosa, uma música superalemã que não se esvai, amarelece ou empalidece à vista do voluptuoso mar azul e da claridade mediterrânea do céu, como sucede com toda música alemã. Faz sentir nos seus ouvidos o prelúdio de uma música supereuropéia que se afirme mesmo, perante os ocasos castanhos do sol do deserto, cuja alma é parente das palmeiras e se sente à vontade e sabe mover-se por entre grandes, belos e solitários animais ferozes... Eu poderia imaginar uma música cujo encanto mais raro consistisse em já não saber do bem e do mal, e sobre a qual talvez só uma vez por outra deslizasse uma certa nostalgia de navegante ou quaisquer sombras douradas e delicadas fraquezas. Uma arte tal que visse refugiarem-se junto dela, vindas de longe, as cores de um mundo moral no seu ocaso e que já quase se tornou incompreensível, e que fosse suficientemente hospitaleira e profunda para acolher tais refugiados tardios.

256 — Mercê do alienamento doentio que a loucura do nacionalismo provocou, e ainda provoca, entre os povos da Europa, mercê igualmente aos políticos de vistas curtas e mãos rápidas que hoje estão por cima devido a essa insânia e nem imaginam até que ponto a política dissolvente que seguem só pode ser, necessariamente, política de entreato — mercê a tudo isso e a muitas outras coisas que ainda hoje não se podem dizer, passam-se por alto ou

interpretam-se arbitrária e mentirosamente os sintomas mais inequívocos que indicam que a Europa quer unir-se.

Em todos os homens de maior profundidade e amplitude deste século a verdadeira tendência global no trabalho misterioso das suas almas foi a de preparar o caminho para essa nova síntese e antecipar, experimentalmente, o europeu do futuro. Certamente eles pertenciam às "pátrias" apenas superficialmente ou em horas de fraqueza, por exemplo na velhice, apenas descansavam de si mesmos ao tornarem-se "patriotas".

Lembro-me de homens como Napoleão, Goethe, Beethoven, Stendhal, Heinrich Heine, Schopenhauer. Não se me leve a mal se também lhes junte Richard Wagner, sobre quem não nos devemos deixar seduzir pelos seus próprios mal-entendidos — gênios do seu tipo raramente têm o direito de se compreenderem a si mesmos. Menos ainda nos devemos deixar enganar pelo incivilizado ruído que acompanha na França a atual resistência e oposição a Richard Wagner. Conquanto isso não deixa de ser um fato que o *romantismo tardio francês* dos anos quarenta e Richard Wagner estão muito íntima e estreitamente ligados. São afins, basicamente afins, em todos os altos e baixos das suas necessidades.

É a Europa, a Europa una, cuja alma anseia por elevar-se através da sua arte múltipla e impetuosa para o alto, e tende — para onde?, para uma nova luz?, para um novo sol? Quem poderia exprimir com precisão todavia o que todos esses mestres de novos meios lingüísticos não souberam exprimir claramente? O certo é que eles foram atormentados pelo mesmo *Sturm und Drang*, que todos pesquisaram da mesma maneira, esses últimos grandes pesquisadores! Todos eles dominados pela literatura até aos olhos e ouvidos — os primeiros artistas dotados de uma cultura literária universal. Na sua maioria eles próprios literatos, poetas, intermediários e misturando várias artes e sentidos (Wagner como músico é um pintor, como poeta, um músico, como artista em geral, um comediante). Todos eles fanáticos da expressão "a todo custo". Destaco Delacroix, o parente mais próximo de Wagner. Todos eles grandes descobridores no reino do sublime e também no do feio e do horrível, descobridores ainda maiores no campo dos efeitos, da encenação, da cenografia, tudo isto talentos para além do seu gênio, cem por cento virtuosos, com inquietantes acessos a tudo que seduz, atrai, obriga, subjuga, inimigos natos da lógica e das linhas retas, cobiçosos do que é estranho, exótico, monstruoso, curvo, contraditório. Como pessoas, Tântalos da vontade [25], plebeus que conseguiram subir e que, na vida e na criação, se sabiam incapazes de um ritmo aristocrático, de um lento. Lembro-me, por exemplo, de Balzac. Trabalhadores desenfreados, quase autodestruidores pelo trabalho. Antinomistas e revoltosos nos costumes, ambiciosos e insaciáveis, carentes de equilíbrio e de prazer. Finalmente, todos eles prosternados e ajoelhados perante a cruz cristã (e isso com toda razão, pois qual deles teria tido suficientemente profundidade e originalidade para construir uma filosofia do *Anticristo?*). Em conjunto, um tipo de homem superior, temerariamente audaz, magnificamente violento, voando nas alturas e arrastando os outros consigo, que primeiro tinha que ensinar ao seu século — que é o século da multidão! — o conceito de "homem superior"...

Que os amigos alemães de Richard Wagner meditem sobre se na arte wagneriana há algo de verdadeiramente alemão ou se ela não é precisamente caracterizada pelo fato de provir de fontes e impulsos *supra-alemães.* Sem subestimar o fato de que, para o desenvolvimento do seu tipo, foi indispensável precisamente Paris, para onde, no período mais decisivo o chamou a profundeza dos seus instintos, e de que toda a natureza da sua atitude, do seu auto-apostolado só se pôde realizar em face do modelo dos socialistas franceses. Numa comparação mais sutil, talvez se venha a descobrir, a favor da índole alemã de Richard Wagner, que ele foi em tudo mais forte, mais audaz, mais duro e mais elevado do que poderia ter sido um francês do século dezenove, graças à circunstância de nós, alemães, estarmos ainda mais perto da barbárie do que os franceses. Até pode ser que o mais notável que Richard Wagner criou fosse para sempre, e não só agora, inacessível, impossível de ser sentido e imitado por toda a raça latina, tão tardia. Refiro-me à figura de Siegfried, esse homem muito livre que, positivamente, talvez seja, e de longe, demasiado livre, demasiado duro, demasiado jovial, demasiado saudável, demasiado *anticatólico* para o gosto de velhos e caducos povos civilizados. Pode ter sido até um pecado contra o romantismo, esse Siegfried anti-romântico. Pois bem, Wagner pagou copiosamente este pecado, nos dias tristes da sua velhice, quando — antecipando um gosto que, entretanto, se tornou política — com a veemência religiosa que lhe era

[25] Tântalos da vontade: na mitologia grega, Tântalo foi condenado à eterna insatisfação da fome e da sede, por ter roubado e ofendido os deuses.

particular, começou, senão a sèguir, pelo menos a pregar o *caminho para Roma*.

Para que não sejam malcompreendidas estas minhas últimas palavras, quero recorrer à ajuda de alguns versos fortes que denunciarão também a ouvidos menos apurados o que eu quero, o que eu tenho *contra* o "último Wagner" e a música do seu *Parsifal*.

— Então isso é alemão?
É de coração alemão esta guincharia sórdida?
É de corpo alemão esta autodescarnação?
É alemão este abrir as mãos sacerdotal,
Esta excitação dos sentidos com perfumes de incenso?
É alemão este hesitar, precipitar, cambalear,
Este indefinido bim-bam-bumlear-se?
Estes olhares de freira, este badalar dos sinos do Avé,
Toda esta falsamente extasiada contemplação dos céus
e além dos céus?
— Então isso é alemão?
Refleti! Estais ainda à porta.
O que ouvis, é *Roma — a fé de Roma sem discurso!*

CAPÍTULO IX

Que é aristocrático?

257 — A elevação maior do tipo "homem" foi até agora obra de uma sociedade aristocrática. Parece que assim será sempre. Por se tratar de uma sociedade que acredita numa longa escala de hierarquias e diferenças de valor de homem para homem, e que precisa da escravatura em qualquer sentido. Sem o *pathos da distância*, produto das diferenças enraizadas das classes, sem o olhar perscrutador e altivo da casta dominante sobre os seus súditos e instrumentos, e da sua prática, não menos constante, em obedecer e mandar, em oprimir e distanciar, não poderia surgir também aquele outro *pathos* ainda mais misterioso, aquele desejo de um aumento sempre renovado da distância dentro da própria alma, o desenvolvimento de estados cada vez mais vastos e mais complexos, enfim, a elevação do tipo "homem", a contínua "auto-superação do homem" para empregar uma fórmula moral num sentido supra-moral.

Todavia não nos devemos entregar a ilusões humanitárias acerca da gênese de uma sociedade aristocrática (quer dizer, da condição prévia daquela elevação do tipo "homem"). A verdade dói! Sem piedade, digamos como foi que começou até agora na terra toda a cultura superior! Homens dotados de uma natureza ainda natural, bárbaros em todos os sentidos terríveis desta palavra, homens-feras, ainda de posse de inquebrantadas forças de vontade e desejos de poder, lançaram-se sobre raças mais fracas, mais civilizadas, mais pacíficas, talvez de comerciantes ou de criadores de gado, ou sobre velhas culturas caducas, nas quais as últimas forças vitais se iam apagando em resplandecentes fogos de vista de espírito e de corrupção. Inicialmente, a casta aristocrática era sempre a casta bárbara. Sua preponderância não residia primariamente na força física, mas na psíquica. Eram os homens mais *completos* (o que, nesse sentido, significa também "feras mais completas").

258 — A corrupção, indicadora de uma ameaça de anarquia nos instintos e de abalo na base dos afetos estruturais da "vida". A corrupção varia basicamente de acordo com a forma de vida em que se manifesta. Por exemplo, quando uma aristocracia como a da França no início da Revolução deita fora com um nojo sublime os privilégios e se sacrifica aos excessos do seu sentimento moral, pode-se dizer que isto é corrupção. Realmente, foi apenas o ato final daqueles séculos de corrupção permanente, graças à qual ela tinha cedido, passo a passo, os seus direitos senhoriais e se tinha reduzido a uma *função* da realeza (terminando a somente um falso aparato, a uma pompa exterior).

O essencial numa aristocracia boa e sã, porém, é que não se sinta como função (quer da realeza, quer da comunidade), mas como seu sentido e suprema justificativa — que portanto aceite com boa consciência o sacrifício de inúmeros homens que, por sua causa, devem ser oprimidos e reduzidos a seres incompletos, escravos, instrumentos. Sua fé básica deve, precisamente, ser a de que a sociedade não devia existir por amor da sociedade mas apenas como alicerce e andaime sobre os quais um tipo de seres de elite se consiga erguer até a sua missão superior e, geralmente, a um *ser* superior, comparável àquelas plantas trepadeiras de Java, ávidas de sol. Chamam-lhes cipó-matador que envolvem com os seus braços um carvalho durante tanto tempo e tantas vezes até que, por fim, muito acima dele, mas nele apoiadas, possam alargar a sua copa em plena luz e exibir a sua felicidade.

259 — Deixar reciprocamente de se ofender, abstendo-se da violência, da exploração, adaptar a sua própria vontade à de outro. Esse costume pode, num certo sentido grosseiro, tornar-se bom método entre indivíduos, se existirem condições para tal (a saber, semelhança efetiva entre as suas quantidades de força e entre as suas escalas de valores e a homogeneidade dentro de um só organismo). Todavia, logo que se quisesse alargar este princípio, concebendo-o, até como *princípio fundamental da sociedade,* revelar-se-ia imediatamente como aquilo que é, ou seja, vontade de *negação* da vida, princípio de dissolução e de decadência.

Neste caso é preciso pensar-se bem profundamente e defender-se de toda fraqueza sentimentalista. Eis que a própria vida é *essencialmente* apropriação, ofensa, sujeição daquilo que é estranho e mais fraco, opressão, dureza, imposição de formas próprias, incorporação e pelo menos, na melhor das hipóteses, exploração. Mas para que empregar palavras a que, desde há muito, se deu uma intenção difamadora? Igualmente aquele organismo dentro do qual conforme acima se admitiu, os indivíduos se tratam como iguais — e essa é a forma de toda aristocracia sã —, tem de fazer, no caso de ser um organismo vivo e não moribundo, ao enfrentar outros organismos, tudo o que os indivíduos dentro dele se abstêm de fazer entre si. Terá de ser a vontade de poder personificada, quererá crescer, expandir-se, atrair a si, obter preponderância, não por qualquer moralidade ou imoralidade, mas porque *vive* e porque a vida é cabalmente vontade de poder.

Em nenhum outro ponto, porém, a consciência comum dos europeus é mais resistente ao esclarecimento do que neste. Em todo lugar, até sob disfarces científicos, fantasiam-se hoje por estados futuros da sociedade aos quais faltará o "caráter explorador". Isto soa aos meus ouvidos como se alguém prometesse inventar uma vida destituída de todas as funções orgânicas. A "exploração" não faz parte de uma sociedade corrupta ou imperfeita e primitiva. Já que pertence à *essência* do que é vivo como função orgânica fundamental, é uma conseqüência da verdadeira vontade de poder, a qual é justamente a vontade da vida. Em teoria admito que isto seja uma novidade, como realidade é o *fato primordial* de toda a história. Então, sejamos honestos para conosco mesmos até este ponto!

260 — Fazendo uma peregrinação pelas muitas morais mais refinadas e mais grosseiras que até agora reinaram ou ainda reinam na terra encontrei determinadas características que conjuntamente se repetem e que regularmente se relacionam. Revelaram-se-me finalmente dois tipos básicos e se destacou uma diferença fundamental. De um lado a moral *de senhores* e de outro a moral de escravos. Devo acrescentar imediatamente que em todas as culturas superiores e mistas aparecem tentativas de conciliação das duas morais, mais freqüentemente ainda aparecem a sua mistura e recíproca incompreensão, por vezes mesmo a sua dura coexistência até no mesmo indivíduo, dentro de uma só alma. As diferenciações

valorativas dessas morais originaram-se ou dentro de uma raça dominadora que, com agrado, tomou consciência de que diferia dos dominados ou entre os dominados, escravos e subordinados de todos os graus. No primeiro caso, quando são os dominadores os que determinam o conceito do que é "bom", são os estados de alma elevados e altivos que são sentidos como o que distingue e determina a ordem hierárquica.

O homem aristocrático separa de si os seres nos quais se manifesta sentimentos contrários destes estados de alma elevados. E orgulhosos, despreza-os. Desde já, saliente-se que nesta primeira espécie de moral a antinomia "bom" e "mau" significa o mesmo que "nobre" e "desprezível". A oposição "bom" e *"maldoso"* é de outra origem. Despreza-se o covarde, o medroso, o mesquinho, o que pensa na estreita utilidade. Também se despreza o desconfiado, com o seu olhar acanhado, o que se rebaixa, o homem-cachorro que se deixa maltratar, o mendigo-lisonjeador e, acima de tudo, o mentiroso. Os aristocratas têm como crença básica que o povo vulgar é mentiroso. "Nós, os verdadeiros" — assim se designavam a si próprios os nobres na Grécia antiga. Ressalta evidente que as valorações morais foram aplicadas primeiro e por toda parte a *homens* e só de forma derivada e tardiamente a *ações*. Essa razão faz os historiadores da moral cometerem um grave erro se partem de perguntas como "por que se elogiou a ação misericordiosa?" O tipo aristocrático de homem sente-se a *si próprio* como determinador de valores. Não necessita que o aprovem. Opina que "o que é prejudicial para mim, é prejudicial em si", sabe que é só ele quem confere honra às coisas, quem é criador de *valores*. Honra tudo o que conhece em si. Moral deste gênero é autoglorificação.

Em primeiro plano está a sensação de plenitude, de poder, que quer transbordar, a felicidade de uma forte tensão, a consciência de uma riqueza que gostava de dar e de partilhar. Por certo que o homem nobre ajuda o infeliz, mas não, ou quase nunca, por compaixão, e sim por um impulso gerado pelo excesso de poder. O homem aristocrático honra em si mesmo o poderoso, como também o que tem poder sobre si próprio, que sabe falar e calar-se, que com prazer é rigoroso e duro para consigo e tem respeito por tudo que seja duro e rigoroso. "Wotan pôs-me no peito um coração duro", diz-se numa velha lenda escandinava. Poesia desse tipo é que brotava, justificadamente, da alma de um altivo wiking. Esse tipo de homem orgulha-se de *não* ser feito para a compaixão. Razão por que o *herói* da saga acrescenta, em ar de aviso, "quem não tiver já em jovem um coração duro, nunca o terá".

Homens aristocratas e valentes que pensam assim são os mais afastados daquela moral que vê o caraterístico da moral precisamente na compaixão ou no cuidar dos outros ou no *désintéressement*. A fé em si mesmo, o orgulho-próprio, uma inimizade básica e ironia perante a "abnegação" fazem tão decididamente parte da moral aristocrática como um ligeiro menosprezo e cautela perante os compadecimentos e o "bom coração". São os poderosos quem *sabe* honrar, é essa a sua arte peculiar, é esse o domínio em que são inventivos. O exagerado respeito pela idade e pela tradição — todo direito se baseia neste duplo respeito —, a fé e o preconceito a favor dos antepassados e em desfavor dos vindouros são típicos da moral dos poderosos.

Inversamente, se os homens das "idéias modernas" acreditam quase instintivamente no "progresso" e no "futuro" e lhes falta cada vez mais o respeito pela idade, já com isso se denuncia a origem não-aristocrática dessas "idéias". Todavia o que para o gosto atual é mais estranho e penoso na moral dos dominadores é o rigor do seu princípio de que se tenham deveres apenas para com os seus iguais. De que se possa agir em relação aos seres de categoria inferior, em relação a todo estranho, a seu bel-prazer ou "como o coração quiser" e, em todo caso, "para além do bem e do mal". Neste caso podem caber a compaixão e coisas semelhantes.

A capacidade e o dever de longa gratidão e de longa vingança — ambas apenas entre iguais —, a sutileza na represália, o refinamento conceitual na amizade, uma certa necessidade de ter inimigos (como que derivativos para os sentimentos da inveja, agressividade, altivez — afinal, para se poder ser bom amigo). Tudo isso são caracteres típicos da moral aristocrática que, como dissemos, não é a moral das "idéias modernas" e por isso é hoje difícil de sentir, e também difícil de desenterrar e de descobrir.

Diferente é o segundo tipo de moral, a moral de escravos. Em se admitindo que os violentados, os oprimidos, os sofredores, os servis, os inseguros e cansados de si mesmos moralizem. Que haveria de comum nas suas apreciações morais?

Certamente surgiria uma desconfiança pessimista perante toda situação do homem, talvez uma condenação do homem e da sua situação. O olhar do escravo é desfavorável às virtudes do poderoso. É impregnado de ceticismo e desconfiança, tem uma leve desconfiança contra tudo o que aquele honra como "bom". Gostaria de se convencer de que a própria felicidade não é aí autêntica. Opostamente, salientam-se e inundam-se de luz as qualidades que servem para aliviar a vida dos que sofrem. Nesta parte prestam-se honras à compaixão, à mão obsequiosa e auxiliadora, ao bom coração, à paciência, à aplicação, à humildade, à afabilidade, já que estas são aqui as propriedades mais úteis e quase os únicos meios para se agüentar a pressão da existência.

A moral de escravos é em essência uma moral de utilidade. Aí vemos o nascedouro dessa célebre oposição "bom" e "maldoso". No "maldoso" sente-se o poder e a ameaça, uma certa intimidação, perspicácia e força que o desprezo não deixa surgir.

Por conseguinte, segundo a moral de escravos o "maldoso" provoca medo. Segundo a moral de senhores é precisamente o "bom" que provoca e quer provocar medo, ao passo que o homem "mau" é sentido como desprezível. A oposição atinge o auge quando, de acordo com a lógica da moral de escravos, um vestígio de desprezo acaba por atingir também o "bom" dessa moral, desprezo que pode ser tênue e benévolo, porque o "bom", segundo o modo de pensar do escravo, tem, em todo caso, de ser o homem *inofensivo*. Alguém simples, fácil de intrujar, um pouco estúpido talvez, *un bomhomme*. Por toda parte onde prepondera a moral de escravo, a linguagem tem tendência a aproximar as palavras "bom" e "estúpido".

Uma última diferença básica: o desejo de *liberdade*, o instinto de felicidade e as sutilezas do sentimento de liberdade pertencem tão necessariamente à moral dos escravos e à sua moralidade como a arte e o entusiasmo na veneração e na dedicação são o sintoma regular de um modo de pensar e de avaliar aristocrático.

Daí se compreende por que razão o amor *como paixão* é a nossa especialidade européia. Tem de ser necessariamente de origem aristocrática. Como se sabe foi inventado pelos poetas-cavaleiros provençais, esses magníficos e engenhosos homens do "gaio saber" aos quais a Europa deve tanto, e quase a sua própria existência.[1]

261 — A vaidade é uma das coisas que provavelmente custe

[1] "Portas-cavaleiros provençais": referência aos trovadores medievais da Provença (na atual França), cuja arte foi denominada *gai saber* — "saber alegre", "gaia ciência" ou "gaio saber".

mais a ser compreendida por um homem aristocrático. Ele será tentado a negá-la mesmo nos casos em que um outro tipo de homem a julgue poder agarrar com ambas as mãos. A questão para ele consiste em imaginar seres que procuram criar nos outros, a seu respeito, uma boa opinião que eles não têm de si mesmos — e, obviamente também não "merecem" —, boa opinião na qual, apesar disso, eles mesmos posteriormente *crêem*. Isto parece-lhe, por um lado, tão falho de bom gosto e de respeito por si mesmo, e por outro, tão barroco e irracional, que gostaria de considerar a vaidade como uma exceção, duvidando dela na maioria dos casos em que dela se fala. Dirá, no entanto: "Posso enganar-me sobre o meu valor e, entretanto, exigir que o meu valor seja reconhecido por outros tal como eu o concebo, mas isto não é vaidade (talvez presunção ou, nos casos mais freqüentes, o que se chama 'humildade' ou também 'modéstia')". Dirá ainda: "Eu, por muitas razões, posso alegrar-me com a boa opinião dos outros sobre mim, talvez porque os honre e ame e me alegre em cada uma das suas alegrias, talvez também porque a sua boa opinião corrobore e reforce em mim a crença na minha própria boa opinião, talvez porque a boa opinião de outros, mesmo nos casos em que eu não a partilhe, me seja útil ou possa vir a ser proveitosa, mas nada disto é vaidade".

O homem aristocrático tem de se esforçar por compreender, principalmente com auxílio da ciência histórica, que desde tempos imemorais, em todas as camadas populares e de qualquer modo dependentes, o homem vulgar *era* apenas aquilo que valia. Pouco habituado a estabelecer valores por si mesmo, também não atribua a si outro valor senão aquele que os seus senhores lhe atribuíam (o autêntico *direito senhorial* é o de criar valores). Pode ser que seja conseqüência de um imenso atavismo o fato de o homem julgar também agora *esperar* por uma opinião a seu respeito, submetendo-se então a ela, instintivamente. Contanto que não seja só a uma "boa" opinião, mas também a uma má e injusta (pense-se, por exemplo, na maior parte das auto-apreciações e das auto-depreciações que as mulheres crentes aprendem dos seus confessores, e que o cristão crédulo, em geral, aprende da sua Igreja).

Realmente, agora, com o lento surgimento da ordem democrática das coisas (e da sua causa, a mistura de sangue entre senhores e escravos), vai ser encorajado e espalhado cada vez mais o impulso, originalmente aristocrático e raro, de se atribuir a si mesmo um valor e "pensar bem" de si mesmo. Esta tendência todavia tem sempre contra si uma outra tendência mais antiga, mais ampla e mais profundamente enraizada, que no fenômeno da "vaidade", a tendência mais antiga dominará a mais recente.

O vaidoso alegra-se com toda boa opinião que ouve a seu respeito (independentemente de todos os pontos de vista da sua utilidade e prescindindo igualmente de que seja verdadeira ou falsa), assim como sofre com toda má opinião, pois submete-se a ambas, *sente-se* sujeito a elas, por aquele instinto velhíssimo de submissão que nele irrompe.

E "o escravo" no sangue do vaidoso, um resíduo da astúcia do escravo — e quanto "escravo" perdura, ainda hoje, por exemplo, na mulher! —, que tenta seduzir para conseguir boas opiniões a seu respeito. De todo modo é o escravo que logo a seguir se prostra perante estas opiniões, como se não as tivesse provocado ele. Repito mais uma vez: a vaidade é um atavismo.

262 — Nasce uma *espécie*, um tipo fixa-se e torna-se forte sob a longa luta com condições *desfavoráveis* essencialmente constantes. De modo contrário, sabe-se pelas experiências dos criadores de gado que as espécies que foram superalimentadas e, de um modo geral, tiveram demasiada proteção e cuidados, logo tendem marcadamente para a variação de tipos e abundam em prodígios e monstruosidades (também em vícios monstruosos). Vamos considerar agora uma comunidade aristocrática, por exemplo uma antiga *polis* grega ou Veneza como instituição voluntária ou involuntária, destinada à *seleção*. Pois há ali homens convivendo dependentes uns dos outros e que querem impor a sua espécie, em geral porque se *têm que* impor ou de contrário correm o terrível risco de serem exterminados. Neste caso faltam aqueles cuidados, aquela superabundância, aquela proteção favoráveis à variação. A espécie necessita de si mesma como espécie, como algo que consiga impor-se e tornar-se duradouro precisamente graças à sua dureza, homogeneidade, simplicidade de forma, em luta constante com os vizinhos ou com os oprimidos rebeldes ou que ameaçam rebelar-se.

A experiência mais diversificada ensina-lhes a que propriedades ela deve principalmente o fato de continuar a existir e ter vencido sempre, a despeito de todos os deuses e homens. A estas propriedades ela chama virtudes, só essas são as virtudes que ela cultiva. Fá-lo com dureza, quer mesmo a dureza. Toda moral aristocrática é intolerante. Seja na educação da juventude, na legislação sobre as mulheres, nos costumes matrimoniais, na relação entre velhos e jovens, nas penalidades (que só são destinadas aos degenerados). Considera virtude a própria intolerância chamando-lhe "justiça".

Um tipo com poucas características, porém fortes, composto de homens severos, guerreiros, inteligentemente lacônicos, fechados e reservados (e como tal com uma sensibilidade especialíssima para os encantos e *nuances* da sociedade) é estabelecido deste modo para além da sucessão das gerações. A luta incessante com condições *desfavoráveis* sempre constantes é, como já disse, a causa de um determinado tipo se tornar fixo e duro. Finalmente surge o momento de uma situação favorável e a imensa tensão afrouxa. Talvez que não haja inimigos entre os vizinhos e existem em abundância os meios de vida, mesmo para gozar a vida. De repente, quebram-se os laços e a coação da antiga disciplina já não é sentida como necessária, como condição de existência. Caso quisesse continuar, poderia fazê-lo apenas como uma forma de luxo, como *gosto* arcaizante. A variação, quer seja como derivação da espécie (para o mais alto, mais sutil, mais raro), quer como degenerescência e monstruosidade, surge de repente na maior plenitude e esplendor, ousando o indivíduo isolar-se e destacar-se.

Nestas épocas de viragem da História mostram-se juntos, coexistindo e entrelaçados, um magnífico, múltiplo, selvático crescimento de plantas trepadeiras, uma espécie de ritmo tropical na competição do crescimento e, por outro lado, um imenso morrer e aniquilar-se, graças aos egoísmos que explodindo, por assim dizer, se voltam violentamente uns contra os outros, que lutam entre si "por sol e luz" e já não sabem extrair da moral até então existente nem limite, nem restrição, nem consideração. Essa mesma moral é que acumulou de forma ingente a força que agora esticou o arco tão ameaçadoramente. Essa moral viveu demais, está agora "ultrapassada". Atingiu-se o ponto perigoso e sinistro em que uma vida maior, mais variada e mais complexa *vive para além* da antiga moral. O "indivíduo" está agora obrigado a atribuir-se uma legislação própria, artes e artimanhas próprias de auto-conservação, auto-elevação, auto-redenção. Todos os fins são novos, já não há fórmulas comuns, os mal-entendidos e o desprezo estão aliados, a decadência, a corrupção e os desejos supremos estão terrivelmente interligados, o gênio da raça brota exuberantemente de todas as cornucópias do bom e do perverso, surge uma simultaneidade fatal de primavera e outono, cheia de novos encantos e véus, característicos da jovem corrupção ainda não esgotada, ainda não cansada.

Novamente surge a ameaça, mãe da moral, a grande ameaça, desta vez localizada no indivíduo, no próximo e no amigo, na rua, no próprio filho, no próprio coração, no que há de mais pessoal e secreto em desejo e vontade. Que terão agora de pregar os filósofos da moral que surgem nessa altura? Eles, estes observadores agudos às esquinas das ruas, descobrem que se aproxima rapidamente o fim, que tudo à volta deles corrompe e se corrompe, que nada ficará até depois de amanhã, excetuando uma espécie de homens, os incuravelmente *medíocres.* Apenas os medíocres têm a possibilidade de continuar, de procriar. Eles é que são os homens do futuro, os únicos sobreviventes. "Sede como eles!, tornai-vos medíocres!", é esta agora a única moral que ainda tem sentido, que ainda encontra quem a ouça. Mas é difícil de pregar, esta moral da mediocridade! já que ela nunca pode confessar o que é e o que quer! É preciso falar de moderação e dignidade e dever e amor do próximo — será necessário *ocultar a ironia!*

263 — Certo *instinto do grau hierárquico* denota ser, mais do que tudo, já sinal de um *elevado* grau hierárquico. Há um prazer nas *nuances* do respeito que denuncia origem e hábitos aristocráticos. A sutileza, a qualidade e a elevação de uma alma são perigosamente postas à prova quando por elas passa algo que pertença a um elevado grau, mas que o receio da autoridade ainda não protege de aproximações e grosserias importunas. Algo que, despercebido, ainda por descobrir, tentador, talvez voluntariamente velado e disfarçado, siga o seu caminho como uma pedra de toque viva. Aquele cuja tarefa e exercício é perscrutar almas servir-se-á, sob variadas formas, precisamente desta arte para averiguar o verdadeiro valor de uma alma, a hierarquia inata e invariável a que pertence. Haverá de pô-la à prova no *seu instinto de respeito. Différence engendre haine* [2].

A vulgaridade de certas naturezas esguicha de repente como água suja, quando passa ao pé dela qualquer vaso sagrado, qualquer preciosidade tirada de um cofre fechado, qualquer livro com os sinais do grande destino. Por outro lado há um emudecer involuntário, um hesitar do olhar, uma suspensão de todos os gestos que anunciam que uma alma *sente* a proximidade do venerável.

---

[2] Stendhal, *Le Rouge et le Noir.*

A forma como se mantém até agora toda a Europa unida num respeito pela *Bíblia* é talvez o melhor elemento de disciplina e refinamento dos costumes que a Europa deve ao cristianismo. Esses livros de profundo e extremo significado precisam, para sua proteção, de uma tirania de autoridade exterior para conseguirem conquistar aqueles milênios de duração que são precisos para os esgotar e decifrar por completo. Muito foi conseguido quando por fim se incutiu à grande massa (os superficiais e os que tudo digerem) a noção de que não lhe é lícito tocar em tudo. A noção de que há vivências sagradas perante as quais tem de descalçar os sapatos e manter afastadas as suas mãos sujas. É esse quase o seu máximo grau de humanidade. Inversamente, nos chamados cultos, nos que acreditam nas "idéias modernas". Nada talvez suscite mais repugnância do que a sua falta de pudor, o seu cômodo atrevimento de olhos e de mãos com que tocam, lambem e apalpam tudo. É possível que hoje se encontre de novo, no povo baixo, principalmente entre os camponeses, mais aristocracia *relativa* de gosto e sentimento do respeito do que nesse semimundo [3] do espírito que lê os periódicos, do que entre os cultos.

264 — Em vão se tenta apagar da alma de um homem o que os seus antepassados fizeram com mais prazer e mais persistência. Por exemplo, se eram pessoas econômicas e, por assim dizê-lo, acessórios de uma escrivaninha e de um cofre, modestos e burgueses nos seus desejos, modestos também nas suas virtudes. Talvez vivessem desde sempre habituados a dar ordens desde manhã à tarde gostando de divertimentos rudes e talvez também de deveres e responsabilidades mais rudes ainda. Por fim, se sacrificaram alguma vez velhos privilégios de nascimento e de posses para viver integralmente para a sua fé — o seu "Deus" —, como homens de uma consciência implacável e delicada que cora em face de qualquer tentativa de mediação. É plausível que um homem tenha no seu corpo algumas propriedades e predileções dos seus pais e antepassados. E isso por mais que a aparência diga o contrário. Este é o problema da raça. Uma vez que se conhece algo dos pais, é per-

---

[3] *Halbwelt,* tradução literal do termo francês *demi-monde,* para designar um mundo elegante mas canalha, expressão que se popularizou em toda Europa após a estréia da comédia com esse título de A. Dumas Filho, em 1855.

mitida uma conclusão sobre o filho. Qualquer intemperança repugnante, qualquer inveja mesquinha, uma mania deselegante de querer ter sempre razão — uma vez que estas três coisas juntas constituíram desde sempre o tipo plebeu propriamente dito — têm de passar para o filho tão seguramente como o sangue corrompido. A melhor educação e formação não se conseguirá mais do que iludir, no que respeita a tal herança. Que outro objetivo têm hoje a educação e a formação!

Na nossa era tão popular, quero dizer tão pobre, "educação" e "cultura" têm de ser essencialmente arte de iludir, quanto à origem, quanto à pobreza herdada no corpo e na alma. Um educador que nos dias de hoje pregasse o amor à verdade acima de tudo e exortasse constantemente os seus discípulos "Sede verdadeiros!, sede naturais!, dai-vos a conhecer tal como sois!" — mesmo um burro virtuoso e ingênuo desse aprenderia, após algum tempo, a pegar naquela *"furca"* de Horácio, para *naturam expellere*[4]. Com que êxito? *"Plebe" usque recurret.*

265 — Mesmo correndo o risco de desgostar ouvidos inocentes eu ouso afirmar: o egoísmo pertence à natureza da alma aristocrática, isto é, àquela fé inabalável segundo a qual a um ser como "nós somos", outros seres têm por natureza de sujeitar-se e sacrificar-se-lhe.

A alma aristocrática aceita essa evidência do seu egoísmo sem qualquer ponto de interrogação e mesmo sem a sensação de dureza, coação, arbitrariedade, antes pelo contrário, como algo que possa estar fundamentado na lei primordial das coisas. Caso se procurasse um nome para essa coisa, diria que "é a própria justiça". Diante de circunstâncias que de início a fazem hesitar, concede que há pessoas com os mesmos direitos que ela. Logo que esteja esclarecida esta questão de hierarquia, ela move-se entre estes iguais e com direitos iguais, com a mesma segurança no pudor e no respeito delicado que tem no trato consigo mesma, de acordo com uma mecânica celestial inata que todas as estrelas entendem. Isso denota *mais* uma parcela do seu egoísmo, esta sutileza e auto-restrição no convívio com os seus iguais. Cada estrela é um desses egoístas. Honra-se a si *mesma* neles e nos direitos que lhes concede, não duvida de que a troca de

---

[4] Horácio, Epístolas, I, 10, 24: *Naturam expelles furca, tamen usque recurret* (mesmo que expulses a natureza com o esteio, ela voltará sempre).

honras e direitos, como *essência* de todo convívio, faz igualmente parte do estado natural das coisas.

A alma aristocrática dá assim como tira, pelo instinto passional e sensível de retribuição que reside no âmago dela. Aí o conceito de "graça" não tem, *inter pares,* sentido nem aroma. Pode haver uma maneira sublime de deixar cair sobre si os dons vindos de cima, por assim dizer, e de bebê-los sequiosamente como gotas. Todavia, a alma aristocrática não tem jeito para esta arte e gesto. Seu egoísmo impede-a. Detesta olhar "para cima". Sente-se importante olhando para *a sua frente,* horizontal e lentamente, ou para baixo. *Ela só se admite no alto.*

266 — "Respeita-se verdadeiramente apenas quem não se procurar a si mesmo." — Goethe ao conselheiro Schlosser.

267 — Atente para este provérbio chinês que as mães logo ensinam aos seus filhos: *siao-sin* "torna *pequeno* o teu coração!" Esta é a tendência fundamental em civilizações antigas. Não duvido de que um grego descobrisse também em nós, europeus de hoje, antes do mais, a autodiminuição. Seria o suficiente para "repugnarmos ao seu gosto".

268 — Que é afinal a vulgaridade? Palavras são sinais sonoros para conceitos. Porém, os conceitos são sinais-imagens mais ou menos bem-definidos para sensações, grupos de sensações que se repetem e se juntam freqüentemente. Para nosso bom entendimento não basta empregar as mesmas palavras. Devemos empregar a mesma palavra também para nos referirmos ao mesmo gênero de vivências íntimas, devemos, enfim, ter uma experiência comum com o outro. Por isso é que as pessoas de um só povo se entendem melhor entre si do que as pertencentes a povos diferentes, mesmo que se sirvam da mesma língua. Em outras palavras, quando as pessoas viveram juntas durante muito tempo em condições semelhantes (de clima, de solo, perigo, necessidades, trabalho), *nasce* daí algo que "se entende", um povo.

Em todas as almas acontece que um número igual de vivências freqüentemente repetidas acabou por predominar sobre vivências mais raras. Fundamentado nelas é que a gente se entende com rapidez, cada vez mais rapidamente. A história da linguagem é a história de um processo de abreviação. Com base neste rápido entendimento é que a gente se alia estreita e cada vez mais estreitamente. Quanto maior for o perigo, maior será a necessidade de se chegar a acordo com rapidez e facilidade quanto ao que é preciso fazer. Não haver mal-entendidos no perigo é o que os homens não podem dispensar de modo algum para o convívio. Isso se prova em qualquer amizade ou relação amorosa. Nada disso tem duração se se descobrir que um dos dois, usando as mesmas palavras, sente, pensa, fareja, deseja, receia coisa diferente do outro. (O receio do "eterno mal-entendido". É este o gênio benfazejo que preserva tanta vez pessoas de sexo diferente de contraírem ligações precipitadas, aconselhadas pelos sentidos e pelo coração, e *não* um gênio qualquer da espécie schopenhauriano!)

Quais são os grupos de sensações que, no âmago de uma alma, despertam mais rapidamente, tomam a palavra, dão as ordens? É isso que decide sobre toda hierarquia dos seus valores, é isso que determina, em última análise, o seu quadro de valores. As valorizações de um homem denunciam algo da *estrutura* da sua alma, e daquilo em que ela vê as suas condições vitais, as suas necessidades propriamente ditas. Em se admitindo que desde sempre a necessidade aproxima apenas aquelas pessoas que, com símbolos semelhantes, podiam indicar carências semelhantes, vivências semelhantes, resulta no conjunto que, dentre todas as forças que até agora dominaram os homens, a mais poderosa deve ter sido a fácil *comunicabilidade* da necessidade, ou seja, positivamente o experimentar vivências apenas medíocres e *vulgares*.

As pessoas mais semelhantes, mais vulgares estavam e estão sempre em vantagem. Os mais seletos, mais delicados, mais raros, mais difíceis de compreender, esses facilmente ficam sozinhos, no seu isolamento, sucumbem aos acidentes e raras vezes se reproduzem. É preciso apelar-se para imensa resistência, para entravar esse *progressus in simile* natural, demasiado natural, a evolução do homem para o semelhante, para o comum, para o médio, para o gregário — para o *vulgar!*

269 — À medida que um psicólogo — psicólogo e adivinhador de almas, nato e predestinado — se dedica a casos e homens mais extraordinários, mais corre perigo de se sufocar de compaixão. Ele *precisa* de dureza e de serenidade mais do que qualquer outro homem. Pois a corrupção, o aniquilamento dos homens superiores, das almas de índole mais estranha representam, por certo, a regra. É terrível encarar sempre esta regra.

O múltiplo martírio do psicólogo que descobriu este aniquilamento, que descobre primeiro uma vez e depois *quase* continuadamente, através de toda história, esta "irremediabilidade" íntima do homem superior, este eterno "demasiado tarde!" em todos os sentidos pode, talvez um dia, vir a ser a causa de que ele se insurja com amargura contra o seu próprio destino e faça uma tentativa de autodestruição da qual ele próprio "se deteriore" a si mesmo.

Há de se notar em todo psicólogo uma traiçoeira inclinação e prazer pelo convívio com pessoas vulgares e regradas. Nisso se denuncia que ele precisa sempre de se curar, que precisa de uma espécie de fuga e esquecimento, afastando-se daquilo que lhe lançaram na consciência as suas observações e análises, o seu "ofício". O medo da sua memória constitui sua característica. Frente ao juízo de outros facilmente emudece. Ouve com rosto imóvel como se venera, admira, ama, glorifica ali, onde ele *observou.* Outras vezes esconde o seu emudecimento concordando expressamente com qualquer opinião superficial. Talvez o que há de paradoxal na sua situação chegue tão terrivelmente longe que onde ele aprendeu a grande compaixão paralelamente ao grande desprezo, a multidão, os cultos, os entusiastas aprendam, por sua vez, a grande veneração — a veneração pelos "grandes homens" e pelos prodígios, por amor dos quais se abençoa e se honra a pátria, a terra, a dignidade da humanidade, a si mesmo, e que se indicam à juventude como modelo para a sua educação... Sabe-se lá se até agora nos casos importantes não terá sucedido exatamente o mesmo. É provável que a multidão adorasse um deus e que o "deus" não passasse de um pobre animal para imolar! O êxito foi sempre o maior mentiroso. E a própria "obra" é um êxito.

O grande estadista, o conquistador, o descobridor estão disfarçados com as suas criações até ao irreconhecível. A "obra", a do artista, do filósofo, só ela inventa quem a criou, aquele que dizem que a criou. Os "grandes homens", da maneira como são venerados, não passam de pequenas poetizações posteriores de má qualidade. No mundo dos valores históricos, domina a moeda falsa. Por exemplo, esses grandes poetas, esses Byron, Musset, Poe, Leopardi, Kleist, Gogol,[5] tal como são e talvez tenham de ser, quero dizer, homens do momento, entusiastas, sensuais, pueris,

[5] No seu exemplar impresso, Nietzsche acrescentou neste ponto: "Eu não ouso citar nomes maiores, mas sonho com eles".

levianos e impulsivos na desconfiança e na confiança. Têm almas nas quais, em geral, há de esconder uma falha. Almas que muitas vezes se vingam com as suas obras de uma nódoa íntima, que muitas vezes procuram com os seus vôos para o alto iludir uma memória demasiado fiel, que muitas vezes se perdem na lama e quase se apaixonam por ela, até se igualarem com os fogos-fátuos que vagam à volta dos pântanos, *simulando* ser estrelas. E o povo, então, chama-lhes idealistas, muitas vezes lutando com uma longa náusea, com um espectro de descrença que constantemente os persegue, que os torna frios e os obriga a ansiar por glória e a devorar a "fé em si mesmos" das mãos de lisonjeadores ébrios. Que *mártires* são estes grandes artistas e os homens superiores em geral, para aquele que os decifrou alguma vez! Entende-se muito bem que *eles,* com tanta facilidade, sejam objeto, justamente por parte da mulher, que é clarividente no mundo do sofrimento e infelizmente ávida de ajudar e salvar muito para além das suas forças, daquelas erupções de *compaixão* ilimitada e delicadíssima que a multidão, principalmente a que venera, não compreende e acumula de interpretações curiosas e complacentes. Esta compaixão engana-se geralmente a respeito da sua força. A mulher gostava de acreditar que o amor consegue *tudo.* Esta é a sua verdadeira crença.

Ah!, o conhecedor do coração adivinha quão pobre, estúpido, desamparado, arrogante, enganado, mais facilmente destruidor do que salvador é mesmo o melhor e mais profundo amor!

Talvez que debaixo da sagrada fábula e disfarce da vida de Jesus esteja oculto um dos casos mais dolorosos do martírio do *saber o que é o amor.* O martírio do coração mais inocente e mais ávido que não se contentava jamais com amor humano, que exigia amor, ser amado e nada mais além disso, com dureza, com loucura, com explosões terríveis de fúria contra os que lhe recusavam amor. A história de um pobre insaciado e insaciável de amor, que teve de inventar o inferno para enviar para lá os que não *queriam* amá-lo e que, por fim, sapiente a respeito do amor humano, teve de inventar um deus que é totalmente amor, todo *capacidade*-de-amor, compadecente do amor humano por este ser tão pobre, tão ignorante!

Quem sentir dessa maneira, quem tem esse *saber* a respeito do amor, esse *procura* a morte. Por que meditar em coisas tão dolorosas? Principalmente sem necessidade de o fazer.

270 — Todo homem que tenha sofrido profundamente — e

certamente a hierarquia determina o *grau* de profundidade a que os homens podem chegar no seu sofrimento — com altivez e repulsa espirituais, a sua aterrorizada certeza, da qual ele está todo impregnado e tingido de *saber mais* graças ao seu sofrimento do que podem saber os mais inteligentes e mais sábios, de conhecer bem por alguma vez se ter sentido como "em casa" em muitos mundos distantes e terríveis dos quais "vós nada sabeis!"... esta muda altivez espiritual de quem sofre, este orgulho do eleito pelo conhecimento, do "iniciado", do quase-imolado, acha necessárias todas as formas de disfarce para se proteger do contato com mãos importunas e compassivas e, de um modo geral, de tudo o que não seja seu igual na dor. O sofrimento profundo torna os homens aristocratas, pois separa.

Uma das formas de disfarce mais sutis é o epicurismo e uma certa ousadia de bom gosto, ostentada daí em diante, que não toma a sério o sofrimento e opõe resistência a tudo que seja triste e profundo. Certos "homens joviais" se servem da jovialidade porque, por causa dela, são malcompreendidos. Eles querem ser malcompreendidos. Certos "homens científicos" se servem da ciência porque esta proporciona uma aparência serena e porque o espírito científico permite concluir que o homem é superficial. Eles *querem* induzir uma conclusão falsa. Há espíritos livres e atrevidos que gostariam de ocultar e negar que são corações despedaçados, orgulhosos e incuráveis [6]. Algumas vezes a própria loucura é a máscara de um saber fatal e demasiadamente seguro.

Resulta do exposto que é próprio da humanidade mais perspicaz o fazer-se respeitar "pela máscara" e não se praticar a psicologia e a curiosidade no lugar errado.

271 — O asseio, em sentido e grau diferentes, é o que separa mais profundamente duas pessoas. De que serve toda honestidade e utilidade mútua, de que serve toda boa vontade de uns para os outros: no frigir dos ovos é sempre a mesma coisa — "eles não se podem cheirar!"

O supremo instinto do asseio coloca quem o tiver na solidão mais estranha e perigosa, como um santo. Já que isso precisamente é santidade. Ou a suprema espiritualização desse instinto. Qualquer

[6] No seu exemplar impresso Nietzsche acrescentou: "o cinismo de Hamlet — o caso Galiani".

saber comum de uma indescritível felicidade do banho, qualquer ardor e sede que impelem a alma constantemente da noite para a manhã e do turvo, da "tribulação" para o claro, resplandecente, profundo, diáfano — do mesmo modo que tal tendência *distingue* também *separa* — já que é uma tendência aristocrática.

A compaixão do santo é a compaixão com a *sujidade* do humano, demasiadamente humano. Há graus e alturas em que a própria compaixão é sentida, por ele, como contaminação, como sujidade...

272 — Marcas de aristocracia: jamais se pensar em rebaixar os próprios deveres a deveres de todo mundo; jamais querer ceder, nem partilhar a própria responsabilidade. Incluir nos seus *deveres* os seus privilégios e o livre exercício destes.

273 — Quem aspira a coisas grandes considera todo aquele que encontra no seu caminho como meio, como retardamento e impedimento ou como um leito de repouso passageiro. Sua *bondade* para com os outros, que o caracteriza e que é superior, só é possível quando ele atinge o seu máximo e domina. A impaciência e a sua consciência de, até aqui, estar sempre condenado à comédia — já que mesmo a guerra é uma comédia e encobre o fim, como qualquer meio —, estraga-lhe todo convívio. Esta espécie de homem conhece a solidão e o que ela tem de mais venenoso.

274 — *O problema dos que esperam.* Muitos golpes de sorte e muitas coisas incalculáveis são necessários para que um homem superior, em quem dorme a solução de um problema, chegue ainda a tempo para agir "à explosão", como se poderia dizer. De maneira geral, isso não acontece, e em todos os recantos da terra há os que esperam, que mal sabem em que medida esperam, mas menos ainda sabem que esperam em vão. Acontece, também, chegar tarde demais o toque de alvorada, aquele acaso que dá a "licença" para agir. Acontece quando a melhor juventude e força de agir estão gastas pelo estar-se sentado. Quantos não descobriram com espanto, ao levantarem-se "sobressaltados", que tinham os membros dormentes e o espírito estava já pesado demais! "É tarde demais", disse, tornado descrente de si mesmo e, agora, inútil para sempre.

Será que, no reino do gênio, o "Rafael sem mãos" [7], entendi-

[7] Referência a uma conhecida expressão de Lessing na sua comédia de

da a palavra no sentido mais lato, não é talvez a exceção, mas a regra? Talvez o gênio não seja tão raro, mas são-no as quinhentas mãos que ele necessita para tiranizar o χαιρός, "o tempo oportuno". Enfim, para agarrar o acaso pelos cabelos!

275 — Aquele que não *quer* ver o que há de elevado num homem, dirige seu olhar para aquilo que nele é baixo e superficial. Agindo assim, revela a si mesmo.

276 — Em todo gênero de ferimento e de perda, a alma mais torpe e mais grosseira leva vantagem sobre a alma mais aristocrática. Nesta última, os perigos devem ser maiores e a probabilidade de ter um desastre e perecer é imensa, devido a pluralidade das suas condições de vida. Num lagarto, um dedo cortado volta a crescer. Com o homem não se dá o mesmo.

277 — Que coisa ruim! Sempre a mesma história! Quando se acaba de construir a casa nota-se que ao construí-la, sem perceber, se aprendeu algo que simplesmente se devia saber bem antes de começar a construir. O eterno e maçante "tarde demais!" A melancolia de tudo que se *termina*"...

278 — Andarilho, quem és tu? Vejo-te seguir o teu caminho sem escárnio, sem amor, com olhar indefinido, úmido e triste, como uma sonda que, insaciada, volta de todas as profundidades novamente à luz. O que será que ela procurava lá embaixo? Tens um peito que não suspira, lábios que escondem o seu nojo, mão que já só lentamente agarra. Quem és tu? Que fizeste? Descansa aqui. Este lugar é hospitaleiro para qualquer um. Restabelece-te! Não importa quem sejas: O que te agrada agora? O que serve para te reconfortar? Basta que o digas. Ofereço-te tudo que tiver! "Para me reconfortar? Para me reconfortar? Ó tu, curioso, que estás a dizer! Mas dá-me, peço — —" O quê? O quê? Di-lo! — "Mais uma máscara! Uma segunda máscara!"...

279 — Homens de tristeza demasiada denunciam-se quando

1772, *Emília Galotti*, ato I, cena IV, onde Emília pergunta ao príncipe: "Ou crê você, príncipe, que Rafael não teria sido o maior dos gênios pictóricos se, por desgraça, tivesse nascido sem mãos?"

são felizes. Eles têm um modo de pegar na felicidade como se quisessem esmagá-la e sufocá-la, por ciúme. Ah, sabem bem demais que ela está a fugir!

280 — "Mau! Mau! Como? Não está a recuar?" — Sim! Mas vós percebei-o mal, se vos queixais disso. Ele recua, como faz todo aquele que quer dar um grande salto.

281 — "Acreditar-me-ão? Eu exijo que me acreditem! Eu sempre pensei apenas mal de mim, sobre mim, só em casos muito raros, só forçadamente, sempre sem ter prazer "no assunto", pronto a desviar-me de "mim", sempre sem fé no resultado, graças a uma desconfiança invencível quanto à *possibilidade* de autoconhecimento que me levou ao ponto de sentir uma *contradictio in adjecto* mesmo no conceito de "conhecimento imediato" que os teóricos se permitem.

Este acontecimento integral é quase a coisa mais segura que sei a meu respeito. Tem de haver em mim uma espécie de aversão a acreditar em algo de determinado a meu respeito. Haverá talvez nisso um enigma? Provavelmente. Felizmente não é enigma para os meus próprios dentes. Será que isso denuncia a *species* a que pertenço? Mas não me denuncia a mim, que é afinal o que eu desejo.

282 — "Que é que te aconteceu afinal?" — "Não sei, disse ele hesitante. Talvez as harpias tenham voado sobre a minha mesa."

Acontece hoje, de vez em quando, que um homem pacato, comedido, reservado, se torna de repente furioso, parta os pratos, vire a mesa, grite, berre, ofenda todo mundo e se afaste por fim envergonhado, furioso consigo mesmo. Para onde? Para quê? Para morrer de fome no seu isolamento? Para sufocar-se nas suas recordações?

Aquele que tiver os apetites de uma alma elevada e requintada, e só raras vezes encontrar a sua mesa posta e a comida pronta, correrá em todas as épocas um grande perigo. Hoje ele é extraordinário. Lançado numa época barulhenta e pobre, com a qual não quer comer do mesmo prato, facilmente pode perecer de fome e sede ou, no caso de finalmente acabar por "se servir", morrer de uma náusea repentina.

Nós todos, possivelmente já comemos em mesas onde não tínhamos lugar. Exatamente os mais espirituais dentre nós, que são os mais difíceis de alimentar, conhecem aquela perigosa *dispepsia* que resulta de repentinamente nos apercebermos e desiludirmos com a comida e com a companhia à mesa. A *náusea da sobremesa.*

283 — É marca de autodomínio refinado e ao mesmo tempo aristocrático querer elogiar, elogiar sempre exatamente aquilo com que não se está de acordo. Do contrário, seria um elogio a si mesmo, o que *é* contra o bom gosto. Esse autodomínio, claro está, que dá um bom motivo e ocasião para se ser constantemente *mal-entendido.*

Para ser possível permitirmo-nos este verdadeiro luxo de bom gosto e moralidade, não devemos viver entre os espíritos grosseiros, mas antes entre homens a quem mesmo os mal-entendidos e os erros ainda divertem pela sua sutileza. Caso contrário ter-se-á que pagá-lo caro! "Ele elogia-me: *portanto,* dá-me razão". Esta parvoíce de silogismo estraga-nos metade da vida, a nós, eremitas, pois traz os burros para a nossa vizinhança e amizade.

284 — Viver com uma calma orgulhosa e impassível, sempre para além. Ter e não ter, arbitrariamente, os seus afetos, o seu pró e contra, condescender com eles por umas horas; *montar* sobre eles como em cavalos, freqüentemente como em burros. Pois que se deve saber aproveitar a sua estupidez assim como a sua fogosidade. Conservar os seus trezentos primeiros planos. Igualmente os óculos escuros, pois há casos em que ninguém nos deve olhar nos olhos e muito menos ainda nas nossas "razões". E escolher, para companhia, aquele vício matreiro e sereno, a cortesia. E ficar senhor das suas quatro virtudes: a coragem, a perspicácia, a simpatia, a solidão. A solidão é entre nós uma virtude, como tendência e impulso sublimes do asseio que adivinha como, no contato de homem para homem "em sociedade", tudo é inevitavelmente sujo. Qualquer comunidade nos torna de qualquer modo, em qualquer parte, em qualquer altura, demasiado "vulgares".

285 — Os grandes acontecimentos e os geniais pensamentos — mas os geniais pensamentos são os grandes acontecimentos — são aqueles que só se compreendem bem mais tarde.

As gerações que lhes são contemporâneas não *vivem* esses acontecimentos. Apenas passam por eles. Aqui acontece algo de parecido ao que se observa no domínio dos astros. A luz das estrelas mais distantes chega mais tarde aos homens. Antes da sua chegada, os homens *negam* que ali existam estrelas.

"Quantos séculos precisa um espírito para ser compreendido?" Aí está também uma medida, um meio de criar uma hierarquia e uma etiqueta necessárias. Para o espírito e para a estrela.

286 — "Aqui a vista é livre e o espírito elevado"[8]. Há todavia uma espécie contrária de homens que também se encontra nas alturas e que tem também a vista livre, mas que olha para baixo.

287 — Que é ser aristocrático? Que significa para nós, ainda hoje, a palavra "aristocrático"? Em que se revela, em que se reconhece, sob este céu baço e toldado do reino da plebe que desponta, através do qual tudo se torna opaco e pesado, o homem aristocrático?

Não são os atos que o afirmam. Os atos são sempre ambíguos, sempre insondáveis. Não são tampouco as "obras".

Entre os artistas e os eruditos, encontra-se hoje um grande número que revela pelas suas obras que um desejo ardente os impele para o que é aristocrático. No entanto, justamente essa tendência para o aristocrático é fundamentalmente diferente das necessidades de uma alma aristocrática, é mesmo um sintoma eloqüente e perigoso da sua carência. Não são as obras, mas sim a *fé* que aqui decide, que fixa a hierarquia, para retomar uma velha fórmula religiosa [9] num sentido novo e mais profundo. A saber, qualquer certeza fundamental que uma alma distinta tem a respeito de si mesma, algo que não deixa nem procurar, nem encontrar e que talvez não se deixe mesmo perder. *A alma aristocrática tem o respeito de si mesma.*

288 — Homens há que têm espírito de um modo fugidio, pois podem virar-se e voltar-se como quiserem e tapar com as mãos os olhos reveladores — como se a mão não fosse também reveladora! Ao fim de tudo, nota-se que escondem alguma coisa, quer dizer, o próprio espírito.

Um dos meios mais finos para enganar, pelo menos pelo maior tempo possível, e para se fingir, com êxito, mais estúpido do que se é — coisa que na vida comum é muitas vezes tão desejável como

---

[8] Goethe, *Fausto*, II, V, 11 990-91, versos do Doctor Marianus:

Hier ist die Aussicht frei,

Der Geist erhoben

[9] Paulo, *Carta aos Hebreus*, 9, 14.

um guarda-chuva —, chama-se *entusiasmo*. Obviamente incluindo os acessórios, como, por exemplo, a virtude. Como já disse Galiani, que o devia saber: *vertu est enthousiasme.*

289 — Em tudo o que escreve um eremita nota-se sempre também algo do eco do deserto, algo de ciciar e do tímido olhar da solidão. Nas suas palavras mais fortes, mesmo no seu grito, ressoa ainda uma espécie nova e mais perigosa de silêncio, de mutismo. Quem esteve sentado durante anos, dia e noite, só com a sua alma, em discussões e diálogos íntimos, quem na sua caverna — seja ela um labirinto ou uma mina de ouro — tornou-se um urso de cavernas, ou um pesquisador ou guarda de tesouros, um dragão, verá que as suas idéias acabam por adquirir um tom crepuscular, um odor de profundidade e de decomposição, algo de incomunicável e de repugnante que lança um bafo frio aos que passam.

O eremita não acredita que um filósofo — admitindo que um filósofo tenha sempre começado como eremita — tenha jamais expresso nos livros as suas opiniões verdadeiras e definitivas. Não se escrevem livros precisamente para se ocultar o que se acalenta? Ele duvidará, até, de que um filósofo possa ter opiniões "definitivas e verdadeiras", que nele não haja, não tenha de haver, atrás de cada caverna uma caverna mais profunda ainda, um mundo mais vasto, mais estranho, mais rico, situado para além da superfície, um abismo sob cada fundamento, sob cada "fundamentação".

Toda filosofia é uma filosofia de fachada, esta é uma opinião de eremita. "Há algo de arbitrário no fato de ele ter parado aqui, de ter olhado para trás e à sua volta, de não ter cavado *aqui* mais fundo e de ter posto de lado a pá. Nisso há também alguma desconfiança."

Toda filosofia *esconde* também uma filosofia. Toda opinião é também um esconderijo, toda palavra também uma máscara.

290 — Todo pensador profundo receia mais ser compreendido do que ser malcompreendido. No último caso talvez sofra a sua vaidade. No primeiro contudo é o seu coração, a sua simpatia pelos outros que diz sempre: "Ah, por que quereis vós que as coisas vos sejam tão difíceis como para mim?"

291 — O homem, animal complexo, mentiroso, artificial e impenetrável, inquietante para os outros animais, menos pela força do que pela manha e esperteza, inventou a boa consciência para

gozar da sua alma enfim como de uma coisa simples. Toda moral é uma longa e audaciosa falsificação, graças à qual se torna possível um gozo perante o espetáculo da alma. Consideradas sob este aspecto, há talvez mais coisas do que se julga habitualmente que caibam no conceito de "arte".

292 — Um filósofo é um homem que experimenta, vê, ouve, suspeita, espera e sonha constantemente coisas extraordinárias. É atingido pelos próprios pensamentos como se eles viessem de fora, de cima e de baixo, como a sua espécie peculiar de acontecimentos e de faíscas. Ele mesmo é talvez uma trovoada prenhe de relâmpagos novos. Um homem fatal, em torno do qual sempre ribomba e rola e rebenta e se passam coisas inquietantes. Um filósofo, ah, um ser que foge, muitas vezes para longe de si mesmo, muitas vezes tem medo de si mesmo, mas que é demasiado curioso para que não "volte sempre a si"...

293 — Um homem que pensa: "isso agrada-me, guardo-o para mim, quero protegê-lo e defendê-lo contra todos"; um homem que pode conduzir uma causa, levar a bom termo uma resolução, manter-se fiel a um pensamento, conservar junto a si uma mulher, punir e aniquilar um insolente; um homem que tem a sua ira e a sua espada, de quem os débeis, sofredores, oprimidos, e mesmo os animais, se aproximam com gosto e lhe pertencem por natureza, em suma, um homem que nasceu *senhor* — se um homem desse quilate sente compaixão, então essa compaixão terá valor! Pois, que importa a compaixão dos que sofrem! Ou daqueles que pregam mesmo a compaixão!

Por toda a Europa, há hoje uma sensibilidade e uma suscetibilidade doentias pela dor, e também uma intemperança desagradável no queixume, uma efeminização que desejaria enfeitar-se com a religião e os berloques filosóficos para se atribuir mais relevo. Há um verdadeiro culto do sofrimento.

A *falta de virilidade* daquilo a que nesses círculos exaltados se denomina "compaixão" salta, ao que parece, imediatamente aos olhos. Deve-se banir, rigorosa e radicalmente, esta novíssima espécie de mau gosto. Enfim, desejo que se ponha sobre o coração, ao pescoço, o amuleto protetor do "*gaio* saber" — "alegre sabedoria", para esclarecê-lo aos alemães.

294 — *O vício olímpico*. Sem ligar para aquele filósofo que, como genuíno inglês, procurou criar em todos os cérebros pensantes uma má reputação ao riso — "o riso é um grave defeito da natureza humana que todo cérebro pensante se esforçará por superar" (Hobbes)! —, eu permitir-me-ia mesmo estabelecer uma classificação dos filósofos segundo a categoria do seu riso, pondo no alto aqueles que são capazes do riso dourado. Admitindo-se que os deuses também filosofam, como muitas conclusões já me fizeram crer [10], não duvido que, quando o fazem, conheçam uma maneira de rir sobre-humana e nova e a expensas de tudo o que é sério! Os deuses gostam de brincar. Parece que até nas cerimônias sagradas não podem deixar de rir.

295 — O gênio do coração, assim como o possui esse deus oculto, esse deus tentador e caçador nato das consciências, cuja voz sabe descer até ao mundo subterrâneo de todas as almas, que não pronuncia uma palavra sequer, não lança um olhar em que não haja uma intenção de sedução, de cuja mestria faz parte o ele saber parecer — não aquilo que é, mas que, para os que o seguem, é *mais* uma obrigação de se aproximarem cada vez mais dele e de o seguirem cada vez mais íntima e radicalmente. O gênio do coração que obriga a calar-se e a escutar o que é ruidoso e vaidoso, que alisa as almas rudes e lhes permite saborear um novo desejo — o de ficar tranqüilo como um espelho, a fim de que o céu profundo se reflita nelas. O gênio do coração que ensina a mão desajeitada e precipitada a hesitar e a agarrar as coisas com mais delicadeza, que revela o tesouro escondido e esquecido, a gota de bondade e de doce espiritualidade oculta sob a camada de gelo turvo e espesso, que é uma varinha mágica para cada pepita de ouro soterrada há muito no monturo de lodo e areia. O gênio do coração, graças ao contato do qual cada um parte mais rico, não abençoado e surpreendido, não agraciado e esmagado por bens estranhos, bafejado e interrogado no seu íntimo por um vento de degelo, talvez mais inseguro, mais delicado, mais frágil, mais quebradiço, mas pleno de esperanças ainda sem nome, cheio de nova vontade e de fluxos novos, pleno de contravontade e refluxos novos...

Mas que faço eu, meus amigos? De quem estou a lhes falar?

[10] Polêmica contra Platão, *Banquete*, 203*d*, palavras de Diotima: "Nenhum dos deuses filosofa nem deseja fazer-se sábio".

Distraí-me a ponto de não vos ter dito sequer o seu nome? A menos que não tenhais já adivinhado por vós mesmos que espírito e que deus estranho é este que quer assim ser *louvado.* Tal como acontece a todos aqueles que, desde a infância, andaram sempre por caminhos estranhos, também me saltaram ao caminho espíritos singulares e perigosos, especialmente e sempre aquele de que falava há pouco, que não é senão o deus Dionísio, esse grande deus equívoco e tentador a quem, como sabeis, ofereci outrora, em segredo e com respeito, as minhas primícias [11]. Ao que me parece fui o último a oferecer-lhe um *sacrifício,* pois não encontrei ninguém que percebesse o que eu então fizera. Todavia aprendi ainda mais, demasiado, sobre a filosofia deste deus e, como já disse, de boca em boca, eu, o último discípulo e o último iniciado do deus Dionísio.

Não acham, meus amigos, que já é tempo de vos dar a provar, até onde me for permitido, um pouco desta filosofia? Em voz baixa, como é devido, pois trata-se de muitas coisas secretas, novas, estranhas, desconhecidas, inquietantes. No entanto o fato de Dionísio ser um filósofo e de, portanto, também os deuses filosofarem, parece-me uma novidade que não deixa de ser perigosa e que talvez possa suscitar a desconfiança, sobretudo entre filósofos. Entre vós, meus amigos, encontra menos oposição, a não ser a de que chega tarde demais e num momento inoportuno, pois, como me foi revelado, vós, hoje, não gostais de acreditar nem em Deus nem em deuses. Será que terei de, na fraqueza das minhas palavras, ir mais longe do que aquilo que agrada aos austeros hábitos dos vossos ouvidos?

A verdade é que o deus em questão ia mais longe, muito mais longe, em diálogos desta espécie, e se encontrava sempre mais à minha frente... Sim, se pudesse proceder segundo é hábito entre os homens, tinha de atribuir-lhe belos e solenes nomes, pomposos e virtuosos, teria de gabar a sua coragem de investigador e descobridor, a sua sinceridade ousada, a sua veracidade e o seu amor à sabedoria. Entretanto para um deus desse quilate não têm qualquer interesse estes veneráveis ornamentos ocos. "Fica tu, diria, com isso para ti e para os teus iguais, ou para quem quer que disso necessite! Eu não tenho razão nenhuma para cobrir a minha nudez!"

Adivinha-se: será que falta vergonha a esta espécie de divindade

---

[11] Alusão à primeira obra publicada por Nietzsche, *A Origem da Tragédia*, 1872.

e de filósofo? Numa ocasião, disse-me assim: "Em certas circunstâncias amo os seres humanos — e, ao dizê-lo, fazia alusão a Ariadne que se encontrava presente. — O homem é para mim um animal agradável, valente, inventivo, que não tem igual sobre a terra e que até sabe orientar-se em qualquer labirinto. Quero-lhe bem. Penso muitas vezes na maneira de o fazer avançar e de o tornar mais forte, mais malvado e mais profundo do que é". — "Mais forte, mais malvado e mais profundo?" — perguntei eu, assustado. — "Sim, repetiu ele, mais forte, mais malvado e mais profundo; e também mais belo". — Ao dizer isso o deus-tentador sorria com o seu sorriso alciônico, como se acabasse de dizer uma encantadora gentileza. Vê-se que a esta divindade não falta só o pudor, pois que há em geral boas razões para supor que, em alguns casos, os deuses poderiam, todos eles, aprender conosco, homens. Nós, homens, somos mais humanos...

296 — Ai, quem sois vós, ó meus pensamentos escritos e pintados! Até há não muito tempo vós éreis ainda tão variados, joviais e maliciosos, tão cheios de espinhos e bem condimentados! Tão secretos, que me fazíeis espirrar e rir — e agora? Já vos haveis despojado do que tínheis de novo, e alguns dentre vós, receio-o bem, estais dispostos a converter-vos em verdades. Tão imortal é o aspecto que eles têm, tão honesto, tão aborrecido, que parte o coração! Teria sido alguma vez de outro modo?

Ora que coisas escrevemos e pintamos nós, mandarins de pincel chinês, nós que tornamos eternas as coisas que se *deixam* escrever, que coisa há que consigamos pintar?

Ai, apenas e sempre o que começa já a murchar e a perder o perfume! Ai, apenas e sempre tempestades que se dissipam e perdem a força, e amarelecidos sentimentos tardios! Ai, apenas e sempre pássaros cansados e transviados que agora se deixam apanhar com a mão, com a *nossa* mão!

Nós eternizamos o que já não pode viver nem voar por muito tempo, tão-somente coisas cansadas e gastas! Conquanto seja apenas para pintar a *vossa tarde,* vós, pensamentos meus, escritos e pintados, que tenho cores, muitas cores talvez, muitas multicores delicadas, e cinqüenta amarelos e castanhos e verdes e encarnados. Porém ninguém pode vislumbrar nisso o aspecto que tínheis na vossa manhã, vós, centelhas e maravilhas repentinas da minha solidão, vós, meus velhos e amados pensamentos perversos!

Aus hohen bergen

Nachgesang

Oh Lebens Mittag! Feierliche Zeit!
Oh Sommergarten!
Unruhig Glück im Stehn und Spähn und Warten: —
Der Freunde harr'ich, Tag und Nacht bereit,
Wo bleibt ihr Freunde? Kommt! 's ist Zeit! 's ist Zeit!

War's nicht für euch, dass sich des Gletschers Grau
Heut schmükt mit Rosen?
Euch sucht der Bach, sehnsüchtig drängen, stossen
Sich Wind und Wolke höher heut in's Blau,
Nach euch zu spähn aus fernster Vogel-Schau.

Im Hõchsten ward für euch mein Tisch gedeckt: —
Wer wohnt den Sternen
So nahe, wer des Abgrunds grausten Fernen?
Mein Reich — welch Reich hat weiter sich gereckt?
Und meinen Honig — wer hat ihn geschmeckt?...

– *Da* seid *ihr, Freunde! — Weh, doch* ich *bin's nicht,*
Zu dem ihr wolltet?
Ihr zögert, staunt — ach, dass ihr lieber grolltet!
Ich — bin's niocht mehr? Vertauscht Hand, Schritt, Gesicht?
Und was ich bin, euch Freunden — bin ich's nicht?

Ein Andrer ward ich? Und mir selber fremd?
Mir selbst enstprungen?
Ein Ringer, der zu oft sich selbst bezwungen?
Zu oft *sich gegen eigne Kraft gestemmt,*
Durch eignen Sieg verwundet und gehemmt?

Das altas montanhas

Canção-epílogo

Ó meio-dia da vida! Tempo festivo!
Ó jardim de verão!
Inquieta felicidade no estar perscrutando e esperando: —
Espero os amigos, noite e dia disposto,
Onde estás vós, amigos? Vinde! é tempo! é tempo!

Não foi para vós que o cinzento gelo
Se enfeitou hoje de rosas?
O riacho procura-vos; saudosos apressam-se, empurram-se
Vento e nuvens, hoje subindo para o azul,
Para bem alto vos espreitarem.

A minha mesa foi posta para vós bem no cimo: —
Quem habita nas estrelas
Tão próximo, quem, das medonhas distâncias do abismo?
O meu reino — que reino se estendeu tão distante?
E o meu mel — quem é que o provou?...

— Cá *estais* vós, amigos! — Ah, todavia não sou *eu*,
Quem queríeis vós?
Hesitais, pasmais — ai, melhor seria se sentísseis rancor!
Eu — não sou mais eu? Estão diferentes a mão, o andar, o Eis rosto?
E *o que* eu sou, não sou mais — para vós, amigos?

Serei outro? Estranho a mim mesmo?
Fugido de mim mesmo?
Um lutador que muitas vezes se venceu a si mesmo?
Que muitas vezes se ergueu contra a sua própria força,
Ferido e detido pela sua própria vitória?

Ich suchte, wo der Wind am schärfsten weht?
Ich lernte wolmen,
Wo niemand wohnt, in öden Eisbär-Zonen,
Werlernte Mensch und Gott, Fluch und Gebet?
Ward zum Gespenst, das über Gletscher geht?

— Ihr alten Freunde! Seht! Nun blickt ihr bleich,
Voll Lieb' und Grausen!
Nein, geht! Zürnt nicht! Hier — könntet ihr *nic hausen*
Hier zwischen fernstem Eis- und Felsenreich
Hier muss man Jäger sein und gemsengleich.

Ein schlimmer *Jäger ward ich — Seht, wie steil*
Gespannt mein Bogen!
Der Stärkste war's, — der solchen Zug gezogen ——:
Doch wehe nun! Gefährlich ist der *Pfeil,*
Wie keln Pfeil, — fort von hier! Zu eurem Heil!...

Ihr wendet euch? — Oh Herz, du trugst genung,
Stark blieb dein Hoffen:
Halt neuen *Freunden deine Thüren offen!*
Die alten lass! Lass die Erinnerung!
Warst einst du jung, jetzt — bist du besser jung!

Was je uns knüpfte, Einer Hoffnung Band, —
Wer liest die Zeichen,
Die Liebe einst hineinschrieb, noch, die bleichen?
Dem Pergament vergleich' ich's das die Hand
Zu fassen scheut, — *ihm gleich verbräunt, verbrannt.*

Nicht Freunde mehr, das sind — wie nenn's ich's doch? —
Nur Freunds-Gespenster!
Das klopft mir wohl Nachts an Herz und Fenster,

Das sieht an un spricht: "*wir* waren's *doch?*" —
— Oh welkes Wort, das einst wie Rosen roch!

Procurei, onde o vento sopra mais cortante?
Aprendi a viver
Onde ninguém vive, nas zonas ermas dos ursos brancos,
Desaprendi Homem e Deus, blasfêmia e oração?
Tornei-me um fantasma, caminhante das geleiras?

— Vós, velhos amigos! Olhai! Agora estais sem cor,
Repletos de amor e de pavor!
Não, ide! Não se zanguem! Aqui — *vós* não podeis habitar:
Aqui no distante reino dos gelos e das rochas —
Aqui se deve ser caçador e ágil como o caprídeo.

Tornei-me um caçador *perverso!* — Vede como
O meu arco está bem esticado!
Foi o mais forte quem conseguiu distendê-lo assim — — :
Mas agora, ui! *Esta* seta é perigosa
Como *nenhuma* seta — fugi daqui! Para vosso bem!...

Vós ireis? — Ó coração, tu suportaste bem,
Forte ficou a tua esperança:
Mantém tuas portas abertas a *novos* amigos!
Deixa os velhos! Deixa a recordação!
Se já foste jovem, agora — és jovem de um modo melhor!

O que uma vez nos ligou, o laço de uma esperança —
Quem lê ainda os sinais,
Os empalidecidos, no passado aí inscritos pelo amor?
Um pergaminho que a mão *hesita* em segurar
Comparo-o eu — igualmente desbotado, queimado.

Já não são amigos, esses — como chamá-los então? —
Apenas amigos-fantasmas!
À noite, esses ainda batem no meu coração e na minha janela,

Olham-me e dizem: "mas éramos nós?" —
— Ó palavra murcha que no passado cheirava a rosas!

Oh Jugend-Sehnen, das sich missverstand!
Die ich *ershnte,*
Das sieht mich an und spricht: "wir waren's *doch?"* —
Dass alt *wurden, hat sie weggebannt:*
Nur wer sich wandelt, bleibt mit mir verwandt.

Oh Lebens Mittag! Zweite Jugendzeit!
Oh Sommergarten!
Unruhig Glück im Stehn und Spähn und Warten!
Der Freunde harr 'ich, Tag und Nacht bereit,
Der neuen *Freunde! Kommt! 's ist Zeit! 's ist Zeit!*

* * *

Dies *Lied ist aus, — der Sehnsucht süsser Schrei*
Erstarb im Munde:
Ein Zaubrer that's, der Freund zure rechten Stunde,
Der Mittags-Freund — nein! fragt nicht, wer es sei —
Um Mittage war's, da wurde Eins zu *Zwei...*

Nun feiern wir vereinten Siegs gewiss,
Das Fest der Feste:
Freund Zarathustra *kam, der Gast der Gäste!*
Nun lacht die Welt, der grause Vorhang riss,
Die Hochzeit kam für Licht und Finsterniss...

Ó saudade da juventude, que não compreendeu a si
[mesma!
Aqueles por quem *eu* aguardava,
Que eu julgava transformados tal como eu,
O fato de terem *envelhecido* afastou-os:
Só o que se transforma continua meu amigo.

Ó meio-dia da vida! Segunda juventude!
Ó jardim de verão!
Inquieta ventura no estar perscrutando e esperando!
Espero os amigos, noite e dia disposto,
Os *novos* amigos! Vinde! É tempo! É tempo!

* * *

Esta canção findou — o doce grito da saudade
Morreu na boca:
Fê-lo um mágico, o amigo da hora certa,
O amigo do meio-dia — não! Não pergunteis quem é —
Era meio-dia, o Um tornou-se Dois...
Agora festejamos nós, convictos da vitória comum,
A festa das festas:
Chegou o amigo *Zaratustra*, o hóspede dos hóspedes!
Ri o mundo agora, abriu-se a horrível cortina,
É o casamento entre a Luz e as Trevas...

Apêndice

Cronologia, itinerário e correspondência de Nietzsche

Relativos ao *Para além do bem e do mal*

1881-1884

Apontamentos esparsos tomados em cadernos, blocos e folhas durante a redação de *A Alegre Sabedoria* e de *Assim Falava Zaratustra.* Servirão de base à composição de *Para Além do Bem e do Mal.*

Julho de 1884, Sils-Maria

Carta a Overbeck: *Estou mergulhado até ao pescoço nos meus problemas. Minha teoria, segundo a qual o mundo do bem e do mal é um mundo unicamente aparente e perspectivista, representa uma inovação tal que às vezes fico completamente pasmado.*

Fins de novembro de 1884, Nice

Em uma carta dirigida a Heinrich von Stein, nascido em 1857, escritor filosófico em quem se depositaram muitas esperanças e preceptor de Siegfried Wagner, em Bayreuth desde outubro de 1879, morto precocemente em 1887, e em quem Nietzsche esperava um discípulo, envia-lhe o seu poema *Einsiedlers Sehnsucht,* Desejo do Eremita, finalizando a carta com estas palavras: *Este poema é para ti, estimado amigo, relembrando de Sils-Maria e como sinal de gratidão pela tua carta, por* semelhante *carta!* Alusão à carta anterior de Stein, datada de 24 de setembro de 1884, na qual em exaltado tom de gratidão este se referia precisamente à "memória de Sils-Maria". A visita feita por Stein a Nietzsche entre 26 e 28 de agosto de 1884. Cf. *Ecce Homo,* Porque Sou Tão Sábio, 4: (...) *ficou como que transformado, durante aqueles três dias, por um vento de liberdade, semelhante a alguém que de repente é elevado até à* sua *altura e a quem lhe nascem asas. Eu não deixava de lhe dizer que isto se devia ao bom ar de aqui de cima, e que acontecia a toda gente, pois não é em vão que se está a seis mil pés acima de Bayreuth, porém não queria acreditar-me...* Esta poesia será mais tarde, com ligeiras variantes e o acréscimo das duas estrofes finais na primavera de 1886, transformada em *Canção-epílogo* do *Para Além do Bem e do Mal,* rebatizada *Das Altas Montanhas.*

Início do ano de 1885, Nice

Muito decepcionado pela resposta de Henrich von Stein, que acolheu friamente o seu poema e não abandonou Wagner como ele esperava, Nietzsche escreve num projeto de carta a Stein: É difícil *saber o que eu sou. Aguardemos cem anos. Talvez então se encontre algum psicólogo de gênio para desenterrar o senhor Friedrich Nietzsche.* Na carta que viria a enviar escreveu: *Você não sabe quem eu sou, nem o que eu quero. Eu tenho a vantagem de desvendar o que os outros são e querem, sem ser contudo eu mesmo desvendado. Quanto a Richard Wagner, de quem você fala na sua carta, para mim ele pertence a esses homens que eu mais apreciei e que me causaram as maiores decepções. Apesar disso, eu estou longe de alguma vez me confundir com ele ou de me comparar com ele. Trata-se de um homem de um gênero muito diferente, e podemos colocá-lo afinal entre os grandes comediantes.* Carta a Overbeck, de 31 de março: *Estou agora lendo para me distrair as* Confissões *de Santo Agostinho, lamentando que não estejas aqui comigo. Oh! que velho retor! Como ele é falso, como sabe desviar os olhos! Como eu ri (Por exemplo, a propósito do "roubo" cometido na sua juventude por causa de um caso entre estudantes). Que falsidade psicológica (por exemplo, quando ele fala da morte do seu melhor amigo com o qual ele formava apenas* uma alma: *"ele decidiu sobreviver-lhe a fim de que assim o seu amigo não morresse* completamente". *Eis o que é mentir de forma ignóbil). Do ponto de vista filosófico, pode-se dizer zero.* Platonismo plebeizado, o *que significa que se põe ao alcance de naturezas de escravos uma fantasia do espírito inventada para uma aristocracia de almas superiores. Por outro lado este livro permite ver a nu as entranhas do cristianismo. A minha leitura tem a curiosidade de um médico e de um fisiólogo intransigente.*

10 de abril a 6 de junho de 1885, Veneza

Estadia em Veneza na companhia de Peter Gast. A 22 de maio a sua irmã se casa com o conhecido wagneriano e anti-semita Dr. Bernhard Förster. Em carta à mãe: (...) *As minhas idéias são ainda de uma audácia terrível e completamente impossível, quer dizer, intolerável para o estado das relações na* Alemanha, *como para bons e honestos vizinhos e amigos. Mas representar* indefinidamente *a comédia, como eu tantas vezes fiz e continuo a fazer, repugna-me. Afinal, ficar bem "junto de si mesmo", é ser pelo menos sincero.* E numa carta à irmã, da mesma época: (...) *Cada dia eu tenho tantas idéias que os professores alemães poderiam encher com elas dois grossos volumes. Mas não encontro ninguém que assuma semelhante tarefa porque, entre essas idéias, muitas serão interditas e perigosas. Reconheço que com grande prazer eu farei de tempos a tempos uma conferência, muito recomendável e inteligente, enquanto moralista e grande "educador", sem delirar. Mas os estudantes são tão estúpidos e os professores mais ainda!* (...) *Acima de tudo não acredites que o meu filho Zaratustra seja o porta-voz das* minhas *idéias. Ele é um dos meus precursores, um dos meus intermediários.*

7 de junho — início de setembro de 1885, Sils-Maria

Durante o mês de junho em Sils-Maria Nietzsche dita a Louise Röder-Wiederhold um certo número de aforismos dos quais a maior parte será utilizada no ano seguinte para a redação de PABM. A Resa von Schirnhofer escreve: *Entrementes veio a excelente senhora Röder-Wiederhold, que suporta e tolera de forma "angélica" o meu terrível "antidemocratismo". Com efeito, durante muitas horas por dia dito-lhe as minhas reflexões sobre os nossos caros europeus de hoje e de amanhã. Mas no fim temo que ela não me faça sair dos meus eixos e deixe Sils-Maria, batizada como é no sangue de 1848. Isto também não se conjuga com as minhas opiniões sobre a "mulher em si". Em poucas palavras, desconfio que não há mais ninguém capaz de suportar a minha companhia por muito tempo. Se bem que houvesse numerosas razões para se me desejar uma "boa companhia". Ah! quem* conhece *as minhas "sete solidões"!* Nietzsche faz planos para uma reelaboração de

Humano, Demasiado Humano, e considera a hipótese de editar uma nova *Consideração Intempestiva* sobre Wagner. Escreve a Overbeck, a 2 de julho: *Afunda-se o gosto e embotam-se os instintos no meio desta "liberdade de imprensa e de impertinência" próprias do nosso século. Eu não perco de vista a imagem de Dante e de Espinosa que melhor compreenderam o que era o destino de ser só. Certo é que a sua maneira de pensar, comparada com a minha, era daquelas que permitem* suportar *a solidão e, afinal, todos aqueles que tiveram de qualquer forma a companhia de um "Deus" não tiveram que suportar nada do que eu conheço como sendo a "solidão". A minha vida consiste doravante em* desejar *que as coisas possam ser* de forma diferente *da que eu as concebo, e que alguém torne inverossímeis as minhas "verdades"...* A 22 de julho, Nietzsche redige o fragmento *Que é aristocrático?* e escreve a Peter Gast no dia seguinte: *Para consolidar a direção que eu escolhi atribuir à minha vida, recenseei ontem toda uma série de características que me permitem pressentir a "distinção" ou a "aristocracia" numa pessoa. Todas aquelas que, pelo contrário, testemunham o que há de "plebeu" em nós. Durante todas as minhas doenças eu senti com horror uma espécie de degradação que me arrastava para fraquezas plebéias, pieguices, e mesmo virtudes popularuchas (...) Aristocrático é, por exemplo, manter uma aparência frívola que* disfarça *uma dureza e um domínio de si, estóicos. Aristocrático* é *uma caminhada lenta em todas as coisas, assim como um olhar lento (...) Aristocrático, a convicção de que as nossas obrigações são apenas para com os nossos iguais e que podemos agir a nosso bel-prazer com os outros. Aristocrático é sentir-se sempre ser alguém que terá de* distribuir *as honras e só raramente concede a outrem o direito de lhe render homenagem. Aristocrático é viver quase constantemente disfarçado e viajar de qualquer modo incógnito, a fim de se poupar ao pudor. Aristocrático é ser capaz do* otium *e não simplesmente do zelo como as galinhas. Cacarejar, pôr ovos, cacarejar de novo e assim seguidamente.*

Meados de setembro — fins de outubro, Naumburg

No caminho de Naumburg a Kösen, Nietzsche reencontra por acaso H. von Stein. Breve ida a Leipzig, onde, a 15 de outubro, escreve a H. von Stein: *Examinei o livro de Rée sobre a consciência:*

Que vazio, que aborrecimento, que falsidade! Mas não se devia falar senão daquilo de que se tivesse tido experiência. Tive uma impressão muito diversa lendo o semi-romance da sua soeur inséparable *Salomé que, curiosamente, me veio parar às mãos ao mesmo tempo. Todo o aspecto formal é marcado por uma jovem. É leviano e mesmo cômico pensar-se que ela teve a pretensão de nos fazer imaginar o narrador sob os traços de um velho. Mas a obra em si não é falha de seriedade nem de grandeza. E se não é certamente o terno feminino que* eleva *esta jovem rapariga, é talvez o eterno masculino. Esqueci-me de dizer a que ponto sei apreciar a forma despojada, límpida e, por assim dizer, antiga, do livro de Rée. Eis o "*habitus *filosófico". Pena é que um tal hábito seja agora vazio de "conteúdo"! Mas é de render homenagem quando, entre os alemães, algum abjura da sua* fé *no diabo propriamente alemão, no gênio ou demônio das trevas, como Rée sempre o fez. Os alemães julgam-se profundos.* Também em carta a Overbeck Nietzsche comenta desfavoravelmente o livro de Paul Rée *Die Entstehung des Gewissens* (A Gênese da Consciência), e elogia *Im Kampf um Gott* (Em Luta por Deus), de Lou von Salomé, onde encontra *mil ecos das nossas conversas de Tautenburg.* Ainda a Overbeck, escreve: *Por toda parte se rotulam os meus livros... Na literatura anti-semita, como me confirmaram os livreiros de Leipzig. E agora o bravo Widemann [1] atribui-me a má* intenção de fazer o meu elogio ao mesmo tempo que o de Eugen Dühring, esse horrível anarquista cheio de fel.

Do início a meados de novembro de 1885, Munique-Florença

Estadia em Munique. Em Arcetri trava conhecimento com o astrônomo alemão Leberecht Tempel. Em carta ao casal Seydlitz, escrita em novembro, relata: *Em Florença surpreendi o astrônomo no local do seu observatório que proporciona o mais belo panorama sobre a povoação, o vale e o rio. Este ancião coroado de neve possuía perto da sua mesa de trabalho — será isto concebível? — os escritos do vosso amigo que ele tinha, a julgar pela sua aparência,*

[1] *Em Erkennen und Sein* (O Conhecimento e o Ser), Leipzig, 1886.

lido e relido e — não é espantoso! — ele recitava com entusiasmo passagens do Humano, Demasiado Humano.

Meados de novembro de 1885 — Maio de 1886, Gênova, Nice

Carta a Gast, 6 de dezembro: *Desde então eu tentei Munique, Florença, Gênova, mas para a minha velha cabeça não há nada como esta Nice, exceção feita a alguns meses em Sils-Maria.* Nietzsche trabalha intensamente numa seqüência de *Humano, Demasiado Humano,* que brevemente passa a ser uma continuação de *Aurora* e acaba por fim, no verão de 1886, por se tornar o PABM. Em início de 1886 o Dr. Bernhard Förster e a irmã de Nietzsche partem para o Paraguai. Nietzsche faz diversas tentativas infrutíferas para encontrar um novo editor. Na primavera de 1886 redige o seguinte prefácio para o PABM: *Este livro é composto de anotações que* fiz *durante a gênese de* Assim Falava Zaratustra ou, *mais exatamente, durante os entreatos dessa gênese. Seja para me distrair, seja para me interrogar e justificar-me a mim mesmo no meio de uma empresa ilimitadamente ousada e responsabilizante. Se alguma vez algo brotou de si mesmo ou, como antes se dizia — foi inspirado —, sem modelo, exemplo, visões retrospectivas, intenções, esse algo é Zaratustra. Servi-vos deste livro nascido dele mesmo para uma finalidade similar, ou também como de um atalho labiríntico que conduz e reconduz o leitor de um modo imperceptível para aquele perigoso e vulcânico terreno donde surgiu justamente o mencionado "Livro Para Todos e Para Ninguém". Supondo que este "Prelúdio a Uma Filosofia do Futuro" não seja nem queira ser um comentário à doutrina de Zaratustra, talvez seja sim, contudo, uma espécie de glossário no qual aparecem de algum modo, e são chamadas pelo seu nome, todas as inovações conceituais mais importantes desse livro sem modelo, sem exemplo e sem concessões.* Este projeto de prefácio, em breve abandonado, foi conservado nos seus cadernos de apontamentos e tem hoje a referência *W18*,238.

Início de maio — fins de julho de 1886, Veneza, Munique, Naumburg, Leipzig

Uma semana em Veneza em casa de Gast, ausente em Annaberg. Regresso a Naumburg por Munique, em carta à mãe de 9 de maio: *Desta vez o teu filho tem mesmo necessidade de se tratar.* Em Leipzig encontrará Erwin Rohde pela última vez. Numa missiva a Overbeck, este relata nos seguintes termos o seu encontro com Nietzsche: *Rodeava-o uma atmosfera indescritível de estranheza, qualquer coisa que me encheu de preocupação. Havia algo nele que eu não conhecia ainda e por outro lado eu não encontrava mais os traços, que no passado o distinguiam. Era como se ele viesse de uma região onde ninguém mais habitasse.* Nietzsche vende todas as suas obras publicadas até então, à exceção do *Zaratustra* IV, ao seu primeiro editor E. W. Fritzsch, de Leipzig.

Fins de junho — fins de setembro de 1886, Coire, Sils-Maria

Após breve estadia em Coire, Nietzsche passa o verão em Sils-Maria, e é a partir daí que, não encontrando editor que aceite a obra, fará publicar o PABM às suas próprias custas, na casa editora C. G. Naumann, de Leipzig, finalizando a impressão a 21 de julho e estando a obra disponível ao público a 5 de agosto. Redige novos prefácios para A *Origem da Tragédia* e para *Humano, Demasiado Humano,* I e II. J. V. Widemann escreve no *Bund* de Berna, 16/17 de setembro, a seguinte recensão ao PABM: Os *stock de dinamite que foram usados para a construção da via-férrea de Gothard ostentavam uma bandeira negra para anunciar um perigo de morte. É neste sentido muito preciso que nós falamos do novo livro do filósofo Nietzsche como sendo um livro* perigoso. *Mas este termo não contém a menor crítica ao autor e à sua obra, da mesma forma que essa bandeirola negra não estava lá para criticar o explosivo. Longe de nós ainda a idéia de entregar o pensador solitário aos corvos e rãs da pia batismal, atraindo a atenção sobre o caráter perigoso do seu livro. A dinamite, espiritual como material, pode servir uma obra muito útil. Não é preciso usá-la com fins criminosos. Mas onde for colocado o* stock *é melhor dizer claramente: "Aqui há dinamite!..." Nietzsche é o primeiro a conhecer um novo caminho, mas tão assustador que sentimos realmente medo quando o vemos seguir, solitário, essa senda até agora não trilhada!...* Nietzsche rejubila com este comentário. A 22 de setembro escreve a Jacob Burckhardt: *Peço-lhe que leia este livro (se bem que ele diga as mesmas coisas que o meu Zaratustra, mas de uma forma diferente, muito diferente)...*

Outubro de 1886, Gênova, Ruta Ligura

Nietzsche escreve o Livro V de *A Alegre Sabedoria.* Resposta reservada de Jacob Burckhardt ao envio do PABM: *A Carta de Burckhardt entristeceu-me, se bem que estivesse cheia dos maiores elogios para mim* (...) *É só neste sentido, meu velho amigo Overbeck, que eu sofro da minha "solidão". Em parte alguma me faltam pessoas, mas sim amigos com os quais eu possa partilhar as minhas inquietações!* — carta a Overbeck, 12 de outubro. Escreve prefácios à *Aurora* e à *Alegre Sabedoria.* Em nova carta a Overbeck, fins de outubro: *Carta maravilhosa de Hippolyte Taine sobre o* Para Além do Bem e do Mal.

Fins de outubro de 1886 — início de abril de 1887, Nice

H. Welti publica na *Züricher Zeitung* uma recensão favorável ao PABM.

Início de abril — meados de julho de 1887, Cannobio, Zurique, Coire, Lenz

A 3 de abril troca Nice por Cannobio (Lago Maior) onde permanece todo o mês de abril. Desde o começo de maio estará em Zurique e em meados desse mês em Coire, onde freqüenta a biblioteca da cidade. Dez meses após a sua publicação, o PABM vendeu cento e catorze exemplares. Nietzsche retrata humoristicamente a situação num breve diálogo em que, após ter enviado o livro para a Alemanha, assiste ao seu regresso muito embaraçado: *Diz-me o pequeno livro: Eu sei qual é o meu defeito. Sou demasiado novo, demasiado rico, demasiado apaixonado. Sou um monte de problemas. Possuo palavras que quebram o coração de um Deus. Sou um conjunto de experiências que apenas são possíveis a 6000 pés acima de toda experiência humana. Boa razão para os alemães não me "compreenderem" à sua maneira. Eu respondi-lhe: Meu pobre livrinho, que idéia tiveste tu de deitar as tuas pérolas... aos alemães! Que disparate fizeste!*

1977

A realizadora italiana Liliana Cavani apresenta a sua reconstituição romanceada da vida de Nietzsche desde o encontro em Roma com Lou von Salomé, centrando-se nos dois anos de vida em comum entre estes e Paul Rée. Na sua película, filmada entre 1975 e 1976, desvia o triângulo amoroso Nietzsche e Rée apaixonados por Lou, para Lou e Rée apaixonados por Nietzsche. Apesar de constituir uma bela evocação de um dos períodos cruciais da vida do *Filósofo,* o filme foi duramente criticado por setores ditos "nietzschianos". No papel de Nietzsche, Erland Josephson, no de Lou, Dominique Sanda. O título escolhido para esta incursão pela vida de Nietzsche, aquele que a cineasta considerou ter sido a sua divisa de vida: *Para Além do Bem e do Mal.*

1986

Primeiro centenário da publicação de *Para Além do Bem e do Mal.*

ÍNDICE

85 • Complemento de Leitura

EDITORA MARTIN CLARET
R. Alegrete, 62 - Bairro Sumaré - São Paulo -SP
Cep: 01254-010 - Tel.: (11) 3672-8144 - Fax.: (11) 3673-7146
www.martinclaret.com.br

Nome ____

Série _____ Grau _____ Professor ______________________

Escola ____

Esclarecimentos:

Este instrumento de trabalho tem por principal objetivo explorar a leitura, trazer ao leitor a oportunidade de refletir e confrontar-se com o texto. Ao nos depararmos com uma obra literária, não podemos desconsiderar o universo contextual do autor e que tipo de reprodução ele realiza. Presente e passado, estilos individuais, de época, conceitos e "pré-conceitos", tudo deve ser confrontado e analisado ao entrarmos em contato profundo com uma obra. Por mais que a arte queira sobreviver por si própria, ela se tornará vazia e "non-sense" se não carregar marcas de humanidade. Por isso, a Editora Martin Claret tem como lema "pensar é causar", convidando você para trilhar os horizontes pedagógicos que aí estão para "ser mais" e "causar" (subentenda-se transformações pessoais e sociais).

Sobre o autor e a obra

Uma obra que discute os principais preconceitos filosóficos, que se confronta com alguns pensamentos da própria filosofia e que pensa na ciência e questão moral das coisas. Qual a necessidade da verdade? Por que razão a procuramos tanto? O que temos enfrentado para descobri-la? Eis alguns dos questionamentos que este filósofo levanta em mais uma obra que a Editora Martin Claret trouxe para você. É preciso pensar de maneiras diferentes para sabermos algo. É preciso não temer os caminhos pelos quais nossas mentes podem enveredar para descobrirmos o mundo, é necessário não temermos a verdade, seja ela qual for. A Editora Martin Claret acredita no poder de transformação do livro e trouxe até você mais esta oportunidade. Abra bem seus olhos e mente e faça uma excelente leitura.

Reflexões

1. "A necessidade de saber a verdade ainda há de nos arrastar para muitas aventuras, essa célebre veracidade de que todos os filósofos falaram até os dias de hoje com veneração."(p.33) Para que aventuras o homem pode ser arrastado?

___

___

___

___

___

___

___

___

___

___

___

___

___

___

2. Na busca da verdade, o homem esbarra com valores éticos. Discuta a questão da verdade e da ética.

3. Discuta em grupo e argumente: o que é o Bem?

4. Discuta em grupo e argumente: O que é o Mal?

5. Como o Bem e o Mal são representados pelo ser humano?

6. Defina atomismo. Em seguida, interprete as palavras de Nietzche. “Deve-se ainda, inicialmente, dar conta deste outro atomismo, mais nefasto ainda, o atomismo das almas, que o cristianismo ensinou durante tanto tempo. Peço licença para designar deste modo a crença que considera a alma como algo de indestrutível, de eterno, de indivisível, como uma mônada, como *atomon*. Esta crença é que se deve expulsar da ciência!”

7. Comente: "Talvez haja cinco ou seis cérebros que começam a perceber que a física também não passa de uma interpretação e adaptação subjetivas do mundo — à nossa imagem, se me permitem —, e *de modo* algum uma explicação." (p. 44)

8. "Até hoje toda psicologia se deteve com preconceitos e receios morais. A psicologoia não ousou aventurar-se até às profundezas. Ousar conceber a psicologia como morfologia e como teoria *da* *evolução da vontade de poder*, assim como eu a concebo, ninguém pensou ainda fazê-lo, nem de longe." (p.52) Argumente a postura do autor frente a psicologia. Qual a definição de psicologia que você conhece? Qual seu objeto de estudo?

9. "*A moral é hoje na Europa uma* moral *de animal de rebanho*. Portanto, na nossa opinião, há apenas *uma* espécie particular de moral, ao lado ou antes ou depois da qual são possíveis ou deveriam ser possíveis muitas outras morais, principalmente morais *superiores*." (p. 116) Discuta os valores da moral para Nietzche.

10. Para Nietzche, qual a essência do religioso? Qual a postura da religião perante a ciência, segundo o autor?

11. O que seria o espírito livre para Nietzche?

12. Ao explicar que todos somos, de um modo ou de outro, trancafiados em uma cadeia de deveres, Nietzche intitula-se, e aos filósofos também, de "imoralistas", por que teria utilizado este termo? A que ele se refere? O que é imoralidade? E moralidade? O que é ser amoral?

Suporte Pedagógico Editorial

CRISTINA SPECHOTO: **spechoto@martinclaret.com.br**
MAURO ARAUJO DE SOUSA: **mauroade@martinclaret.com.br**
SILVIO SANTANNA: **annasant@martinclaret.com.br**

Responsável por:

PARA ALÉM DO BEM E DO MAL: Profa. Cristina Spechoto

Relação dos Volumes Publicados

106. **Ubirajara**
José de Alencar

107. **Diva**
José de Alencar

108. **Eurico, o Presbítero**
Alexandre Herculano

109. **Contos**
Lima Barreto

110. **A Luneta Mágica**
Joaquim Manuel de Macedo

111. **Fundamentação da Metafísica dos Costumes**
Immanuel Kant

112. **O Príncipe e o Mendigo**
Mark Twain

113. **O Domínio de Si Mesmo Pela Auto-Sugestão Consciente**
Émile Coué

114. **O Mulato**
Aluísio Azevedo

115. **Sonetos**
Florbela Espanca

116. **Uma Estadia no Inferno / Poemas / Carta do Vidente**
Arthur Rimbaud

117. **Várias Histórias**
Machado de Assis

118. **Fédon**
Platão

119. **Poesias**
Olavo Bilac

120. **A Conduta para a Vida**
Ralph Waldo Emerson

121. **O Livro Vermelho**
Mao Tsé-Tung

122. **Oração aos Moços**
Rui Barbosa

123. **Otelo, o Mouro de Veneza**
William Shakespeare

124. **Ensaios**
Ralph Waldo Emerson

125. **De Profundis / Balada do Cárcere de Reading**
Oscar Wilde

126. **Crítica da Razão Prática**
Immanuel Kant

127. **A Arte de Amar**
Ovídio Naso

128. **O Tartufo ou o Impostor**
Molière

129. **Metamorfoses**
Ovídio Naso

130. **A Gaia Ciência**
Friedrich Nietzsche

131. **O Doente Imaginário**
Molière

132. **Uma Lágrima de Mulher**
Aluísio Azevedo

133. **O Último Adeus de Sherlock Holmes**
Sir Arthur Conan Doyle

134. **Canudos - Diário de uma Expedição**
Euclides da Cunha

135. **A Doutrina de Buda**
Siddharta Gautama

136. **Tao Te Ching**
Lao-Tsé

137. **Da Monarquia / Vida Nova**
Dante Alighieri

138. **A Brasileira de Prazins**
Camilo Castelo Branco

139. **O Velho da Horta / Quem Tem Farelos?**
Gil Vicente

140. **O Seminarista**
Bernardo Guimarães

141. **O Alienista**
Machado de Assis

142. **Sonetos**
Manuel du Bocage

143. **O Mandarim**
Eça de Queirós

144. **Noite na Taverna/Macário**
Álvares de Azevedo

145. **Viagens na Minha Terra**
Almeida Garret

146. **Sermões Escolhidos**
Padre Antonio Vieira

147. **Os Escravos**
Castro Alves

148. **O Demônio Familiar**
José de Alencar

149. **A Mandrágora / Belfagor, o Arquidiabo**
Maquiavel

150. **O Homem**
Aluísio Azevedo

151. **Arte Poética**
Aristóteles

152. **A Megera Domada**
William Shakespeare

153. **Alceste/Electra/Hipólito**
Eurípedes

154. **O Sermão da Montanha**
Huberto Rohden

155. **O Cabeleira**
Franklin Távora

156. **Rubáiyát**
Omar Khayyám

157. **Luzia-Homem**
Domingos Olímpio

158. **A Cidade e as Serras**
Eça de Queirós

159. **A Retirada da Laguna**
Visconde de Taunay

160. **A Viagem ao Centro da Terra**
Júlio Verne

161. **Caramuru**
Frei Santa Rita Durão

162. **Clara dos Anjos**
Lima Barreto

163. **Memorial de Aires**
Machado de Assis

164. **Bhagavad Gita**
Krishna

165. **O Profeta**
Khalil Gibran

166. **Aforismos**
Hipócrates

167. **Kama Sutra**
Vatsyayana

168. **O Livro da Jângal**
Rudyard Kipling

169. **De Alma para Alma**
Huberto Rohden

170. **Orações**
Cícero

171. **Sabedoria das Parábolas**
Huberto Rohden

172. **Salomé**
Oscar Wilde

173. **Do Cidadão**
Thomas Hobbes

174. **Porque Sofremos**
Huberto Rohden

175. **Einstein: o Enigma do Universo**
Huberto Rohden

176. **A Mensagem Viva do Cristo**
Huberto Rohden

177. **Mahatma Gandhi**
Huberto Rohden

178. **A Cidade do Sol**
Tommaso Campanella

179. **Setas para o Infinito**
Huberto Rohden

180. **A Voz do Silêncio**
Helena Blavatsky

181. **Frei Luís de Sousa**
Almeida Garrett

182. **Fábulas**
Esopo

183. **Cântico de Natal/ Os Carrilhões**
Charles Dickens

184. **Contos**
Eça de Queirós

185. **O Pai Goriot**
Honoré de Balzac

186. **Noites Brancas e Outras Histórias**
Dostoiévski

187. **Minha Formação**
Joaquim Nabuco

188. **Pragmatismo**
William James

189. **Discursos Forenses**
Enrico Ferri

190. **Medéia**
Eurípedes

191. **Discursos de Acusação**
Enrico Ferri

192. **A Ideologia Alemã**
Marx & Engels

193. **Prometeu Acorrentado**
Ésquilo

194. **Iaiá Garcia**
Machado de Assis

195. **Discursos no Instituto dos Advogados Brasileiros**
Rui Barbosa

196. **Édipo em Colono**
Sófocles

197. **A Arte de Curar pelo Espírito**
Joel S. Goldsmith

198. **Jesus, o Filho do Homem**
Khalil Gibran

199. **Discurso sobre a Origem e os Fundamentos da Desigualdade entre os Homens**
Jean-Jacques Rousseau

200. **Fábulas**
La Fontaine

201. **O Sonho de uma Noite de Verão**
William Shakespeare

202. **Maquiavel, o Poder**
José Nivaldo Junior

Série Ouro
(Livros com mais de 400 p.)

1. **Leviatã**
Thomas Hobbes

2. **A Cidade Antiga**
Fustel de Coulanges

3. **Crítica da Razão Pura**
Immanuel Kant

4. **Confissões**
Santo Agostinho

5. **Os Sertões**
Euclides da Cunha

6. **Dicionário Filosófico**
Voltaire

7. **A Divina Comédia**
Dante Alighieri

8. **Ética**
Baruch de Spinoza

9. **Do Espírito das Leis**
Montesquieu

10. **O Primo Basílio**
Eça de Queirós

11. **O Crime do Padre Amaro**
Eça de Queirós

12. **Crime e Castigo**
Dostoiévski

13. **Fausto**
Goethe

14. **O Suicídio**
Émile Durkheim

15. **Odisséia**
Homero

16. **Paraíso Perdido**
John Milton

17. **Drácula**
Bram Stocker

18. **Ilíada**
Homero

19. **As Aventuras de Huckleberry Finn**
Mark Twain

20. **Paulo – O 13º Apóstolo**
Ernest Renan

21. **Eneida**
Virgílio

22. **Pensamentos**
Blaise Pascal

23. **A Origem das Espécies**
Charles Darwin

24. **Vida de Jesus**
Ernest Renan

25. **Moby Dick**
Herman Melville

26. **Os Irmãos Karamazov**
Dostoiévski

27. **O Morro dos Ventos Uivantes**
Emily Brontë

28. **Vinte Mil Léguas Submarinas**
Júlio Verne

29. **Madame Bovary**
Gustave Flaubert

30. **O Vermelho e o Negro**
Stendhal

31. **Os Trabalhadores do Mar**
Victor Hugo

32. **A Vida dos Doze Césares**
Suetônio

33. **Grandes Esperanças**
Charles Dickens

34. **O Idiota**
Dostoiévski

35. **Paulo de Tarso**
Huberto Rohden

36. **O Peregrino**
John Bunyan